高等学校土建类专业信息化系列教材

建设工程法规

主　编　李凯峰　田　芳　花尉攀

副主编　李　杰　徐毅安　郭颜凤

参　编　张　奇　管振华　赵丽平

　　　　靳　晶　刘苗苗

西安电子科技大学出版社

内 容 简 介

本书依据建设工程法律法规，结合工程中的案例和建设工程项目管理的实际编写，对建设工程法规基础、建设工程勘察设计法规、建设工程施工许可与发承包、建筑工程招标投标法规、建设工程合同法律制度、建设工程质量管理法律制度、建设工程安全生产法规、建设工程监理法规、建设工程其他相关法律制度等进行了详尽的阐述，能较好地帮助学生理解相关法律，并运用到实际工作中。

本书可作为高等院校土木建筑类专业的教材，也可作为全国二级建造师执业资格考试的学习用书，还可作为建筑业、房地产业、市政基础工程设施和桥梁工程等工程建设和管理人员的参考用书。

图书在版编目(CIP)数据

建设工程法规 / 李凯峰，田芳，花尉攀主编. —西安：西安电子科技大学出版社，2022.2
(2025.1 重印)
ISBN 978-7-5606-6367-8

Ⅰ. ①建…　Ⅱ. ①李…　②田…　③花…　Ⅲ. ①建筑法—中国　Ⅳ. ①D922.297

中国版本图书馆 CIP 数据核字(2022)第 017616 号

策　　划　李鹏飞
责任编辑　李鹏飞
出版发行　西安电子科技大学出版社(西安市太白南路 2 号)
电　　话　(029)88202421　88201467　　　　邮　　编　710071
网　　址　www.xduph.com　　　　　　电子邮箱　xdupfxb001@163.com
经　　销　新华书店
印刷单位　西安日报社印务中心
版　　次　2022 年 2 月第 1 版　2025 年 1 月第 2 次印刷
开　　本　787 毫米×1092 毫米　1/16　印张　14.25
字　　数　338 千字
定　　价　42.00 元
ISBN 978－7－5606－6367－8
XDUP 6669001－2
如有印装问题可调换

前　　言

建筑业作为我国国民经济的重要支柱产业,对于整个社会经济的增长起着至关重要的作用。通过法律的手段来规范工程建设行业的整体活动,保证建筑物、构筑物的质量、安全,维护社会的市场秩序已成为当今社会的共识。随着建设法律法规的逐渐完善,建筑行业的从业人员都应该了解相关法律知识,提高自身的法律意识和修养。

本书按照高等院校土建类专业应用型人才培养计划的要求,结合全国二级建造师执业资格考试大纲编写,所学的专业知识与执业资格考试的需求对接,同时本书对司法条文进行了详细的论述和解释。

本书参考学时如下表(推荐):

序　号	内　容	学　时
1	建设工程法规基础	8
2	建设工程勘察设计法规	6
3	建设工程施工许可与发承包	8
4	建筑工程招标投标法规	8
5	建设工程合同法律制度	12
6	建设工程质量管理法律制度	8
7	建设工程安全生产法规	6
8	建设工程监理法规	4
9	建设工程其他相关法律制度	4

书由李凯峰、田芳、花尉攀担任主编,李杰、徐毅安、郭颜凤担任副主编,具体编写分工如下:李凯峰编写第一章、第五章,田芳编写第三章,花尉攀编写第二章,李杰编写第四章,徐毅安编写六章,郭颜凤、张奇编写第七章,管振华、赵丽平编写第八章,靳晶、刘苗苗编写第九章。

本书在编写过程中吸收了学术界的研究成果,参考了有关资料,在此一并表示感谢。由于编者水平有限,书中的不足之处恳请读者批评指正。

编　者
2021 年 11 月

目 录

第一章　建设工程法规基础

第一节　建设工程法规概述

一、建设工程法规的概念与特征

1. 建设工程法规的概念

建设工程法规是指国家立法机关或者其授权的行政机关制定的旨在调整国家及其有关机构、企事业单位、社会团体、公民之间，在建设活动中或建设行政管理活动中发生的各种社会关系的法律、法规的总称。其直接体现了国家对建设工程、建筑业等建设业活动进行组织、管理、协调的方针和基本原则。

2. 建设工程法规的特征

建设工程法规除了具备一般法律的基本特征外，还具有不同于其他法律的特征：

(1) 行政强制性。建筑活动需要消耗大量的人力、物力、财力及土地等资源，涉及面广，影响力大且持久。同时，建筑产品的质量还关系到人民的生命和财产安全，这也造就了它的特殊性。这一特殊性决定了建设法规必然要采用直接体现行政权力活动的调整方法，即以行政指令调整为主的方法。建设法规调整方式的特点主要体现为行政强制性，调整方式有：

① 授权。国家通过建设法律规范，授予国家建设管理机关某种管理权限或具体的权力，对建设业进行监督管理。如《中华人民共和国建筑法》规定："建筑工程招标的开标、评标、定标由建设单位依法组织实施，并接受有关行政主管部门的监督。"

② 命令。国家通过建设法律规范赋予建设法律关系主体某种作为的义务。如《中华人民共和国建筑法》规定："建筑工程勘察、设计、施工的质量必须符合国家有关建筑工程安全标准的要求，具体管理办法由国务院规定。"

③ 禁止。国家通过建设法律规范赋予建设法律关系主体某种不作为的义务。如《中华人民共和国建筑法》规定："发包单位及其工作人员在建筑工程发包中不得收受贿赂、回扣或者索取其他好处；承包单位及其工作人员不得利用向发包单位及其工作人员行贿、提供回扣或者给予其他好处等不正当手段承揽工程。"

④ 许可。国家通过建设法律规范，允许特别的主体在法律允许范围内有某种作为的权利。如《建筑施工总承包资质标准》规定，允许取得房屋建筑工程施工总承包一级资

质的企业承担 40 层及以下、各类跨度的房屋建筑工程。

⑤ 免除。国家通过建设法律规范，对主体依法应履行的义务在特定情况下予以免除。如《建筑工程施工许可管理办法》规定，工程投资额在 30 万元以下或者建筑面积在 300 m² 以下的建筑工程，可以不申请办理施工许可证。

⑥ 确认。国家通过建设法律规范，授权建设管理机关依法对争议的法律事实和法律关系进行认定，并确定其是否存在，是否有效。如各级建设工程质量监督站检查受监工程的勘察、设计、施工单位和建筑构件厂的资质等级和从业范围，监督勘察、设计、施工单位和建筑构件厂严格执行技术标准，检查其工程(产品)质量。

⑦ 计划。国家通过建设法律规范，对建设业进行计划调节。计划一般可分为指令性计划与指导性计划两种。指令性计划具有法律约束力和强制性，当事人必须严格执行，违反指令性计划的行为，将要承担法律责任。指令性计划本身就是行政管理。指导性计划一般不具有约束力，是可以变动的，但是在条件可能的情况下也是应该遵守的。

⑧ 撤销。国家通过建设法律规范，授予建设行政管理机关行政权力对某些权利能力或法律资格予以撤销或消灭。如国家对无证设计、无证施工的取缔就属于撤销。

(2) 经济性。工程项目投资、房地产开发经营等活动占用的资金量大，直接受到国家宏观调控的影响。国家以法律法规的手段调控建设活动，这些法律法规即是建设法律的一部分。建设法规的经济性既包含财产性，也包含其与生产、分配、交换、消费的联系性。

(3) 技术性。技术性是建设法律规范的一个十分重要的特征。建设活动是一项技术性很强、安全系数要求高的活动，为保证建筑产品的质量和人民生命财产的安全，大量的建设法规是以部门规章、技术规范等形式出现的。

二、建设工程法规的作用

建设工程法规的作用主要体现在以下 3 个方面。

1. 规范、指引作用

一般来说，建设工程法规对人们所实施的建设行为具有的规范性和指引性，主要表现为：

(1) 义务性的建筑行为规定。如《中华人民共和国建筑法》(简称《建筑法》)第五十八条规定："建筑施工企业必须按照工程设计图纸和施工技术标准施工，不得偷工减料。工程设计的修改由原设计单位负责，建筑施工企业不得擅自修改工程设计。"

(2) 禁止性的建筑行为规定。如《建筑法》第二十八条规定："禁止承包单位将其承包的全部建筑工程转包给他人，禁止承包单位将其承包的全部建筑工程肢解以后以分包的名义分别转包给他人。"

(3) 授权性的建筑行为规定。如《建筑法》第二十四条规定："建筑工程的发包单位可以将建筑工程的勘察、设计、施工、设备采购一并发包给一个工程总承包单位，也可以将建筑工程勘察、设计、施工、设备采购的一项或者多项发包给一个工程总承包单位。"

2. 合理建设行为的确认与保护

建设工程法规的作用不仅在于对建设行为主体所实施的建设行为加以规范和指导，还在于对一切符合法律法规的建设行为给予确认和保护。

3. 对违反建设法律行为的处罚

建设工程法规要对违法建设行为给予应有的处罚。如《建筑法》第六十五条规定："以欺骗手段取得资质证书的，吊销资质证书，处以罚款；构成犯罪的，依法追究刑事责任。"

第二节　法　律　基　础

一、法律体系

法律体系通常指由一个国家现行的各个部门法构成有机联系的统一整体。在我国法律体系中，根据所调整社会关系性质的不同，划分有不同的部门法。部门法是根据一定标准、原则所制定的同类法律规范的总称。

建设工程法律体系，是指把已经制定的和需要制定的建设工程方面的法律、行政法规、部门规章和地方性法规、地方政府规章有机结合起来，形成的一个相互联系、相互补充、相互协调的完整统一的体系。

二、法的形式和效力

(一) 法的形式

法的形式是指法的存在和表现形式，即国家制定和认可的法律规范的各种表现形式，也称为法的渊源。

1. 宪法

宪法是国家的根本大法，规定了国家各项基本制度，国家的一切经济法律制度都要依据宪法来制定。宪法是母法，产生和制约其他法律。宪法具有最高的法律效力。

我国现行宪法是 1982 年 12 月 4 日经第五届全国人民代表大会第五次会议通过的《中华人民共和国宪法》，并历经了 1988 年、1993 年、1999 年、2004 年、2018 年五次修订。

2. 法律

法律是国家立法机关根据立法程序制定的规范性文件。法律包括全国人民代表大会制定的基本法律和全国人民代表大会常务委员会制定的其他法律。法律依据宪法和立法程序而制定，其效力低于宪法，高于其他规范性文件。

3. 行政法规

行政法规，简称法规，是国家最高行政机关根据宪法和法律制定的各种规范性文件。我国最高行政机关是国务院，国务院制定颁布的规范性文件是建设法规渊源的重要组成部分。国务院《行政法规制定程序条例》第五条规定:"行政法规的名称一般称'条例',也可以称'规定''办法'等。"

4. 部门规章

部门规章又称行政规章,是国务院下属各部、委根据法律、行政法规,在本部门管辖权限内发布的规范性文件,如原建设部(现住房和城乡建设部)发布的《实施工程建设强制性标准监督规定》,原建设部与原信息产业部(现工业和信息化部)等部委联合发布的《工程建设项目施工招标投标办法》,原国家发展计划委员会(现国家发展和改革委员会)发布的《招标公告发布暂行办法》等。

5. 地方性法规

地方性法规是省、自治区、直辖市以及省级人民政府所在地市和经国务院批准的城市人民代表大会及其常务委员会发布的规范性文件。

6. 地方政府规章

地方政府规章是省、自治区、直辖市以及省级人民政府所在地市和经国务院批准的城市人民政府发布的规范性文件。如民族自治地方的人民代表大会有权根据当地的特点,制定自治条例和单行条例,自治条例和单行条例经上一级人民代表大会常务委员会批准后生效。

7. 司法解释

司法解释是指最高人民法院对于法律的系统性解释文件和对法律适用的说明,其对法院审判有约束力,具有法律规范的性质,在司法实践中具有重要的地位和作用。如《最高人民法院关于减刑、假释案件审理程序的规定》《最高人民法院关于适用〈中华人民共和国民事诉讼法〉的解释》等。

8. 国际条约与国际惯例

国际条约是指我国作为国际法主体同其他国家或国际组织缔结的双边、多边的协定和其他具有条约、协定性质的文件。国际惯例是指各种国际裁决机构的判例所确认和体现的国际法规则和在国际交往中形成的一些不成文的习惯。

(二) 法的效力

宪法具有最高的法律效力,是一般法律的立法基础。一切法律、行政法规、地方性法规、自治条例和单行条例、规章都不得同宪法相抵触。

法律的效力高于行政法规和地方性法规、规章;行政法规的效力高于地方性法规、规章;地方性法规的效力高于本级和下级地方政府的规章;省、自治区人民政府制定的规章的效力高于本行政区域内的较大的市级人民政府制定的规章。

部门规章之间、部门规章与地方政府规章之间具有同等效力,在各自的权限范围内施行。

同一机关制定的法律、行政法规、地方性法规、自治条例和单行条例、规章,特别规定与一般规定不一致的,适用特别规定;新的规定与旧的规定不一致的,适用新的规定。

当法律之间对同一事项的新的一般规定与旧的特别规定不一致,不能确定如何适用时，由全国人民代表大会常务委员会裁决；当行政法规对同一事项的新的一般规定和旧的特别规定不一致，不能确定如何适用时，由国务院裁决。

当地方性法规、规章之间不一致时，由有关机关依照下列规定的权限作出裁决：

(1) 当同一机关制定的新的一般规定与旧的特别规定不一致时，由制定机关裁决。

(2) 当地方性法规与部门规章之间对同一事项的规定不一致，不能确定如何适用时，由国务院提出意见，国务院认为应当适用地方性法规的，应当决定在该地方适用地方性法规；国务院认为应当适用部门规章的，应当提请全国人民代表大会常务委员会裁决。

(3) 当部门规章之间、部门规章与地方政府规章之间对同一事项的规定不一致时，由国务院裁决。

第三节　建设工程法律基础

一、建设法

建设法是调整国家行政管理机关、法人、法人以外的其他组织、公民在建设活动中产生的社会关系的法律规范的总称。建设法律和建设行政法规构成了建设法的主体。建设法是以市场经济中建设活动产生的社会关系为基础，规范国家行政管理机关对建设活动的监管、市场主体之间经济活动的法律法规。

1. 建设法律、行政法规与行政法的关系

建设法律、行政法规在调整建设活动中产生的社会关系时，会形成行政监督管理关系。行政监督管理关系是指国家行政机关或者其正式授权的有关机构在建设活动的组织、监督、协调等方面形成的关系。

我国政府一直高度重视对建设活动的监督管理，在国务院和地方各级人民政府都设有专门的建设行政管理部门，对建设活动的各个阶段依法进行监督管理，包括立项、资金筹集、勘察、设计、施工、验收等。国务院和地方各级人民政府的其他有关行政管理部门，也承担了相应的建设活动监督管理任务。行政机关在这些监督管理中形成的社会关系就是建设行政监督管理关系，它是行政法律关系的重要组成部分。

2. 建设法律、行政法规与民法商法的关系

建设法律、行政法规在调整建设活动中产生的社会关系时，会形成民事商事法律关系。建设民事商事法律关系，是建设活动中由民事商事法律规范所调整的社会关系。建设民事商事法律关系有以下特点：

(1) 建设民事商事法律关系是主体之间的民事商事权利和民事商事义务关系。

(2) 建设民事商事关系是平等主体之间的关系。

二、建设工程法人制度

《中华人民共和国民法典》规定："法人是具有民事权利能力和民事行为能力，依法

独立享有民事权利和承担民事义务的组织。"法人是与自然人相对应的概念，是法律赋予社会组织具有法律人格的一项制度。这一制度为确立社会组织的权利、义务，为社会组织独立承担责任提供了基础。

1. 法人应当具备的条件

(1) 依法成立。法人的设立目的和方式必须符合法律的规定，必须经过法定的程序，设立法人必须经过政府主管机关的批准或者核准登记。

(2) 有必要的财产或者经费。法人的财产或者经费必须与法人的经营范围或者设立目的相适应，否则将不能被批准设立或者核准登记。必要的财产或者经费是法人进行民事活动的物质基础。

(3) 有自己的名称、组织机构和住所。法人的名称是其区别于其他法人的标志；组织机构是其组织功能发挥的基础；住所是生产经营活动的需要，也有利于国家对其监督和管理。

(4) 能够独立承担民事责任。法人必须能够以自己的财产或者经费承担在民事活动中的债务，在民事活动中给其他主体造成损失时能够承担赔偿责任。

法人的法定代表人是自然人，其依照法律或者法人章程的规定，代表法人行使职权。法人以它的主要办事机构所在地为住所。

2. 法人的分类

法人可以分为企业法人和非企业法人两大类。非企业法人包括行政法人、事业法人、社团法人。企业法人依法经市场监督管理机关核准登记后取得法人资格。企业法人分立、合并或者有其他重要事项变更，应当向登记机关办理登记并公告。企业法人分立、合并，其权利和义务由变更后的法人享有和承担。

有独立经费的机关从成立之日起，具有法人资格。具有法人条件的事业单位、社会团体，依法不需要办理法人登记的，从成立之日起，具有法人资格。依法需要办理法人登记的，经核准登记，取得法人资格。

3. 法人在建设工程中的地位和作用

在建设工程中，施工单位、勘察设计单位、监理单位等建设活动主体都是法人，建设单位一般也应当具有法人资格。但有时候，建设单位也可能是没有法人资格的其他组织。

法人在建设工程中的地位表现在其具有民事权利能力和民事行为能力，依法独立享有民事权利和承担民事义务，能以其全部财产独立承担民事责任。

三、企业法人与项目经理部的法律关系

从项目管理的理论上说，各类企业都可以设立项目经理部，但施工企业设立的项目经理部具有典型意义。

1. 项目经理部

项目经理部是施工企业为了完成某项建设工程施工任务而设立的组织。项目经理部是由一个项目经理与技术、生产、材料、成本等管理人员组成的项目管理班子，是一次

性的具有弹性的现场生产组织机构。对于大中型施工项目，施工企业应当在施工现场设立项目经理部；小型施工项目，可以由施工企业根据实际情况选择适当的管理方式。施工企业应当明确项目经理部的职责、任务和组织形式。项目经理部不具备法人资格，而是施工企业根据建设工程施工项目组建的非常设的下属机构。项目经理根据企业法人的授权，组织和领导本项目经理部的全面工作。

2. 项目经理

项目经理是施工企业法人的法定代表人，其职务行为可以代表企业法人。施工企业的项目经理，是受企业法人的委派，对建设工程施工项目全面负责的项目管理者，是一种施工企业内部的岗位职务。建设工程项目上的生产经营活动，必须在企业制度的制约下运行；其质量、安全、技术等活动，须接受企业相关职能部门的指导和监督。

3. 项目经理部行为的法律后果

由于项目经理部不具备独立的法人资格，无法独立承担民事责任，所以，项目经理部行为的法律后果由企业法人承担。

第四节　建设工程相关民事法律制度

一、民事法律关系

民事法律关系是指由民事法律规范所确认的人与人之间以权利和义务为内容的社会关系。任何法律关系都是由法律关系主体、法律关系客体和法律关系内容三个要素构成的，缺少其中任何一个要素都不能构成法律关系；变更其中任何一个要素就不再是原来的法律关系。

1. 民事法律关系主体

民事法律关系主体是指民事法律关系的参与者，是建设活动中享有权利和承担义务的当事人，是法律关系产生的先决条件。民事法律关系主体主要包括自然人、法人和非法人组织。

(1) 自然人。自然人是指基于出生而依法成为民事法律关系主体的人。公民与自然人在法律地位上是相同的，自然人的范围要比公民的范围广。公民是指具有本国国籍，依法享有宪法和法律所赋予的权利并承担宪法和法律所规定的义务的人。自然人既包括公民又包括外国人和无国籍的人。

民事权利能力是指民事法律赋予民事主体从事民事活动从而享有民事权利和承担民事义务的资格；民事行为能力是指法律确认的民事主体通过自己的行为从事民事活动，参加民事法律关系，取得民事权利和承担民事义务的能力。由此可见，民事权利能力是民事法律关系主体参加民事法律关系必须具备的前提条件；而具有民事行为能力，则意味着法律允许民事主体独立地以自己的名义参加法律关系，行使自己的权利或履行自己的义务。

自然人的民事权利能力始于出生终于死亡,自然人的民事行为能力可分为以下三类:

① 完全民事行为能力。18周岁以上的成年人具有完全民事行为能力,16周岁以上的未成年人,以自己的劳动收入为主要生活来源的,视为完全民事行为能力人。

② 限制民事行为能力。8周岁以上的未成年人为限制民事行为能力人。

③ 无民事行为能力。8周岁以下的未成年人及不能辨认自己行为的成年人为无民事行为能力人。

(2) 法人。法人是与自然人相对的概念,它是指由法律赋予其人格,并将其视同自然人一样拥有独立的意志和利益,以自己的名义依法独立享有民事权利和承担民事义务的组织。《中华人民共和国民法典》(以下简称《民法典》)规定,法人应当依法成立;有自己的名称、组织机构、住所、财产或者经费;能够独立承担民事责任。法人是建设法律关系中数量最多、范围最广泛的主体。

(3) 非法人组织。非法人组织是不具有法人资格,但是能够依法以自己的名义从事民事活动的组织。非法人组织包括个人独资企业、合伙企业、不具有法人资格的专业服务机构等。《民法典》规定,非法人组织应当依照法律的规定登记;非法人组织的财产不足以清偿债务的,其出资人或者设立人承担无限责任;非法人组织可以确定一人或者数人代表该组织从事民事活动。

2. 民事法律关系客体

民事法律关系客体是指民事法律关系主体享有的权利和承担的义务所共同指向的对象。民事法律关系客体一般有财、物、行为和智力成果。

(1) 财。财一般是指货币资金,也包括各种有价证券,它是指在生产和流通过程中停留在货币形态上的那部分资金。在建筑工程中,建设法律关系客体中的"财"主要是指建设资金。

(2) 物。物是由人们所控制和支配的具有经济价值的物质财富,其包括天然存在的实物和人类劳动制造的产品。物是最广泛的民事法律关系客体。在建设工程中,建设法律关系客体中的"物"主要是指建筑材料等。

(3) 行为。行为是指能满足债权人利益的行为,通常也称给付。行为主要是债这一民事法律关系的客体,因为债权是请求权,债权人只能就自己的利益请求债务人给付,如交付物、完成工作,而不能对债务人的物或其他财产直接加以支配。在建设工程中,建设法律关系客体中的"行为"多表现为完成一定的工作,如勘察设计、施工安装等活动。

(4) 智力成果。智力成果是人脑力劳动创造的精神财富,是知识产权的客体,包括文学作品、艺术作品、科技作品、发明、实用新型、外观设计及商标等。知识产权保护的不是智力成果的载体,而是载体上的信息,如设计单位提供的具有创造性的设计图纸等。

3. 民事法律关系内容

民事法律关系内容是指民事法律关系主体享有的权利和承担的义务。这种权利和义务为法律规范所规定,得到国家的确认和保护。

(1) 权利。权利是指法律关系主体在法定范围内,根据国家相关管理要求和自己业务活动的需要,有权进行的各种民事活动。权利主体可要求其他主体做出一定的行为和抑制一定的行为,以实现自己的民事权利,因他人的行为而使自己权利不能实现时,其有权要求国家机关加以保护并予以制裁。

(2) 义务。义务是指法律关系主体必须按法律规定或约定应负的责任。义务和权利是相互对应的，相应主体应自觉履行法律所规定的义务，义务主体如果不履行或不适当履行其建设义务，就要承担相应的法律责任。

二、代理制度

代理是指代理人在代理权限内，以被代理人名义实施民事法律行为。即被代理人对代理人的代理行为，承担民事责任。

1. 代理的种类

代理可分为委托代理和法定代理两种。

(1) 委托代理。委托代理是指根据被代理人的委托而产生的代理。委托代理可以用书面形式，也可以用口头形式。法律规定用书面形式的，应当用书面形式。

(2) 法定代理。法定代理是指根据法律的直接规定而产生的代理。如父母作为监护人代理未成年人进行民事活动就属于法定代理。法定代理是为保护无民事行为能力人或限制民事行为能力人的合法权益而设立的一种代理形式。

2. 无权代理

无权代理是指行为人没有代理权、超越代理权或代理权终止后进行的代理活动。

《民法典》规定，没有代理权、超越代理权或者代理权终止后的行为，只有经过被代理人的追认，被代理人才承担民事责任。未经追认的行为，对被代理人不发生效力。

在无权代理活动中，被代理人享有追认权和拒绝权，行为人享有催告权和撤回权。

(1) 追认权是指被代理人对无权代理行为所产生的法律后果表示同意和认可。按照法律规定，无权代理行为对被代理人不发生法律效力，但是如果被代理人认为无权代理行为对自己有利，则有权追认。无权代理行为一旦获得追认后，便产生与合法的代理行为相同的法律后果。拒绝权是指被代理人为了维护自身的合法权益，对无权代理行为及其所产生的法律后果享有拒绝的权利。被拒绝的无权代理行为所产生的法律后果，由行为人承担民事责任。

(2) 催告权是指无权代理行为人在做出无权代理行为后，向被代理人进行催告的权利，该权利实质上就是催告被代理人对该行为是追认有效还是拒绝追认，并限期作出答复。如果被代理人在期限内未作出答复，则视为拒绝。撤回权是指无权代理行为人向被代理人提出撤回以前曾做出的代理的权利。但如果被代理人已经追认了其所做出的无权代理行为，则该行为人就不得再撤回。若该行为人已经行使了撤回权，则被代理人就不能行使追认权。

3. 表见代理

表见代理是指代理人虽无代理权，但相对人有理由相信行为人有代理权而需由被代理人承担法律责任的代理行为。

表见代理的构成要件有：① 行为人没有代理权；② 没有代理权的行为人实施了代理行为；③ 善意相对人有正当理由相信行为人有代理权。

4. 代理人与被代理人的责任承担

(1) 授权不明确的责任承担。委托书授权不明的，被代理人应当向第三人承担民事责任，代理人承担连带责任。

(2) 代理人不履行职责的责任承担。代理人不履行或者不完全履行职责，造成被代理人损害的，应当承担民事责任。代理人和相对人恶意串通，损害被代理人利益的，代理人和相对人应当承担连带责任。

(3) 无权代理的责任承担。相对人知道或者应当知道行为人没有代理权、超越代理权或者代理权已终止，还与行为人实施民事行为给他人造成损害的，相对人和行为人按照各自的过错承担责任。

(4) 代理事项违法的责任承担。代理人知道或者应当知道代理事项违法仍然实施代理行为，或者被代理人知道或者应当知道代理人的代理行为违法未作反对表示的，被代理人和代理人应当承担连带责任。

(5) 转托他人代理的责任承担。代理人需要转委托第三人代理的，应当取得被代理人的同意或者追认。事先没有取得被代理人同意的，应当在事后及时告知被代理人，如果被代理人不同意，代理人应当对转委托的第三人的行为承担责任；但是，在紧急情况下代理人为了维护被代理人的利益需要转委托第三人代理的除外。

5. 代理的终止

由于代理种类的不同，代理关系终止的原因也不尽相同。

(1) 委托代理终止。《民法典》规定，有下列情形之一的，委托代理终止：

① 代理期限届满或者代理事务完成。

② 被代理人取消委托或者代理人辞去委托。

③ 代理人或被代理人死亡。

④ 代理人丧失民事行为能力。

⑤ 作为被代理人或者代理人的法人、非法人组织终止。

(2) 法定代理终止。《民法典》规定，有下列情形之一的，法定代理终止：

① 被代理人取得或者恢复完全民事行为能力。

② 被代理人或者代理人死亡。

③ 代理人丧失民事行为能力。

④ 法律规定的其他情形。

三、诉讼时效制度

诉讼时效是指权利人在法定的时效期内，未向法院提起诉讼请求保护其权利，依据法律规定消灭其胜诉权的制度。

超过诉讼时效期间，在法律上发生的效力是权利人胜诉权消灭。超过诉讼时效期间权利人起诉，如果符合《中华人民共和国民事诉讼法》规定的起诉条件，法院仍应受理。如果法院经受理后查明无中止、中断、延长事由的，判决驳回诉讼请求。但是，依照《最高人民法院关于审理民事案件适用诉讼时效制度若干问题的规定》，当事人未提出诉讼时效抗辩，人民法院不应对诉讼时效问题进行释明。

应当注意的是，根据《民法典》的规定，诉讼时效期间届满后，义务人同意履行的，不得以诉讼时效期间届满为由抗辩；义务人已经自愿履行的，不得请求返还。

1. 不适用诉讼时效的情形

当事人对债权请求权提出诉讼时效抗辩，但对下列债权请求提出诉讼时效抗辩的，法院不予支持：

(1) 支付存款本金及利息请求权。

(2) 兑付国债、金融债券以及向不特定对象发行的企业债券本金请求权。

(3) 基于投资关系产生的缴付出资请求权。

(4) 其他依法不适用诉讼时效规定的债权请求权。

2. 诉讼时效期间的种类

诉讼时效期间通常可划分为以下 2 类：

(1) 普通诉讼时效期间。普通诉讼时效期间通常为 3 年。法律另有规定的，依照其规定。

(2) 最长诉讼时效期间。诉讼时效期间从权利人知道或者应当知道权利受到损害以及义务人之日起计算。法律另有规定的，依照其规定。但是，自权利受到损害之日起超过 20 年的，人民法院不予保护，有特殊情况的，人民法院可以根据权利人的申请决定延长。

3. 诉讼时效中止

《民法典》规定，在诉讼时效期间的最后 6 个月内，因下列障碍，不能行使请求权的，诉讼时效中止。从中止时效的原因消除之日起满 6 个月，诉讼时效期间届满。

(1) 不可抗力。

(2) 无民事行为能力人或者限制民事行为能力人没有法定代理人，或者法定代理人死亡、丧失民事行为能力、丧失代理权。

(3) 继承开始后未确定继承人或者遗产管理人。

(4) 权利人被义务人或者其他人控制。

(5) 其他导致权利人不能行使请求权的障碍。

根据上述规定，诉讼时效中止应当同时满足以下两个条件：

(1) 权利人由于不可抗力或其他障碍，不能行使请求权。

(2) 导致权利人不能行使请求权的事由发生在诉讼时效期间的最后 6 个月内。

诉讼时效中止，即诉讼时效期间暂时停止计算。在导致诉讼时效中止的原因消除后，也就是权利人可以开始行使请求权时起，诉讼时效期间继续计算。

4. 诉讼时效中断

《民法典》规定，有下列情形之一的，诉讼时效中断，从中断、有关程序终结时起，诉讼时效期间重新计算：

(1) 权利人向义务人提出履行请求。

(2) 义务人同意履行义务。

(3) 权利人提起诉讼或者申请仲裁。

(4) 与提起诉讼或者申请仲裁具有同等效力的其他情形。

四、担保制度

担保是指当事人双方根据法律、行政法规的规定或双方约定，促使债务人履行债务，实现债权人权利的法律制度。担保合同是主合同的从合同，主合同无效，则担保合同无效。担保合同另有约定的，按照约定。

担保的基本方式有五种，即保证、抵押、质押、留置和定金。本节主要讨论保证和定金两种方式。

1. 保证

保证是指保证人和债权人约定，当债务人不履行到期债务或者发生当事人约定的情形时，保证人履行债务或者承担责任的行为。

(1) 保证人的规定。保证人须是具有代为清偿债务能力的法人、其他组织或者公民。《民法典》规定，下列单位不可做保证人：

① 机关法人不得为保证人，但经国务院批准为使用外国政府或者国际经济组织贷款进行转贷的除外。

② 以公益为目的的非营利法人、非法人组织不得为保证人。

(2) 保证合同。保证合同是为保障债权的实现，保证人和债权人约定，当债务人不履行到期债务或者发生当事人约定的情形时，保证人履行债务或者承担责任的合同。保证人与债权人应当以书面形式订立保证合同。保证人与债权人可以就单个主合同分别订立保证合同，也可以协议在最高债权额限度内就一定期间连续发生的借款合同或者某项商品交易合同订立一个保证合同。

《民法典》规定，保证合同应当包括以下内容：被保证的主债权种类、数额，债务人履行债务的期限，保证的方式、范围和期间等条款。

(3) 保证方式。保证方式有一般保证和连带责任保证两种。

当事人在保证合同中约定，债务人不能履行债务时，由保证人承担保证责任的，称为一般保证。一般保证的保证人在主合同纠纷未经审判或者仲裁，并就债务人财产依法强制执行仍不能履行债务前，有权拒绝向债权人承担保证责任，但是有下列情形之一的除外：

① 债务人下落不明，且无财产可供执行。

② 人民法院已经受理债务人破产案件。

③ 债权人有证据证明债务人的财产不足以履行全部债务或者丧失履行债务能力。

④ 保证人书面表示放弃本款规定的权利。

当事人在保证合同中约定，保证人与债务人对债务承担连带责任的，称为连带责任保证。连带责任保证的债务人不履行到期债务或者发生当事人约定的情形时，债权人可以请求债务人履行债务，也可以请求保证人在其保证范围内承担保证责任。

当事人对保证方式没有约定或者约定不明确的，按照连带责任保证承担保证责任。

(4) 保证责任。

① 保证范围。保证的范围包括主债权及其利息、违约金、损害赔偿金和实现债权的费用。保证合同另有约定的，按照约定。当事人对保证的范围没有约定或者约定不明确

的，保证人应当对全部债务承担责任。

② 保证期间。保证期间是确定保证人承担保证责任的期间，不发生中止、中断和延长。《民法典》规定，债权人与保证人可以约定保证期间，但是约定的保证期间早于主债务履行期限或者与主债务履行期限同时届满的，视为没有约定；没有约定或者约定不明确的，保证期间为主债务履行期限届满之日起 6 个月。债权人与债务人对主债务履行期限没有约定或者约定不明确的，保证期间自债权人请求债务人履行债务的宽限期届满之日起计算。

2. 定金

当事人可以约定一方向对方给付定金作为债权的担保。债务人履行债务后，定金应当抵作价款或者收回。给付定金的一方不履行债务或者履行债务不符合约定，致使不能实现合同目的的，无权请求返还定金；收受定金的一方不履行债务或者履行债务不符合约定，致使不能实现合同目的的，应当双倍返还定金。

定金应当以书面形式约定。当事人在定金合同中应当约定交付定金的期限。定金合同从实际交付定金之日起生效。定金的数额由当事人约定，但不得超过主合同标的额的 20%。

第五节　建设工程法律责任

一、法律责任的概念与特征

1. 法律责任的概念

法律责任，又称违法责任，是指法律关系的主体由于其行为违法，按照法律、法规规定必须承担的消极法律后果。这一概念包括以下几层含义：第一，承担法律责任的主体既包括公民、法人，也包括机关和其他社会组织；既包括中国人，也包括外国人和无国籍人；第二，违法行为的实施是承担法律责任的核心要件；第三，法律责任是一种消极的法律后果，即是一种法律上的惩戒性负担。

2. 法律责任的特征

(1) 法律责任具有国家强制性。法律责任是以国家强制力为后盾的。所谓国家强制力，主要是指国家司法机关或者国家授权的行政机关采取强制措施强迫违法行为人承担法律责任。而社会责任中的道德责任，只能通过舆论监督等途径保证执行，不能通过国家强制力保证执行。

(2) 法律责任的大小是与违法行为相联系的。违反法律义务的内容多、程度深，法律责任就大；违反法律义务的内容少、程度浅，法律责任就小。

(3) 法律责任需由专门的国家机关和部门来认定。一个人是否应该承担法律责任，该承担怎样的法律责任，不是由某个人说了算，而是由专门的国家机关来认定。

(4) 法律的内容是法律规范明确加以具体规定的。法律责任必须由有立法权的机关根据职权，依照按法定程序制定的有关法律、行政法规、地方性法规、部委规章或者地方政府规章来加以明文规定，否则就不构成法律责任。

二、法律责任的构成要件

通常，有违法行为就要承担法律责任，受到法律的制裁。根据违法行为的一般特点，我们把法律责任的构成要件概括为：法律责任主体、过错、违法行为、损害事实和因果关系五个方面。

(1) 法律责任主体。法律责任主体是指违法主体或者承担法律责任的主体，责任主体不完全等同于违法主体。

(2) 过错。过错即承担法律责任的主观故意或者过失。

(3) 违法行为。违法行为是指违反法律所规定的义务、超越权利的界限行使权利以及侵权行为的总称，一般认为违法行为包括犯罪行为和一般违法行为。

(4) 损害事实。损害事实即受到的损失和伤害的事实，包括对人身、财产、精神(或者三方面兼有的)的损失和伤害。

(5) 因果关系。因果关系即行为与损害之间的因果关系，它是存在于自然界和人类社会中的各种因果关系的特殊形式。

三、建设工程法律责任的分类

建设工程法律责任是指在建设活动中对违法行为所应承担的带有强制性的法律责任。依照行为违法的不同和违法者承担法律责任的方式的不同，法律责任可分为刑事责任、民事责任、行政责任、经济责任与违宪责任。

1. 刑事责任

刑事责任，是指行为人因其犯罪行为必须承受的，由司法机关代表国家确定的否定性的法律后果。产生刑事责任的原因在于行为人行为的严重社会危害性，只有行为人的行为具有严重的社会危害性即构成犯罪，才能追究行为人的刑事责任。

《中华人民共和国刑法》第一百三十七条规定了建设工程领域的重大安全事故罪，工程重大安全事故罪是指建设单位、设计单位、施工单位、工程监理单位违反国家规定，降低工程质量标准，造成重大安全事故的行为。

2. 民事责任

民事责任是指按照民法规定，民事主体违反民事义务时应承担的法律责任，以产生责任的法律基础为标准。承担民事责任的方式主要有：停止侵害，排除妨碍，消除危险，返还财产，恢复原状，修理、重作、更换，继续履行，赔偿损失，支付违约金，消除影响、恢复名誉，赔礼道歉。

根据承担民事责任的原因，可将民事责任分为：违约责任、一般侵权责任、特殊侵权责任。违约责任与侵权责任的区别是：

(1) 所违反的义务及所依据的法律不同。违约责任是行为人违反了约定的合同义务，侵权责任是行为人违反了法律规定的不得侵犯他人权利的义务，不以当事人之间事先存在的合同关系为前提，它主要依据民事法律中有关侵权行为致人损害的条款来确定。

(2) 受侵害的权利和利益的性质不同。违约行为侵害的是合同相对人的债权，侵犯的是特定个人的利益，属于相对权；侵权行为侵犯的是受害人的健康权、人格权、生命权以及财产权，某些侵权行为所侵犯的是社会利益。

(3) 行为主体不同。违约行为的主体只能是具有民事行为能力的人；侵权行为的主体可以是无民事行为能力或者限制民事行为能力的人。

(4) 责任的构成不同。违约责任以违约行为的存在为核心；一般侵权责任则要求不仅存在侵权行为，而且存在损害事实、侵权行为与损害事实之间的因果关系，以及行为人的主观过错。

3. 行政责任

行政责任是指因违反行政法律和法规而必须承担的法律责任。行政法律责任一般分为行政处分和行政处罚两类。

(1) 行政处分。行政处分是指国家机关、企事业单位和社会团体依照行政管理法规、规章、制度、纪律等，按干部、人事管理权限对机关工作人员和职工所做的处罚。它是一种内部处罚，对这种处罚不服，不能提起诉讼，只能向作出处罚决定的机关、单位或者上级主管部门提出申诉或者提请劳动仲裁。

(2) 行政处罚。行政处罚是指特定的国家行政机关对违反行政管理法规的单位或者个人依法给予的制裁。行政处罚是行政法律责任的核心，是国家法律责任制度的重要组成部分，是行政机关依法管理的重要手段之一。

4. 经济责任

经济责任是指经济关系主体因违反经济法律和法规而应承担的法律责任。经济责任的承担方式主要是行政责任和民事责任，如果经济关系主体违反经济法规关系的行为触犯了刑法的规定，则必须承担刑事责任。

5. 违宪责任

违宪责任，是指有关国家机关制定的某种法律、法规、规章，或者有关国家机关、社会组织或公民的活动与宪法规定相抵触而产生的法律责任。违宪责任的产生原因是违宪行为。

四、建设工程法律责任的归责与免责

1. 建设工程法律责任的归责

归责，又称法律责任的归结，是指由特定国家机关或国家授权的机关依法对行为人的法律责任进行判断和确认。我国通常将归责原则分为过错责任原则、无过错责任原则和公平责任原则三种。

(1) 过错责任原则。过错责任原则是以行为人的过错为承担民事责任要件的归责原则。《民法典》规定："行为人因过错侵害他人民事权益造成损害的，应当承担侵权责任。依照法律规定推定行为人有过错，其不能证明自己没有过错的，应当承担侵权责任。"

(2) 无过错责任原则。无过错责任原则又称无过失责任原则，指在法律规定的情况下，不以过错的存在判断行为人应否承担民事责任的归责原则。《民法典》规定："行为人造成他人民事权益损害，不论行为人有无过错，法律规定应当承担侵权责任的，依照其规定。"

(3) 公平责任原则。公平责任原则是指在法律没有规定适用无过错责任原则，而适用过错责任又有失公平时，依公平的原则在当事人之间分配损害的归责原则。

2. 建设工程法律责任的免责

免责，也称法律责任的免除，是指法律责任由于出现法定条件被部分或全部地免除。免责主要有以下几种形式：

(1) 时效免责。时效免责即法律责任经过了一定的期限后而免除。时效免责的意义在于，保障当事人的合法权益，督促法律关系的主体及时行使权利，结清权利义务关系，提高司法机关的工作效率，稳定社会生活秩序，促进社会经济的发展。

(2) 法定免责。法定免责指法律直接规定免除责任，主要是指不可抗力。不可抗力是指不能预见、不能避免并不能克服的情况。

(3) 不诉及协议免责。不诉及协议免责是指受害人或有关当事人不向法院起诉要求追究行为人的法律责任，行为人的法律责任就实际上被免除，或者受害人与行为人在法律允许的范围内协商同意的免责。

第二章　建设工程勘察设计法规

第一节　建设工程勘察设计概述

一、建设工程勘察设计的概念

勘察设计是建设工程中的关键环节，勘察是设计的基础和依据，设计是整个工程建设的灵魂。

工程勘察是指为工程建设的规划、设计、施工、运营及综合治理等，对地形、地质及水文等要素进行测绘、勘探、测试及综合评定，并提供可行性评价与建设所需要的勘察成果资料，以及进行岩土工程勘察、设计、处理、监测的活动。

工程设计是指运用工程技术理论及技术经济方法，按照现行技术标准，对新建、扩建、改建项目的工艺、土建、公用工程、环境工程等进行综合性设计(包括必需的非标准设备设计)及技术经济分析，并提供作为建设依据的设计文件和图纸的活动。

二、建设工程勘察设计工作的原则

1. 勘察工作坚持的原则

(1) 勘察工作必须遵守国家的法律、法规，贯彻国家有关经济建设的方针、政策和基本建设程序，贯彻执行提高经济效益和促进技术进步的方针。

(2) 勘察成果要反映客观地形、地质情况，确保原始资料的准确性，结合工程具体特点和要求提出明确的评价、结论和建议。

(3) 勘察工作既要防止技术保守或片面追求产值，任意加大工作量，又要防止不适当地减少工作量而影响勘察成果的质量，给工程建设造成事故或浪费。

(4) 要积极采用新理论、新技术、新方法、新手段。应结合工程和勘察地区的具体情况，因地制宜地采用先进可靠的勘察手段和评价方法，努力提高勘察水平。

(5) 勘察工作不仅要评价当前环境和地质条件对工程建设的适应性，还要预测工程建设对地质和环境条件的影响。要从环境出发，做好环境地质评价工作。

(6) 勘察工作前期应全面搜集、综合分析，充分使用已有的勘察资料。

(7) 要加强对勘察职工的安全生产教育，严格遵守安全规程，防止人身、机具和工程事故。

此外，勘察设计单位还应当站在国家立场上，认真贯彻执行党的方针政策，树立全局观念，维护国家利益，坚持按建设程序办事，严格执行勘察设计程序；积极采用先进技术，加强质量管理，努力做出更多质量高、技术先进、经济效益好的优秀设计；努力提高工作效率，把完成国家计划任务放在首位，保证完成国家重点项目勘察设计任务和上级核定的工作量指标。

2. 设计工作坚持的原则

根据 1983 年原国家计委(现国家发改委)印发的《基本建设设计工作管理暂行办法》和《基本建设勘察工作管理暂行办法》的有关规定，设计工作应坚持以下原则：

(1) 要遵守国家的法律、法规，贯彻执行国家经济建设的方针、政策和基本建设程序，特别应贯彻执行提高经济效益和促进技术进步的方针。

(2) 要从全局出发，正确处理工业与农业、工业内部、沿海与内地、城市与乡村、远期与近期、平时与战时、技改与新建、生产与生活、安全质量与经济效益等方面的关系。

(3) 要根据国家有关规定和工程的不同性质、不同要求，从我国实际情况出发，合理确定设计标准。对生产工艺、主要设备和主体工程要做到先进、适用、可靠。对非生产性的建设，应坚持适用、经济、在可能条件下注意美观的原则。

(4) 要实行资源的综合利用。根据国家需要、技术可能和经济合理的原则，充分考虑矿产、能源、水、农、林、牧、渔等资源的综合利用。

(5) 要节约能源。在工业建设项目设计中，要选用耗能少的生产工艺和设备；在民用建设项目设计中，也要采取节约能源的措施。要提倡区域性供热，重视余热利用。

(6) 要保护环境。在进行各类工程设计时，应积极改进工艺，采用行之有效的技术措施，防止粉尘、毒物、废水、废气、废渣、噪声、放射性物质及其他有害因素对环境的污染，并进行综合治理和利用，使设计符合国家规定的标准。

(7) 要注意专业化和协作。建设项目应根据专业化和协作的原则进行建设，其辅助生产设施、公用设施、运输设施以及生活福利设施等，都应尽可能同邻近有关单位密切协作。

(8) 要节约用地。一切工程建设，都必须因地制宜，提高土地利用率。建设项目的厂址选择，应尽量利用荒地、劣地，不占或少占耕地。总平面的布置，要紧凑合理。

(9) 要合理使用劳动力。在建设项目的设计中，要合理选择工艺流程、设备、线路，合理组织人流、物流，合理确定生产和非生产定员。

(10) 要立足于自力更生。引进国外先进技术必须符合我国国情，着眼于提高国内技术水平和制造能力。凡引进技术、进口关键设备能满足需要的，就不应引进成套项目；凡能自行设计或合作设计的，就不应委托或单独依靠国外设计。

三、建设工程勘察设计法规的概念及调整对象

1. 工程勘察设计法规的概念

工程勘察设计法规是指调整工程勘察设计活动中所产生的各种社会关系的法律规范的总称。工程勘察设计法规涉及范围广、内容多，包括工程勘察设计专门法规和有关工程勘察设计方面的法律规定。

2. 工程勘察设计法规的调整对象

工程勘察设计规范的调整对象包括：

(1) 勘察设计主管部门对从事勘察设计活动的单位和个人实施许可制度而发生的行政管理关系。

(2) 勘察设计主管部门与建设单位和勘察设计单位之间，因编制、审批、执行勘察设计文件、资料而发生的审批关系。

(3) 因工程建设的实施，发生于建设单位与勘察设计单位之间的经济合同关系。

(4) 依据各种技术规定、制度和操作规程，发生于勘察设计单位内部的计划管理、技术管理、质量管理以及各种形式的经济责任制等内部管理关系。

第二节　建设工程勘察设计标准与资质管理

一、建设工程勘察设计标准

《建设工程勘察设计管理条例》第五条规定："建设工程勘察、设计单位必须依法进行建设工程勘察、设计，严格执行工程建设强制性标准，并对建设工程勘察、设计的质量负责。"设立工程建设标准是为了加强对工程建设活动的质量管理，保证工程建设质量，保护人民生命和财产安全。

所谓的工程建设标准，是指对基本建设项目中各类工程的勘察、规划、设计、施工、安装、验收等需要协调统一的事项所制定的标准。

实现工程建设的标准化，即制定和实施各项工程建设标准，并逐步使其各个系统的标准形成相辅相成、共同作用的完整体系。工程建设标准化是实现现代化建设的重要手段，也是现阶段我国建设工程领域的一项重要技术、经济政策。随着我国科学技术的进步，工程建设标准也在不断地提高和改进，在建设过程中，我们应严格按照高标准来要求自己，使我国的工程建设达到世界先进水平。

1. 工程勘察设计标准的分类

《基本建设设计工作管理暂行办法》和《基本建筑勘察工作管理暂行办法》中明确规定：工程勘察设计标准包括工程建设勘察设计规范和工程设计标准两种。

(1) 工程建设勘察设计规范是强制性勘察设计标准，是技术法规，是在一切工程勘察、设计工作中都必须执行的标准。工程建设勘察设计规范分为国家、部、省(自治区、直辖市)、设计单位四个级别。

(2) 工程设计标准是推荐性设计标准。建设单位和设计单位都要积极采用，根据各地的条件和情况，在无特别理由时必须遵守，不得另行设计或改变。工程设计标准分为国家、部、省(自治区、直辖市)三级。

2. 工程勘察设计标准的实施

工程勘察设计标准的实施是工程建设标准实施工作的一部分，不仅关系到建设工程的经济效益、社会效益和环境效益，而且直接关系到工程建设者、所有者和使用者的人身安全及国家、集体和公民的财产安全。在工程建设勘察设计过程中，工程勘察设计标准必须得到严格遵守和执行。

《工程建设标准强制性条文》(以下简称《强制性条文》)是参与建设活动的各方执行工程建设标准和政府对执行情况实施监督的依据。《强制性条文》包括城乡规划、城市建设、房屋建筑、工业建筑、水利工程、电力工程、信息工程、水运工程、公路工程、铁道工程、石油和化工建设工程、矿山工程、人防工程、广播电影电视工程和民航机场工程等部分。《强制性条文》汇集了工程建设现行国家和行业标准中直接涉及人民生命财产安全、人身健康、环境保护和其他公众利益方面的内容，同时考虑了提高经济效益和社会效益方面的要求，列入《强制性条文》的所有条文都必须被严格遵守和执行。相关法规规定有以下内容：

各级行政主管部门在制定有关工程建设的规定时，不得擅自更改国家及行业的强制性标准；从事工程建设活动的部门、单位和个人，都必须执行强制性标准；对于不符合强制性标准的工程勘察成果报告和规划、设计文件，不得批准使用；不按标准施工，质量达不到合格标准的工程，不得验收。

工程质量监督机构和安全监督机构，应根据现行的强制性标准，对工程建设的质量和安全进行监督，当监督机构与被监督单位对适用的强制性标准发生争议时，由该标准的批准部门进行裁决。

各级行政主管部门应对勘察、设计、规划、施工单位及建设单位执行强制性标准的情况进行监督检查。国家机关、社会团体、企业、事业单位及全体公民均有权检举、揭发违反强制性标准的行为。

二、建设工程勘察设计资质管理

为了加强对建设工程勘察、设计活动的监督管理，保证建设工程勘察、设计质量，根据《中华人民共和国行政许可法》《中华人民共和国建筑法》《建设工程质量管理条例》和《建设工程勘察设计管理条例》等法律、行政法规，2006年12月30日建设部(现住建部)第114次常务会议讨论通过了《建设工程勘察设计资质管理规定》，自2007年9月1日起施行。根据《建设工程勘察设计管理条例》和《建设工程勘察设计资质管理规定》，住建部又制定了《工程勘察资质标准》。

从事建设工程勘察、工程设计活动的企业，应当按照其拥有的注册资本、专业技术人员、技术装备和勘察设计业绩等条件申请资质，经审查合格，取得建设工程勘察、工程设计资质证书后，方可在资质许可的范围内从事建设工程勘察、工程设计活动。

国务院建设行政主管部门负责全国建设工程勘察、工程设计资质的统一监督管理。国务院铁路、交通、水利、信息产业、民航等有关部门配合国务院建设行政主管部门实施相应行业的建设工程勘察、工程设计资质管理工作。省、自治区、直辖市人民政府建设行政主管部门负责本行政区域内建设工程勘察、工程设计资质的统一监督管理。省、自治区、直辖市人民政府交通、水利、信息产业等有关部门配合同级建设行政主管部门实施本行政区域内相应行业的建设工程勘察、工程设计资质管理工作。

1. 工程勘察资质

工程勘察资质分为工程勘察综合资质、工程勘察专业资质、工程勘察劳务资质。

(1) 工程勘察综合资质。工程勘察综合资质是指包括全部工程勘察专业资质的工程勘察资质。

① 资历和信誉。

A. 符合企业法人条件，具有 10 年及以上工程勘察资历。

B. 实缴注册资本不少于 1000 万元人民币。

C. 社会信誉良好，近 3 年未发生过一般及以上质量安全责任事故。

D. 近 5 年内独立完成过的工程勘察项目应满足以下要求：岩土工程勘察、设计、物探测试检测监测甲级项目各不少于 5 项，水文地质勘察或工程测量甲级项目不少于 5 项，且质量合格。

② 技术条件。

A. 专业配备齐全、合理。主要专业技术人员数量不少于"工程勘察行业主要专业技术人员配备表"规定的人数。

B. 企业主要技术负责人或总工程师应当具有大学本科以上学历、10 年以上工程勘察经历，作为项目负责人主持过本专业工程勘察甲级项目不少于 2 项，具备注册土木工程师(岩土)执业资格或本专业高级专业技术职称。

C. 在"工程勘察行业主要专业技术人员配备表"规定的人员中，注册人员应作为专业技术负责人主持过所申请工程勘察类型乙级以上项目不少于 2 项；主导专业非注册人员中，每个主导专业至少有 1 人作为专业技术负责人主持过相应类型的工程勘察甲级项目不少于 2 项，其他非注册人员应作为专业技术负责人主持过相应类型的工程勘察乙级以上项目不少于 3 项；其中甲级项目不少于 1 项。

③ 技术装备及管理水平。

A. 有完善的技术装备，满足"工程勘察主要技术装备配备表"规定的要求。

B. 有满足工作需要的固定工作场所及室内试验场所，主要固定场所建筑面积不少于 3000 m^2。

C. 有完善的技术、经营、设备物资、人事、财务和档案管理制度，通过 ISO 9001 质量管理体系认证。

(2) 工程勘察专业资质。工程勘察专业资质主要包括：岩土工程专业资质、水文地质勘察专业资质和工程测量专业资质。其中，岩土工程专业资质包括：岩土工程勘察、岩土工程设计、岩土工程物探测试检测监测等岩土工程(分项)专业资质。

① 甲级。

A. 资历和信誉：

a. 符合企业法人条件，具有 5 年及以上工程勘察资历。

b. 实缴注册资本不少于 300 万元人民币。

c. 社会信誉良好，近 3 年未发生过一般及以上质量安全责任事故。

d. 近 5 年内独立完成过的工程勘察项目应满足以下要求：

岩土工程专业资质：岩土工程勘察甲级项目不少于 3 项或乙级项目不少于 5 项、岩土工程设计甲级项目不少于 2 项或乙级项目不少于 4 项、岩土工程物探测试检测监测甲级项目不少于 2 项或乙级项目不少于 4 项，且质量合格。

岩土工程(分项)专业资质、水文地质勘察专业资质、工程测量专业资质：完成过所申请工程勘察专业类型甲级项目不少于 3 项或乙级项目不少于 5 项，且质量合格。

B. 技术条件：

a. 专业配备齐全、合理。主要专业技术人员数量不少于"工程勘察行业主要专业技术人员配备表"规定的人数。

b. 企业主要技术负责人或总工程师应当具有大学本科以上学历、10 年以上工程勘察经历，作为项目负责人主持过本专业工程勘察甲级项目不少于 2 项，具备注册土木工程师(岩土)执业资格或本专业高级专业技术职称。

c. 在"工程勘察行业主要专业技术人员配备表"规定的人员中，注册人员应作为专业技术负责人主持过所申请工程勘察类型乙级以上项目不少于 2 项；主导专业非注册人员作为专业技术负责人主持过所申请工程勘察类型乙级以上项目不少于 2 项，其中，每个主导专业至少有 1 名专业技术人员作为专业技术负责人主持过所申请工程勘察类型甲级项目不少于 2 项。

C. 技术装备及管理水平：

a. 有完善的技术装备，满足"工程勘察主要技术装备配备表"规定的要求。

b. 有满足工作需要的固定工作场所及室内试验场所。

c. 有完善的质量、安全管理体系和技术、经营、设备物资、人事、财务、档案等管理制度。

② 乙级。

A. 资历和信誉：

a. 符合企业法人条件。

b. 社会信誉良好，实缴注册资本不少于 150 万元人民币。

B. 技术条件：

a. 专业配备齐全、合理。主要专业技术人员数量不少于"工程勘察行业主要专业技术人员配备表"规定的人数。

b. 企业主要技术负责人或总工程师应当具有大学本科以上学历、10 年以上工程勘察经历，作为项目负责人主持过本专业工程勘察乙级项目不少于 2 项或甲级项目不少于 1 项，具备注册土木工程师(岩土)执业资格或本专业高级专业技术职称。

c. 在"工程勘察行业主要专业技术人员配备表"规定的人员中，注册人员应作为专业技术负责人主持过所申请工程勘察类型乙级以上项目不少于 2 项；主导专业非注册人员作为专业技术负责人主持过所申请工程勘察类型乙级项目不少于 2 项或甲级项目不少于 1 项。

C. 技术装备及管理水平：

a. 有与工程勘察项目相应的能满足要求的技术装备，满足"工程勘察主要技术装备配备表"规定的要求。

b. 有满足工作需要的固定工作场所。

c. 有较完善的质量、安全管理体系和技术、经营、设备物资、人事、财务、档案等管理制度。

③ 丙级。

A. 资历和信誉：

a. 符合企业法人条件。

b. 社会信誉良好，实缴注册资本不少于 80 万元人民币。

B. 技术条件：

a. 专业配备齐全、合理。主要专业技术人员数量不少于"工程勘察行业主要专业技术人员配备表"规定的人数。

b. 企业主要技术负责人或总工程师应当具有大专以上学历、10 年以上工程勘察经历，作为项目负责人主持过本专业工程勘察类型的项目不少于 2 项，其中，乙级以上项目不少于 1 项；具备注册土木工程师(岩土)执业资格或中级以上专业技术职称。

c. 在"工程勘察行业主要专业技术人员配备表"规定的人员中，主导专业非注册人员作为专业技术负责人主持过所申请工程勘察类型的项目不少于 2 项。

C. 技术装备及管理水平：

a. 有与工程勘察项目相应的能满足要求的技术装备，满足"工程勘察主要技术装备配备表"规定的要求。

b. 有满足工作需要的固定工作场所。

c. 有较完善的质量、安全管理体系和技术、经营、设备物资、人事、财务、档案等管理制度。

(3) 工程勘察劳务资质标准。工程勘察劳务资质包括：工程钻探和凿井。

① 工程钻探。

A. 资历和信誉：

a. 符合企业法人条件。

b. 社会信誉良好，企业注册资本不少于 50 万元人民币。

B. 技术条件：

a. 企业主要技术负责人具有 5 年以上从事工程管理工作的经历，并具有初级以上专业技术职称或高级工以上职业资格。

b. 具有经考核或培训合格的钻工、描述员、测量员、安全员等技术工人，工种齐全且不少于 12 人。

C. 技术装备及管理水平：

a. 有必要的技术装备，满足"工程勘察主要技术装备配备表"规定的要求。

b. 有满足工作需要的固定工作场所。

c. 质量、安全管理体系和技术、经营、设备物资、人事、财务、档案等管理制度健全。

② 凿井。

A. 资历和信誉：

a. 符合企业法人条件。

b. 社会信誉良好，企业注册资本不少于 50 万元人民币。

B. 技术条件：

a. 企业主要技术负责人具有 5 年以上从事工程管理工作的经历，并具有初级以上专业技术职称或高级工以上职业资格。

b. 具有经考核或培训合格的钻工、电焊工、电工、安全员等技术工人，工种齐全且不少于 13 人。

C. 技术装备及管理水平：

a. 有必要的技术装备，满足"工程勘察主要技术装备配备表"规定的要求。

b. 有满足工作需要的固定工作场所。

c. 质量、安全管理体系和技术、经营、设备物资、人事、财务、档案等管理制度健全。

工程勘察资质承担业务范围如下：

(1) 工程勘察综合甲级资质。承担各类建设工程项目的岩土工程、水文地质勘察、工程测量业务(海洋工程勘察除外)，其规模不受限制(岩土工程勘察丙级项目除外)。

(2) 工程勘察专业资质。

① 甲级。承担本专业资质范围内各类建设工程项目的工程勘察业务，其规模不受限制。

② 乙级。承担本专业资质范围内各类建设工程项目乙级及以下规模的工程勘察业务。

③ 丙级。承担本专业资质范围内各类建设工程项目丙级规模的工程勘察业务。

(3) 工程勘察劳务资质。承担相应的工程钻探、凿井等工程勘察劳务业务。

2. 工程设计企业资质标准

工程设计企业资质分为工程设计综合资质、工程设计行业资质、工程设计专业资质和工程设计专项资质。除工程设计综合资质只设甲级外，其余设甲级、乙级。

根据工程性质和技术特点，个别行业资质、专业资质、专项资质可以设丙级，建筑工程专业资质可以设丁级。

取得工程设计综合资质的企业，可以承接各行业、各等级的建设工程设计业务；取得工程设计行业资质的企业，可以承接相应行业相应等级的工程设计业务及本行业范围内同级别的相应专业、专项(设计施工一体化资质除外)工程设计业务；取得工程设计专业资质的企业，可以承接本专业相应等级的专业工程设计业务及同级别的相应专项工程设计业务(设计施工一体化资质除外)；取得工程设计专项资质的企业，可以承接本专项相应等级的专项工程设 计业务。

3. 工程勘察、工程设计资质的申请条件

(1) 凡在中华人民共和国境内，依法取得工商行政管理部门颁发的企业法人营业执照的企业，均可申请建设工程勘察、工程设计资质。依法取得合伙企业营业执照的企业，只可申报建筑工程设计事务所资质。

(2) 因建设工程勘察未对外开放，资质审批部门不受理外商投资企业(含新成立、改制、重组、合并、并购等)申请建设工程勘察资质。

(3) 工程设计综合资质涵盖所有工程设计行业、专业和专项资质。凡具有工程设计综合资质的企业不需单独申请工程设计行业、专业或专项资质证书。工程设计行业资质涵盖该行业资质标准中的全部设计类型的设计资质。凡具有工程设计某行业资质的企业不需单独申请该行业内的各专业资质证书。

(4) 具备建筑工程行业或专业设计资质的企业，可承担相应范围相应等级的建筑装饰工程设计、建筑幕墙工程设计、轻型钢结构工程设计、建筑智能化系统设计、照明工程设计和消防设施工程设计等专项工程设计业务，不需单独申请以上专项工程设计资质。

(5) 有下列资质情形之一的，资质审批部门按照升级申请办理。

① 具有工程设计行业、专业、专项乙级资质的企业，申请与其行业、专业、专项资质对应的甲级资质的。

② 具有工程设计行业乙级资质或专业乙级资质的企业，申请现有资质范围内的一个或多个专业甲级资质。

③ 具有工程设计某行业或专业甲、乙级资质的企业，其本行业和本专业工程设计内容中包含了某专项工程设计内容，申请相应的专项甲级资质的。

④ 具有丙级、丁级资质的企业，直接申请乙级资质的。

(6) 新设置的分级别的工程勘察设计资质，自正式设置起，设立两年过渡期。在过渡期内，允许企业根据实际达到的条件申请资质等级，不受最高不超过乙级申请的限制，且申报材料不需提供企业业绩。

(7) 具有一级及以上施工总承包资质的企业可直接申请同类别或相近类别的工程设计甲级资质。具有一级及以上施工总承包资质的企业申请不同类别的工程设计资质的，应从乙级资质开始申请(不设乙级的除外)。

(8) 企业的专业技术人员、工程业绩、技术装备等资质条件，均是以独立企业法人为审核单位。企业(集团)的母、子公司在申请资质时，各项指标不得重复计算。

(9) 允许每个大专院校有一家所属勘察设计企业可以聘请本校在职教师和科研人员作为企业的主要专业技术人员，但是其人数不得大于资质标准中要求的专业技术人员总数的三分之一，且聘期不得少于 2 年。在职教师和科研人员作为非注册人员考核时，其职称应满足讲师/助理研究员及以上要求，从事相应专业的教学、科研和设计时间 10 年及以上。

4. 工程勘察、工程设计资质申请提供的材料

(1) 企业首次申请提供的资料。

① 工程勘察、工程设计资质申请表。

② 企业法人、合伙企业营业执照副本复印件。

③ 企业章程或合伙人协议。

④ 企业法定代表人、合伙人的身份证明。

⑤ 企业负责人、技术负责人的身份证明、任职文件、毕业证书、职称证书及相关资质标准要求提供的材料。

⑥ 工程勘察、工程设计资质申请表中所列注册执业人员的身份证明、注册执业证书。

⑦ 工程勘察、工程设计资质标准要求的非注册专业技术人员的职称证书、毕业证书、身份证明及个人业绩材料。

⑧ 工程勘察、工程设计资质标准要求的注册执业人员、其他专业技术人员与原聘用单位解除聘用劳动合同的证明及新单位的聘用劳动合同。

⑨ 资质标准要求的其他有关材料。工程勘察、工程设计资质证书分为正本和副本，正本一份，副本六份，由国务院建设行政主管部门统一印制，正、副本具备同等法律效力。

(2) 企业申请资质升级提供的资料。

① 工程勘察、工程设计资质标准要求的非注册专业技术人员与本单位签订的劳动合同及社保证明。

② 原工程勘察、工程设计资质证书副本复印件。

③ 满足资质标准要求的企业工程业绩和个人工程业绩。

(3) 企业增项申请提供的资料。

① 工程勘察、工程设计资质标准要求的非注册专业技术人员与本单位签订的劳动合同及社保证明。

② 原资质证书正、副本复印件。

③ 满足相应资质标准要求的个人工程业绩证明。资质有效期届满，企业需要延续资质证书有效期的，应当在资质证书有效期届满 60 日前，向原资质许可机关提出资质延续申请；对在资质有效期内遵守有关法律、法规、规章、技术标准，信用档案中无不良行为记录，且专业技术人员满足资质标准要求的企业，经资质许可机关同意，有效期延续 5 年。

(4) 企业申请资质证书变更提供的资料。

① 资质证书变更申请。

② 企业法人、合伙企业营业执照副本复印件。

③ 资质证书正、副本原件。

④ 与资质变更事项有关的证明材料。

企业改制的，除提供前款规定资料外，还应当提供改制重组方案、上级资产管理部门或股东大会的批准决定、企业职工代表大会同意改制重组的决议。

企业首次申请、增项申请工程勘察、工程设计资质，其申请资质等级最高不超过乙级，且不考核企业工程勘察、工程设计业绩。

已具备施工资质的企业首次申请同类别或相近类别的工程勘察、工程设计资质的，可以将相应规模的工程总承包业绩作为工程业绩予以申报。其申请资质等级最高不超过其现有施工资质等级。

5. 工程勘察设计资质撤销

有下列情形之一的，资质许可机关或者其上级机关，根据利害关系人的请求或者依据职权，可以撤销工程勘察、工程设计资质。

(1) 资质许可机关工作人员滥用职权、玩忽职守作出准予工程勘察、工程设计资质许可的。

(2) 超越法定职权作出准予工程勘察、工程设计资质许可的。

(3) 违反资质审批程序作出准予工程勘察、工程设计资质许可的。

(4) 对不符合许可条件的申请人作出工程勘察、工程设计资质许可的。

(5) 依法可以撤销资质证书的其他情形。

6. 工程勘察设计资质注销

有下列情形之一的，企业应当及时向资质许可机关提出注销资质的申请，交回资质证书，资质许可机关应当办理注销手续，公告其资质证书作废。

(1) 资质证书有效期届满未依法申请延续的。

(2) 企业依法终止的。

(3) 资质证书依法被撤销、撤回或者吊销的。

(4) 法律、法规规定的应当注销资质的其他情形。

第三节 建设工程勘察设计监督与管理

一、建设工程勘察设计的监督与管理办法

根据《建设工程勘察设计管理条例》的规定，国务院建设行政主管部门负责对中华人民共和国境内的建设工程勘察、工程设计活动实施统一监督管理。国务院铁路、交通运输、水利、信息产业、民航等有关部门按照国务院规定的职责分工，配合国务院建设行政主管部门负责全国的有关专业建设工程勘察、设计活动的监督管理。也就是说，住房和城乡建设部是我国建设工程勘察、设计活动的监督管理的主管单位，其他行业的部委(如铁道部、交通运输部、水利部等)是我国建设工程相关项目的监督管理的主管部门。

县级以上地方人民政府的建设行政主管部门对本行政区域内的建设工程勘察、设计活动实施监督管理，且铁道、交通运输、水利等有关部门在各自的职责范围内，负责本行政区域内有关专业的建设工程勘察、设计活动的监督管理。

县级以上地方人民政府的建设行政主管部门和铁道、交通、水利等有关部门应当加强对建设工程质量的监督管理，并对其是否违反有关建设工程质量的法律、法规和强制性标准执行情况进行监督检查。任何单位和个人对建设工程勘察、设计活动中的违法行为都有检举、控告和投诉的权力。

建设行政主管部门或铁道、交通、水利等其他有关部门委托的建设工程质量管理机构具体实施对建设工程质量等的监督管理。从事建设工程监督管理的机构，必须按照国家有关规定经过各对应级别的政府建设行政主管部门考核，考核通过后，方可履行质量监督的职能。

县级以上人民政府建设行政主管部门或铁道、交通、水利等有关部门应对施工图设计文件中涉及公共利益、公共安全、工程建设强制性标准的内容进行审查，未经审查的施工图设计文件不得使用。

二、建设工程勘察的监督管理

工程勘察文件应经县级以上人民政府建设行政主管部门或其他有关部门(以下简称工程勘察质量监督部门)审查。工程质量监督部门可以委托施工图设计文件审查机构(以下简称审查机构)对工程勘察文件进行审查。审查机构应当履行职责：

(1) 监督检查工程勘察企业有关质量管理文件、文字报告、计算数据、图纸图表和原始资料等是否符合有关规定和标准。

(2) 发现勘察质量问题，及时报告有关部门依法处理。

(3) 工程勘察质量监督部门应当对工程勘察企业质量管理程序的实施、试验室是否

符合标准等情况进行检查，并将检查结果与企业资质年检管理挂钩，定期向社会公布检查和处理结果。

(4) 工程勘察发生重大质量、安全事故时，有关单位应当按照规定向工程勘察质量监督部门报告。

(5) 任何单位和个人都有权向工程勘察质量监督部门检举、投诉工程勘察质量、安全问题。

三、建设工程勘察企业违规管理

工程勘察企业违反《建设工程勘察设计管理条例》《建设工程质量管理条例》的，由工程勘察质量监督部门按有关规定给予处罚。

(1) 建设单位未为勘察工作提供必要的现场工作条件或者未提供真实、可靠原始资料的，由工程勘察质量监督部门责令改正；造成损失的，依法承担赔偿责任。

(2) 工程勘察企业未按照工程建设强制性标准进行勘察，弄虚作假、提供虚假成果资料的，由工程勘察质量监督部门责令改正，处 10 万元以上 30 万元以下的罚款；造成工程质量事故的，责令停业整顿，降低资质等级；情节严重的，吊销资质证书；造成损失的，依法承担赔偿责任。

(3) 工程勘察企业有下列行为之一的，由工程勘察质量监督部门责令改正，处 1 万元以上 3 万元以下的罚款：
① 勘察文件没有责任人签字或者签字不全的；
② 原始记录不按照规定记录或者记录不完整的；
③ 不参加施工验槽的；
④ 项目完成后，勘察文件不归档保存的。

(4) 审查机构未按照规定审查，给建设单位造成损失的，依法承担赔偿责任；情节严重的，由工程勘察质量监督部门撤销委托。

(5) 给予勘察企业罚款处罚的，由工程勘察质量监督部门对企业的法定代表人和其他直接责任人员处以企业罚款数额的 5% 以上 10% 以下的罚款。

(6) 国家机关工作人员在建设工程勘察质量监督管理工作中玩忽职守、滥用职权、徇私舞弊的，依法给予行政处分；构成犯罪的，依法追究刑事责任。

四、建设工程勘察设计市场管理

1. 工程勘察设计单位经营资格的申请

1991 年原建设部、国家工商行政管理局(现住建部、国家市场监督管理总局)根据有关规定，制定了《工程勘察设计单位登记管理暂行办法》。办法规定，工程勘察设计单位经工商行政管理机关核准登记，领取《企业法人营业执照》后，方可开展经营活动，未经工商行政管理机关登记注册的工程勘察设计单位不得开展经营活动。

工程勘察设计单位申请企业法人登记，应具备下列条件：
(1) 经国家规定的机构、编制审批部门批准成立，并持有相应的文件；
(2) 持有国家规定发证机关发给的《工程勘察证书》《工程设计证书》和《工程勘察

收费资格证书》或《工程设计收费资格证书》。

(3) 有国家授予经营管理的财产或自有财产，并能够以其财产独立承担民事责任。

(4) 有健全的财会制度，能够实行独立核算，自负盈亏，自收自支，独立编制资金平衡表或者资产负债表。

(5) 有与经营范围相适应的注册资金、经营场地和技术人员，其中从事工程项目建设总承包业务的勘察设计单位，其注册资金不得少于 500 万元，其他工程勘察设计单位的注册资金不得少于 20 万元。

(6) 法律、法规规定的其他条件。

2. 勘察设计单位的经营权限

勘察设计单位的经营范围包括：工程勘察、工程设计、工程项目建设总承包、岩土工程、工程监理、技术服务、咨询服务、其他兼营业务等。勘察设计单位承担勘察设计任务时，应当严格按照所持有的资质证书的等级和行业分类，对照由国务院有关部门颁发的该行业勘察设计资质分级标准的具体规定，承担相应的勘察设计任务。

(1) 工程勘察。包括为工程建设、城市规划而进行的测绘、勘探、测试及综合评定(包括工程地质、水文地质、工程测量、地形测量、工程物探等)。

(2) 工程设计。包括为新建、扩建、改建的工程项目和技术改造项目而进行的设计(含工艺、土建、公用工程、配套工程、建筑装饰、非标准设备设计，以及工矿区、生活区总体设计等)和编制概预算文件等工作。

(3) 工程项目建设总承包。包括勘察设计、设备询价、订货及材料采购、建筑安装招标发包、项目监理、试车考核直至单套或成套交付使用全过程的承包或部分承包。

(4) 岩土工程。包括解决和处理在工程建设过程中出现的与岩体、土体有关的工程技术问题(含岩土工程勘察、岩土工程设计、岩土工程处理和岩土工程监测)。

(5) 工程监理。包括受主管部门或建设单位的委托，负责某项工程建设的监督、管理以及技术服务工作。

(6) 技术服务。包括建设项目中的有关工艺、材料及科技成果的技术开发、技术协作、技术承包、技术转让、技术培训和相应的技术服务以及相关软件的开发和转让。

(7) 咨询服务。包括建设项目(含立项前)和技术改造项目有关的工程咨询与技术咨询活动：

① 工程项目投资前的项目机会研究、初步可行性研究、可行性研究；

② 工程项目的规划方案、可行性研究报告以及项目投产后的评估；

③ 为工程项目提供技术情报、信息、实测分析、设备测绘、技术攻关以及从事产品发展方向的专门研究和废物处理与利用；

④ 论著评价、科研成果审查；

⑤ 为经济纠纷案件的仲裁和审判提供技术分析；

⑥ 工程事故分析、危房鉴定、抗震加固、工程项目的现场技术指导服务；

⑦ 代建设单位收集和提供技术资料，编制招、投标文件，评定投标，编制设计任务书等服务工作；

⑧ 受建设单位的委托，负责建厂监督、试生产、项目投产初期的技术咨询；

⑨ 其他有关工程建设的咨询服务。

(8) 兼营业务。工程勘察设计单位可以兼营本单位开发的产品，与工程项目有关的材料、设备，有关信息服务，以及发挥技术装备条件对外承揽加工任务等。

3. 勘察设计业务的委托

在国家建设工程设计资质分级标准规定范围内的建设工程项目，均应当委托勘察设计业务。委托工程设计业务的建设工程项目应具条件：

(1) 建设工程项目可行性研究报告或项目建议书已获批准；

(2) 已经办理了建设用地规划许可证等手续；

(3) 法律、法规规定的其他条件。

工程勘察业务可以根据工程进展情况和需要进行委托。工程勘察设计业务的委托可以通过竞选委托或直接委托的方式进行。竞选委托可以采取公开竞选或邀请竞选的形式。建设项目总承包业务或专业性工程也可以通过招标的方式进行。

委托方应当将工程勘察设计业务委托给具有相应工程勘察设计资质证书且与其证书规定的业务范围相符的承接方。

委托方原则上应将整个建设工程项目的设计业务委托给一个承接方，也可以在保证整个建设项目完整性和统一性的前提下，将设计业务按技术要求，分别委托给几个承接方。委托方将整个建设工程项目的设计业务分别委托给几个承接方时，必须选定其中一个承接方作为主体承接方，负责对整个建设工程项目设计的总体协调。实施工程项目总承包的建设工程项目按有关规定执行。

委托方应向承接方提供编制勘察设计文件所必需的基础资料和有关文件，并对提供的文件资料负责。委托方在委托业务中不得有下列行为：

(1) 收受贿赂、索取回扣或者其他好处。

(2) 指使承接方不按法律、法规、工程建设强制性标准和设计程序进行勘察设计。

(3) 不执行国家的勘察设计收费规定，以低于国家规定的最低收费标准支付勘察设计费或不按合同约定支付勘察设计费。

(4) 未经承接方许可，擅自修改勘察设计文件，或将承接方专有技术和设计文件用于本工程以外的工程。

(5) 法律、法规禁止的其他行为。

4. 勘察设计业务的承接

(1) 承接方必须持有由建设行政主管部门颁发的工程勘察资质证书或工程设计资质证书，在证书规定的业务范围内承接勘察设计业务，并对其提供的勘察设计文件的质量负责。严禁无证或超越本单位资质等级的单位和个人承接勘察设计业务。

(2) 从事勘察设计活动的专业技术人员只能在一个勘察设计单位从事勘察设计工作，不得私自挂靠承接勘察设计业务。严禁勘察设计专业技术人员和执业注册人员出借、转让、出卖执业资格证书、执业印章和职称证书。

(3) 具有乙级及以上勘察设计资质的承接方可以在全国范围内承接勘察设计业务；在异地承接勘察设计业务时，须到项目所在地的建设行政主管部门备案。

(4) 承接方应当自行完成承接的勘察设计业务，不得接受无证组织和个人的挂靠。

经委托方同意，承接方也可以将承接的勘察设计业务中的一部分委托给其他具有相应资质条件的分承接方，但须签订分委托合同，并对分承接方所承担的业务负责。分承接方未经委托方同意，不得将所承接的业务再次分委托。

(5) 承接方可以聘用技术劳务人员协助完成承接的勘察设计业务，但必须签订聘用合同。技术劳务管理办法由国务院建设行政主管部门另行制订。

(6) 外国勘察设计单位及其在中国境内的办事机构，不得单独承接中国境内建设项目的勘察设计业务。承接中国境内建设项目的勘察设计业务，必须与中方勘察设计单位进行合作勘察或设计，也可以成立合营单位，领取相应的勘察设计资质证书，按国家有关中外合作、合营勘察设计单位的管理规定和相关规定开展勘察设计业务活动。

港、澳、台地区的勘察设计单位承接内地工程建设项目的勘察设计业务，原则上参照上款规定执行。

(7) 承接方在承接业务中不得有下列行为：

① 不执行国家的勘察设计收费规定，以低于国家规定的最低收费标准进行不正当竞争；

② 采用行贿、提供回扣或给予其他好处等手段进行不正当竞争；

③ 不按规定程序修改、变更勘察设计文件；

④ 使用或推荐使用不符合质量标准的材料或设备；

⑤ 未经委托方同意，擅自将勘察设计业务分委托给第三方，或者擅自向第三方扩散、转让委托方提交的产品图纸等技术经济资料；

⑥ 法律、法规禁止的其他行为。

5. 中外合营工程设计机构的审批管理

(1) 合营双方应具备的设计资格。中外合营工程设计机构的中方合营者，应是持有中国甲、乙级工程设计证书的设计单位。中方个人或个体企业及其他无设计证书的单位，不得与外国设计机构成立中外合营工程设计机构。

中外合营工程设计机构的外方合营者，应是在其所在国或地区有较好的社会信誉，在国际设计市场上有较强竞争能力的注册设计机构或注册建筑师、注册工程师。

(2) 成立申请与审批。中外合营工程设计机构设立由商务部负责审批。中外合营工程设计机构的设计资格由住房和城乡建设部负责统一审定和管理。中外合营工程设计机构持批准书、营业执照及设计资格审定意见书到住房和城乡建设部办理中外合营工程设计机构工程设计证书和工程设计收费资格证书后，方可开展经营活动。

6. 工程勘察设计监督管理

(1) 建设行政主管部门和有关管理部门应按各自职责分工，加强对设计市场活动的监督管理，依法查处设计市场活动中的违法行为，维护和保障设计市场秩序。

(2) 建设行政主管部门、有关管理部门及委托单位，应当加强对勘察设计单位资质和执业注册人员、专业技术人员资格的动态管理，对勘察设计单位实行资质年度检查制度并公布检查结果。不得越权审批、颁发单位资质和个人资格证书，不得颁发其他与证书效力相同的证件，不得给不具备条件的单位和个人颁发资质证书或资格证书。

(3) 建设行政主管部门应对勘察设计合同履行情况进行监督。

(4) 建设行政主管部门应当会同有关管理部门建立健全勘察设计文件审查制度、质量监督制度和工程勘察设计事故报告处理制度，定期公布有关结果。国家鼓励勘察设计单位参加勘察设计质量保险。

(5) 建设行政主管部门应当加强对设计市场各方当事人执行国家法律、法规和工程建设强制性标准的监督和检查。

五、建设工程勘察设计咨询业知识产权的保护与管理

工程勘察、设计、咨询是富有创造性的智力劳动。为了保护与管理勘察、设计、咨询企业的知识产权，鼓励技术创新和发明创造，丰富与发展原创性智力成果，增加企业自主知识产权的数量并提高其质量，增强企业自主创新能力和市场竞争力，同时尊重并合法利用他人的知识产权，原建设部、国家知识产权局根据国家有关知识产权的法律、法规，制定了《工程勘察设计咨询业知识产权保护与管理导则》。

1. 工程勘察设计咨询的内容

工程勘察设计咨询，包括工程勘察、工程设计和工程咨询。

(1) 工程勘察是指根据建设工程和法律法规的要求，查明、分析、评价建设场地的地质地理环境特征和岩土工程条件，编制建设工程勘察文件的活动，包括工程测量，岩土工程勘察、设计、治理、监测，水文地质勘察，环境地质勘察等工作。

(2) 工程设计是指根据建设工程和法律法规的要求，对建设工程所需的技术、经济、资源、环境等条件进行综合分析、论证，编制建设工程设计文件，提供相关服务的活动，包括总图、工艺、设备、建筑、结构、动力、储运、自动控制、技术经济等工作。

(3) 工程咨询是指运用工程技术、科学技术、经济管理和法律法规等方面的知识，为工程建设项目决策和管理提供咨询的活动，包括前期立项阶段咨询、勘察设计阶段咨询、施工阶段咨询、投产或交付使用后的评价等工作。

2. 知识产权的范围

(1) 勘察设计咨询业的著作权主要包括勘察、设计、咨询活动和科研活动中形成的，以各种载体所表现的文字作品、图形作品、模型作品、建筑作品等勘察设计咨询作品的著作权。勘察设计咨询作品包括以下内容：

① 工程勘察投标方案，专业工程设计投标方案，建筑工程设计投标方案(包括创意或概念性投标方案)，工程咨询投标方案等；

② 工程勘察和工程设计阶段的原始资料、计算书、工程设计图及说明书、技术文件和工程总结报告等；

③ 工程咨询的项目建议书、可行性研究报告、专业性评价报告、工程评估书、监理大纲等；

④ 科研活动的原始数据、设计图及说明书、技术总结和科研报告等；

⑤ 企业自行编制的计算机软件、企业标准、导则、手册、标准设计等。

(2) 勘察设计咨询业的专利权系指获得授权并有效的发明专利权、实用新型专利权和外观设计专利权，包括各种具有新颖性、创造性和实用性的新工艺、新设备、新材料、新结构等新技术和新设计，以及对原有技术的新改进、新组合等的专利权。

(3) 勘察设计咨询业的专有技术权系指对没有申请专利,具有实用性,能为企业带来利益,并采取了保密措施,不为公众所知悉的技术享有的权利,包括各种新工艺、新设备、新材料、新结构、新技术、产品配方、各种技术诀窍及方法等。

(4) 勘察设计咨询业除第(3)条所述技术秘密以外的其他商业秘密系指具有实用性,能为企业带来利益,并采取了保密措施,不为公众所知悉的经营信息,包括生产经营、企业管理、科技档案、客户名单、财务账册、统计报表等。

(5) 勘察设计咨询业的商标权及相关识别性标志权,系指对企业名称、商品商标、服务标志,以及依照法定程序取得的各种资质证明等依法享有的权利。

(6) 勘察设计咨询业其他受国家法律、法规保护的知识产权。

3. 知识产权的归属

(1) 勘察设计咨询业著作权及邻接权的归属,一般按以下原则认定:

① 执行勘察设计咨询企业的任务或主要利用企业的物质技术条件完成的,并由企业承担责任的工程勘察、设计、咨询的投标方案和各类文件等职务作品,其著作权及邻接权归企业所有。直接参加投标方案和文件编制的自然人(包括企业职工和临时聘用人员,下同)享有署名权。

建设单位(业主)按照国家规定支付勘察、设计、咨询费后所获取的工程勘察、设计、咨询的投标方案或各类文件,仅获得在特定建设项目上的一次性使用权,其著作权仍属于勘察设计咨询企业所有。

② 勘察设计咨询企业自行组织编制的计算机软件、企业标准、导则、手册、标准设计等是职务作品,其著作权及邻接权归企业所有。直接参加编制的自然人享有署名权。

③ 执行勘察设计咨询企业的任务或主要利用企业的物质技术条件完成的,并由企业承担责任的科技论文、技术报告等职务作品,其著作权及邻接权归企业所有。直接参加编制的自然人享有署名权。

④ 勘察设计咨询企业职工的非职务作品的著作权及邻接权归个人所有。

(2) 勘察设计咨询业专利权和专有技术权的归属,一般按以下原则认定:

① 执行勘察设计咨询企业的任务,或主要利用本企业的物质技术条件所完成的发明创造或技术成果,属于职务发明创造或职务技术成果,其专利申请权和专利的所有权、专有技术的所有权,以及专利和专有技术的使用权、转让权归企业所有。直接参加专利或专有技术开发、研制等工作的自然人依法享有署名权。

② 勘察设计咨询企业职工的非职务专利或专有技术权归个人所有。

(3) 勘察设计咨询企业在科研、生产、经营、管理等工作中所形成的,能为企业带来经济利益的,采取了保密措施,不为公众所知悉的技术、经营、管理信息等商业秘密归企业所有。

(4) 勘察设计咨询企业的名称、商品商标、服务标志,以及依法定程序取得的各种资质证明等的权利为企业所有。

(5) 勘察设计咨询企业与其他企事业单位合作所形成的著作权及邻接权、专利权、专有技术权等知识产权,为合作各方所共有,合同另有规定的按照约定确定其权属。

(6) 勘察设计咨询企业接受国家、企业、事业单位的委托，或者委托其他企事业单位所形成的著作权及邻接权、专利权、专有技术权等知识产权，按照合同确定其权属。没有合同约定的，其权属归完成方所有。

(7) 勘察设计咨询企业的人员，在离开企业期间形成的知识产权的归属，一般按以下原则认定：

① 企业派遣出国开展合作设计、访问、进修、留学等，或者派遣到其他企事业单位短期工作的人员，在企业尚未完成的勘察、设计、咨询、科研等项目，在国外或其他单位完成而可能获得知识产权的，企业应当与派遣人员和接受派遣人员的单位共同签订协议，明确其知识产权的归属。

② 企业的离休、退休、停薪留职、调离、辞退等人员，在离开企业一年内形成的，且与其在原企业承担的工作或任务有关的各类知识产权归原企业所有。

(8) 勘察设计咨询企业接收的培训、进修、借用或临时聘用等人员，在接收企业工作或学习期间形成的职务成果的知识产权，按照接收企业与派出方的协议确定归属，没有协议的其权利属于接收企业。

4. 知识产权的保护与管理

(1) 勘察设计咨询企业应当重视知识产权保护与管理工作，明确归口管理部门，配备专职或兼职的工作人员，负责知识产权保护与管理工作。知识产权归口管理部门的主要职责是：

① 结合本企业的实际情况，拟定知识产权保护与管理工作的规章制度并监督执行；
② 负责知识产权信息的收集、分析、跟踪与利用，加强知识产权战略研究，提出企业知识产权工作规划并组织实施；
③ 负责组织本企业知识产权的鉴定、申请、登记、注册、评估、维持等工作；
④ 负责审核本企业的知识产权开发、使用和转让合同；
⑤ 负责技术进出口中的知识产权工作，参与谈判及合同拟定工作；
⑥ 负责对企业职工进行知识产权法律法规的宣传教育和培训，提高企业知识产权保护与管理意识；
⑦ 负责协调解决知识产权方面的争议和纠纷，依法维护本企业的利益，并防止侵犯他人的知识产权；
⑧ 其他在知识产权保护与管理工作中应当履行的职责。

(2) 勘察设计咨询企业的职工在知识产权保护与管理中的权利与义务是：
① 职工对本企业的知识产权保护与管理工作有监督权和建议权；
② 职工对自己直接参加工作形成的职务发明创造、职务技术成果、职务作品等企业知识产权，依法享有署名权；
③ 职工在开发和保护知识产权工作中做出贡献，有获得报酬和奖励的权利；
④ 职工有遵守国家知识产权法律、法规，遵守企业知识产权保护与管理的规章制度，保护本企业知识产权的义务；
⑤ 根据企业有关规定，职工有与企业签订知识产权保护协议书、保密协议、竞业限制协议的义务。

(3) 勘察设计咨询企业应当建立健全知识产权保护与管理的规章制度，制定本企业著作权、专利和专有技术、商标及商业秘密管理办法。企业的生产经营、科技开发、档案管理、保密管理等规章制度中应有知识产权保护和管理方面的内容。

(4) 勘察设计咨询企业可根据实际情况，与本企业职工签署知识产权保护协议书，或者在与职工签署的劳动合同(聘用合同)中增加知识产权保护的内容。勘察设计咨询企业应与关键岗位的专业技术人员和经营管理人员，以及对本企业的技术、经济权益有重要影响的人员签订竞业限制协议，明确竞业限制的具体范围、期限及违约责任等。

勘察设计咨询企业应与离休、退休、停薪留职、调离、辞退等人员中仍对本企业的技术、经济权益有重要影响的人员达成保密协议，明确保密事项、期限及违约责任等。

(5) 勘察设计咨询企业应当规范和加强有关知识产权合同的签订、审核和管理工作。在签订勘察设计咨询合同、技术开发合同、技术引进合同、技术转让合同时，应当明确知识产权的归属以及相应的权利、义务等内容。

(6) 勘察设计咨询企业的档案管理部门应当对涉及知识产权的档案作为特殊档案妥善管理。未经许可，任何人不得私自保留或向外扩散。

(7) 勘察设计咨询企业要加强生产经营和科技开发中的保密工作，对涉及专有技术和其他商业秘密的勘察设计咨询文件、技术方案、科研成果、经营信息等，均应在显著位置明示"专有技术"或"商业秘密"等标识，采取严格的保密措施，认真保护，严格管理。

勘察设计咨询企业的职工在开展国内外技术交流与合作中，对不属于交流与合作范围本企业的其他专有技术和商业秘密要严格保密。

(8) 勘察设计咨询企业在勘察设计咨询工作中要做好以下知识产权保护与管理工作：

① 勘察设计咨询企业应当在投标文件中书面提出保护企业知识产权的要求，除招标文件中有特别约定外，企业应当及时索回未中标的投标方案，整理归档，防止企业知识产权流失。

② 勘察设计咨询项目执行过程中，项目负责人对该项目知识产权的保护与管理负责，落实企业知识产权管理制度，杜绝企业知识产权的流失，同时防止侵犯他人的知识产权。

③ 勘察设计咨询项目完成后，项目负责人负责将该工程项目的勘察设计文件、设计图及其说明书、计算书、原始记录、修改通知单、工程总结报告等收集、整理交档案管理部门归档。

(9) 勘察设计咨询企业在科研工作中要做好以下知识产权保护与管理工作：

① 在科研工作立项、技术与产品开发前，要进行相关技术专利文献的检索和分析，确立研发对策；研发过程中要进行专利文献跟踪，避免重复研发或涉及他人专利保护范围。

② 在科研、技术开发、产品开发过程中，应当认真填写科研日记，详细记录进展情况、存在问题，及启发和构想等。

③ 科研工作完成后，项目负责人应当将合同书、背景资料、科研记录、试验数据、科研总结等与科研项目有关的资料收集、整理交档案管理部门归档。

④ 科研工作完成后，企业知识产权管理部门应当及时组织科研成果的审查、鉴定。对其中符合专利申请条件的，应当在科研成果鉴定前办理专利申请手续；对不适宜申请专利但具有商业价值的技术诀窍，应作为专有技术加以保护。

⑤ 直接或间接参加科研工作的人员，未经企业许可，不得在国内外刊物、学术或技术交流会上发表企业科研成果，不得擅自组织和参加技术鉴定会。

(10) 建设项目需引进技术或设备时，凡涉及专利或专有技术的，勘察设计咨询企业应当建议并协助建设单位(业主)进行专利法律状况或专有技术情况的调查，提供相关的技术服务。

(11) 勘察设计咨询企业将具有自主知识产权的新设备用于建设项目时，新设备制造文件只能提供给签有保密协议的制造厂，对没有签订保密协议的建设单位(业主)只提供总装图易损件图和使用说明书。

建设单位(业主)要求自行制造的，应当在签订专利、专有技术许可或转让合同，以及专有技术保密协议后再提供新设备制造文件。

(12) 勘察设计咨询企业自行开发的计算机软件，应在软件内设置版权保护声明，并采取相应的保护措施，必要时办理软件登记注册。

勘察设计咨询企业应当定期检查监督企业外购及使用中的软件，防止使用盗版软件等侵权事件的发生。

(13) 勘察设计咨询企业选派职工出国或到外单位学习、进修、工作、科研 6 个月以上者，以及企业临时聘用人员，在离开企业前须将工作中涉及知识产权的技术资料交回企业有关部门，不得私自留存或擅自复制、发表、泄露、使用、转让。

(14) 勘察设计咨询企业职工在申请非职务专利、登记非职务计算机软件、转让或许可非职务技术成果或非职务作品前，凡与企业经营有关的，应向本企业知识产权管理部门申报，接受审核。对符合非职务条件的，企业应当出具相应的证明。

企业职工对外发表与本职工作有联系的科技论文、作品，参加学术交流会等，应当经企业知识产权管理部门审查，企业知识产权管理部门对不宜公开的技术资料要严格把关。

(15) 勘察设计咨询企业要加强对本企业知识产权的管理，随时掌握企业自主知识产权的变化情况。

勘察设计咨询企业以知识产权作价投资入股、合资创办企业，或进行知识产权转让、许可使用的，应当对其进行资产评估。

(16) 勘察设计咨询企业应当把知识产权保护法规制度纳入企业教育培训计划，加强对知识产权专业人员的培养，定期开展对企业各级领导和全体职工的培训教育。

(17) 勘察设计咨询企业应保证知识产权工作经费，用于知识产权管理、培训教育，专利申请、审查与维持，商标注册与续展，知识产权诉讼及竞业限制等项开支。

5. 侵权与处理

(1) 著作权及邻接权的权利人依法享有著作人身权和财产权，即发表权、署名权、修改权、保护作品完整权、复制权、发行权、改编权、信息网络传播权等。他人未经著作权人同意，不得发表、修改和使用其作品。

发生以下行为或情况的为侵犯或者侵占他人的著作权：

① 勘察设计咨询企业或工程技术人员不遵守行业道德和从业公约，抄袭、剽窃他人的勘察、设计、咨询文件(设计图)及其作品的；

② 勘察设计咨询企业的职工，未经许可擅自将本企业的勘察设计文件(设计图)、工程技术资料、科研资料等复制、摘录、转让给其他单位或个人的；

③ 勘察设计咨询企业的职工，将职务作品或计算机软件作为非职务成果进行登记注册或转让的；

④ 勘察设计咨询企业的职工未经审查许可，擅自发表、出版本企业业务范围内的科技论文、作品，或许可他人发表的；

⑤ 任何单位或个人，未经著作权人同意或超出勘察设计咨询合同的规定，擅自复制、超范围使用、重复使用、转让他人的工程勘察、设计、咨询文件(设计图)及其他作品等。

(2) 专利权人对其发明创造享有独占权。任何单位或个人未经专利权人许可不得进行为生产经营目的制造、使用、许诺销售、销售和进口其专利产品，或者未经专利权人许可为生产经营目的使用其专利方法，以及使用、许诺销售、销售和进口依照其专利方法直接获得的产品。专有技术是受国家法律保护的具备法定条件的技术秘密，任何单位或个人不得以不正当手段获取、使用他人的技术秘密，不得以任何形式披露、转让他人的技术秘密。

发生以下情况为侵犯或者侵占他人的专利权或专有技术权：

① 勘察设计咨询企业的职工违反规定，在工程项目或科研工作完成后，不按时将有关勘察设计文件、设计图、技术资料等归档，私自保留、据为己有的；

② 勘察设计咨询企业的职工违反规定，将应属于单位的职务发明创造和科技成果申请为非职务专利，或者将其据为己有的；

③ 勘察设计咨询企业的职工，擅自转让本企业或他人的专利或专有技术的；

④ 勘察设计咨询企业或工程技术人员，未经权利人允许，擅自在工程勘察设计中使用他人具有专利权或专有技术权的新工艺、新设备、新技术的；

⑤ 任何单位或个人，采用盗窃、利诱、胁迫或者其他不正当手段获取、使用或者披露他人含有专有技术标识的文件、设计图及说明的；

⑥ 任何单位或个人，违反双方保密约定，将含有专有技术标识的文件、设计图及说明转让给第三方，以及第三方明知是他人的保密文件、设计图及说明仍擅自使用等。

(3) 商标权的所有人对其注册商标依法享有专用权。他人未经商标权人的同意，不得在经营活动中擅自使用。发生以下行为或情况的为侵犯他人的商标及相关识别性标志权：

① 勘察设计咨询企业擅自在其勘察设计咨询文件上使用其他勘察设计咨询企业的名称、注册商标、资质证明、图签、出图专用章等企业标识的；

② 任何单位或个人，未经勘察设计咨询企业授权，以勘察设计咨询企业的名义进行生产经营活动或其他活动的。

(4) 国家依法保护公民和法人的商业秘密。发生以下行为或情况的为侵犯他人的商业秘密：

① 勘察设计咨询企业的职工,私自将与本企业签有正式业务合同的客户介绍给其他企业,给企业造成损失的;

② 勘察设计咨询企业的职工,违反企业保守商业秘密的要求,泄露或私自许可他人使用其所掌握商业秘密的;

③ 第三人明知或应知有上述第(1)、(2)条所述的违法行为,仍获取、使用或者披露他的商业秘密等。

(5) 勘察设计咨询企业的离休、退休、离职、停薪留职人员将离开企业一年内形成的,且与其在原企业承担的工作或任务有关的知识产权视为己有或转让给他人的,均为侵犯了企业的知识产权。

勘察设计咨询企业的离休、退休、离职、停薪留职人员泄露在职期间知悉的企业商业秘密的,均为侵犯了企业的商业秘密权。

(6) 发生侵犯或侵占知识产权行为的,权利人在获得确切的证据后,可以直接向侵权者发出信函,要求其停止侵权,并说明侵权的后果。双方当事人可就赔偿等问题进行协商,达成协议的按照协议解决;达不成协议的,可以采取调解、仲裁或诉讼等方式解决。

6. 奖励与处罚

(1) 勘察设计咨询企业应当依法保护下列人员的合法权益,对其中作出突出贡献的给予物质和精神奖励。

① 直接参加职务发明创造、职务技术成果及职务作品的工程勘察、设计、咨询、研究人员;

② 直接参加企业专利、专有技术开发的工程勘察、设计、咨询、研究人员;

③ 对企业知识产权的产生、发展、保护与管理作出贡献的人员。

(2) 勘察设计咨询企业将其知识产权或职务发明创造、职务技术成果转让给他人或许可他人使用的,按照国家有关规定,应当从转让或许可使用所取得的净收入中,提取一定的比例,奖励在该项职务发明创造、职务技术成果及其转化工作中做出突出贡献的人员。

上述人员的奖励可以以奖金方式兑现,也可以作为技术入股,投入本企业或本企业投资的其他企业。奖金折算为相应的股份份额或出资比例投入企业的注册资本后,该持股人依据其所持股份份额或出资比例享有相应的权益。

(3) 勘察设计咨询企业的职工有侵害本企业知识产权行为的,企业有权责令其改正,并可依据情节轻重和造成的损失情况,分别给予行为人不同的处分及经济处罚。

(4) 勘察设计咨询企业的各级管理人员,因忽视知识产权保护工作给本单位造成重大损失的,应追究直接责任人和主要负责人的责任,并视其情节轻重,给予相应处分及经济处罚。

第三章　建设工程施工许可与发承包

第一节　建　设　许　可

一、建设许可的概念

建设许可是指建设行政主管部门或者其他有关行政主管部门准许、变更或终止公民、法人和其他组织从事建设活动的具体行政行为。根据《中华人民共和国建筑法》(以下简称《建筑法》)的规定，建设许可包括三项许可制度，即建设工程施工许可制度、从事建设活动单位资质制度和从事建设活动的个人资格制度。

二、建设许可的特点

(1) 建设许可行为的主体是建设行政主管部门，而不是其他行政机关，也不是其他公民、法人或组织。

(2) 建设许可以对建设工程的开工和从事建设活动的单位和个人资格实施行政监督管理为目的。

(3) 许可的反面是禁止。建设工程开工和从事建筑活动，只有在符合特定条件的情况下才允许进行。

(4) 建设许可是依据建设单位或从事建筑活动的单位和个人的申请而做出的行政行为。申请是许可的必要条件。

(5) 建设许可的有关事项与条件必须依据法律法规的规定进行，不能随意设定。

三、实行建设许可的意义

《建筑法》对三项许可制度作出明确规定，体现了国家对作为一种特殊经济活动的建设活动进行从严和事前控制的管理，具有非常重要的意义。

(1) 实行建设许可制度有利于国家对基本建设活动进行宏观调控，既可以监督建设单位尽快建成拟建项目，防止闲置土地，影响公众利益，又能保证建设项目开工后顺利进行，避免由于不具备条件盲目开工，给参与建设的各方造成不必要的损失，同时，也有助于建设行政主管部门对在建项目实施有效的监督管理。

(2) 建设许可制度实行从业资格许可，既有利于确保从事建设活动的单位和人员素质，又有利于维护他们的合法权益。

(3) 实行建设许可制度有利于规范建设市场，保证建设工程质量和建设安全生产，维护社会经济秩序，提高投资效益，保障公民生命财产和国家财产安全。

第二节　建设工程施工许可制度

一、建设工程施工许可制度的概念

建设工程施工许可制度是指建设行政主管部门根据建设单位的申请，依法对建筑工程是否具备施工条件进行审查，符合条件者准许该建筑工程开始施工并颁发施工许可证的一种制度。

施工许可证是指建设工程开始施工前，建设单位向建设行政主管部门申请的可以施工的证明。

《建筑法》第七条规定："建筑工程开工前，建设单位应当按照国家有关规定向工程所在地县级以上地方人民政府住房和城乡建设主管部门申请领取施工许可证；但是，国务院建设行政主管部门确定的限额以下的小型工程除外。"

二、建设工程施工许可证

(一) 建设工程施工许可证的申领时间

设立和实施建设工程施工许可制度的目的，是通过对建设工程施工所应具备的基本条件的审查，来避免不具备条件的建设工程盲目开工而给相关当事人造成损失和社会财富的浪费，保证建设工程开工后的顺利实施。这是一种事前控制制度。

建设工程开工前，建设单位应当按照国家有关规定向工程所在地县级以上人民政府建设行政主管部门申请领取施工许可证。

(二) 建设工程施工许可证的申领范围

在中华人民共和国境内从事各类房屋建筑及其附属设施的建造、装修装饰和与其配套的线路、管道、设备的安装，以及城镇市政基础设施工程的施工，建设单位在开工前，应当按照国家有关规定向工程所在地县级以上地方人民政府住房和城乡建设主管部门(以下简称发证机关)申请领取施工许可证。

住房和城乡建设部发布的《建筑工程施工许可管理办法》规定：工程投资额在 30 万元以下或者建筑面积在 300 m² 以下的建筑工程，可以不申请办理施工许可证。省、自治区、直辖市人民政府住房和城乡建设主管部门可以根据当地的实际情况，对限额进行调整，并报国务院住房和城乡建设主管部门备案。

抢险救灾工程、临时性建筑工程、农民自建两层以下(含两层)住宅工程，不适用施工许可制度。军事房屋建筑工程施工许可的管理，按国务院、中央军事委员会制定的办法执行。

(三) 建设工程施工许可证的申领条件

施工许可证的申领条件，是指申请领取施工许可证应当达到的要求。根据《建筑法》第八条的规定，申请领取施工许可证应当具备下列条件：

(1) 已经办理该建筑工程用地批准手续。

(2) 在城乡规划区的建筑工程，已经取得规划许可证。

(3) 需要拆迁的，其拆迁进度符合施工要求。

(4) 已经确定建筑施工企业。

(5) 有满足施工需要的施工图纸及技术资料。

(6) 有保证工程质量和安全的具体措施。

(7) 建设资金已经落实。

(8) 法律、行政法规规定的其他条件。

上述条件是建设单位申领施工许可证的必要条件，必须同时具备，缺一不可。

(四) 申请办理施工许可证

1. 建设单位是施工许可证的申领人

建设单位又称业主或项目法人，是指建设项目的投资者。做好各项施工准备工作是建设单位应尽的义务。因此，施工许可证的申领应当由建设单位来承担，而不是施工单位、监理单位或其他单位。

2. 施工许可证的审批权限

施工许可证制度是工程建设管理的一项基本制度。各级建设行政主管部门是工程建设与建筑业的主管部门，因此，施工许可证的核发和管理是建设行政主管部门的一项重要职责。

3. 申请办理施工许可证的程序

根据《建筑法》和《建筑工程施工许可管理办法》的规定，申请办理施工许可证时，应当按照下列程序进行：

(1) 建设单位向发证机关领取建筑工程施工许可证申请表。

(2) 建设单位持加盖单位及法定代表人印鉴的建筑工程施工许可证申请表，并附上述规定的证明文件，向发证机关提出申请。

(3) 发证机关在收到建设单位报送的建筑工程施工许可证申请表和所附证明文件后，对于符合条件的，应当自收到申请之日起 15 日内颁发施工许可证；对于证明文件不齐全或者失效的，应当限期要求建设单位补正，审批时间可以自证明文件补正齐全后做相应顺延；对于不符合条件的，应当自收到申请之日起 15 日内书面通知建设单位，并说明理由。

(五) 施工许可证的有效期与延期

为了维护施工许可证的严肃性，《建筑法》和《建筑工程施工许可管理办法》中对施

工许可证的有效期与延期做了相关规定:

(1) 建设单位应当自领取施工许可证之日起 3 个月内开工,这是一项义务规定,目的是保证施工许可证的有效性,利于发证机关进行监督。所谓领取施工许可证日,应当以建设行政主管部门通知领取之日为准。

(2) 工程因故不能开工的,可以申请延期。申请时间是在施工许可证期满前由建设单位向发证机关提出,并说明理由。理由应当合理,如不可抗力的原因,"三通一平"没有完成,材料、构件等没有按计划进场等。

(3) 延期以两次为限,每次不超过 3 个月。也就是说,延期最长为 6 个月,再加上领取之日起的 3 个月,建设单位有合理理由不开工的最长期限可达 9 个月。如果超过 9 个月仍不开工,该工程许可证即失去效力。

(4) 施工许可证的自行废止。所谓自行废止,即自动失去法律效力。施工许可证自动废止的情况有两种:一是既不在 3 个月内开工,又不向发证机关申请延期;二是超过延期的次数或时限。

三、中止施工与恢复施工

1. 中止施工

中止施工是指建筑工程开工后,在施工过程中因特殊情况的发生而中途停止施工的一种行为。中止施工的时间一般都较长,恢复施工的日期难以在中止时确定。中止施工的原因有以下几项:

(1) 地震、洪水等不可抗力。

(2) 宏观调控压缩基建规模。

(3) 停建、缓建在建工程。

(4) 发现古文物等。

中止施工后,建设单位应做好以下两个方面的工作:

(1) 向该建筑工程颁发施工许可证的建设行政主管部门报告中止施工的情况,报告内容包括中止施工的时间、原因、在施部位、施工现状、维护管理措施等。此报告应在中止施工之日起 1 个月内完成。

(2) 按照规定做好建筑工程的维护管理工作。

2. 恢复施工

恢复施工是指建筑工程中止施工后,造成中断施工的情况消除,而继续进行施工的一种行为。

恢复施工时,中止施工不满 1 年的,建设单位应当向该建筑工程颁发施工许可证的建设行政主管部门报告恢复施工的有关情况;中止施工满 1 年的,建筑工程恢复施工前,建设单位应当报发证机关核验施工许可证。建设行政主管部门对中止施工满 1 年的建筑工程进行审查,看其是否仍具备组织施工的条件,对符合条件的,应允许恢复施工,施工许可证继续有效;对不符合条件的,不允许恢复施工,且收回施工许可证,待具备条件后,建设单位须重新申领施工许可证。

另外,按照国务院有关规定批准开工报告的建筑工程,因故不能按期开工或者中止施工的，应当及时向批准机关报告情况。因故不能按期开工超过 6 个月的，应当重新办理开工报告的批准手续。

四、违法责任

《建筑工程施工许可管理办法》规定，对于未取得施工许可证或者为规避办理施工许可证将工程项目分解后擅自施工的，由有管辖权的发证机关责令停止施工，限期改正，对建设单位处工程合同价款 1%以上 2%以下罚款；对施工单位处 3 万元以下罚款。

建设单位采用欺骗、贿赂等不正当手段取得施工许可证的，由原发证机关撤销施工许可证，责令停止施工，并处 1 万元以上 3 万元以下罚款；构成犯罪的，依法追究刑事责任。

建设单位隐瞒有关情况或者提供虚假材料申请施工许可证的，发证机关不予受理或者不予许可，并处 1 万元以上 3 万元以下罚款；构成犯罪的，依法追究刑事责任。

建设单位伪造或者涂改施工许可证的，由发证机关责令停止施工，并处 1 万元以上3 万元以下罚款；构成犯罪的，依法追究刑事责任。

第三节　建筑企业从业资格许可制度

从业单位资格许可包括从业单位的条件和从业单位的资质。为了维护建筑市场的正常秩序，确立进入建筑市场从事建筑活动的准入规则，《建筑法》第十二条和第十三条规定了从事建筑活动的建筑施工企业、勘察单位、设计单位、工程监理单位进入建筑市场应当具备的条件和资质审查制度。

所谓资质管理，是指资格认证、资质审查的管理，是建筑市场管理的一项重要内容。《建筑法》第十二条规定，从事建筑活动的建筑施工企业、勘察单位、设计单位和工程监理单位应当具备下列条件：

(1) 有符合国家规定的注册资本。从事建筑活动的单位在进行建筑活动过程中必须拥有足够的资金，这是进行正常业务活动的物质保证。一定数量的资金也是建立建筑施工企业、勘察单位、设计单位和工程监理单位的前提。关于最低注册资本金，《建筑业企业资质等级标准》做了详细规定，其中房屋建筑工程施工总承包企业、公路工程施工总承包企业最低资本注册金见表 3-1。

表 3-1　最低注册资本金

资质等级	最低注册资本金	
	房屋建筑工程施工总承包企业	公路工程施工总承包企业
特级/亿元	>3	>3
一级/万元	>5000	>6000
二级/万元	>2000	>3000
三级/万元	>600	>1000

(2) 有与其从事的建筑活动相适应的具有法定执业资格的专业技术人员。

(3) 有从事相关建筑活动所应有的技术装备。具有与其建筑活动相关的装备，是建筑施工企业、勘察单位、设计单位和工程监理单位正常进行施工、勘察、设计和监理工作的重要的物质保障。如从事建筑施工活动，必须有相应的施工机械设备与质量检验测试手段，如塔式起重机、混凝土搅拌机、钢筋切断机、龙门架、垂直运输设备等。从事勘察设计活动，必须有相应的勘察仪器设备和设计机具仪器。因此，从事建筑活动的建筑施工企业、勘察单位、设计单位和工程监理单位，必须有从事相关建筑活动所应有的技术装备。没有相应技术装备的单位，不得从事建筑活动。

(4) 法律、行政法规规定的其他条件。建筑活动是一种专业性、技术性很强的活动，从事建筑活动的建筑施工企业、勘察单位、设计单位和工程监理单位必须有足够的专业技术人员。如设计单位不仅要有建造师，还要有结构、水、暖、电等方面的工程师。建筑活动是涉及公民生命和财产安全的一种特殊活动，从事建筑活动的专业技术人员，还必须有法定执业资格。这种法定执业资格必须依法通过考试和注册才能取得。如工程设计文件必须由注册建造师签字才能生效。建筑工程的规模和复杂程度各不相同，因此，建筑活动所要求的专业技术人员的级别和数量也不同，建筑施工企业、勘察单位、设计单位和工程监理单位必须有与其从事的建筑活动相适应的专业技术人员。

从事建筑活动的建筑施工企业、勘察单位、设计单位和工程监理单位，按照其拥有的注册资本、专业技术人员、技术装备和已完成的建筑工程业绩等资质条件，划分为不同的资质类别和等级，经资质审查合格，取得相应等级的资质证书后，方可在其资质等级许可范围内从事建筑活动。

一、建筑业企业资质许可管理制度

所谓建筑业企业，是指从事土木工程、建筑工程、线路管道设备安装工程、装修工程的新建、扩建、改建活动的企业。

1. 资质序列、类别和等级

工程建设从业单位资质分为施工总承包、专业承包和劳务分包三个序列。

(1) 取得施工总承包资质的企业(以下简称施工总承包企业)，可以承接施工总承包工程。施工总承包企业可以对所承接的施工总承包工程内各专业工程全部自行施工，也可以将专业工程或劳务作业依法分包给具有相应资质的专业承包企业或劳务分包企业。

(2) 取得专业承包资质的企业(以下简称专业承包企业)，可以承接施工总承包企业分包的专业工程和建设单位依法发包的专业工程。专业承包企业可以对所承接的专业工程全部自行施工，也可以将劳务作业依法分包给具有相应资质的劳务分包企业。

(3) 取得劳务分包资质的企业(以下简称劳务分包企业)，可以承接施工总承包企业或专业承包企业分包的劳务作业。

施工总承包资质、专业承包资质、劳务分包资质序列按照工程性质和技术特点分别划分为若干资质类别，各资质类别按照规定的条件划分为若干资质等级。

2. 资质许可

(1) 下列工程建设从业单位资质的许可，由国务院建设主管部门实施：

① 施工总承包序列特级资质、一级资质。

② 国务院国有资产管理部门直接监管的企业及其下属一层级的企业的施工总承包二级资质、三级资质。

③ 水利、交通、信息产业方面的专业承包序列一级资质。

④ 铁路、民航方面的专业承包序列一级、二级资质。

⑤ 公路交通工程专业承包不分等级资质，城市轨道交通专业承包不分等级资质。

(2) 下列工程建设从业单位资质许可，由企业工商注册所在地省、自治区、直辖市人民政府建设主管部门实施：

① 施工总承包序列二级资质(不含国务院国有资产管理部门直接监管的企业及其下属一层级的企业的施工总承包序列二级资质)。

② 专业承包序列一级资质(不含铁路、交通、水利、信息产业、民航方面的专业承包序列一级资质)。

③ 专业承包序列二级资质(不含民航、铁路方面的专业承包序列二级资质)。

④ 专业承包序列不分等级资质(不含公路交通工程专业承包序列和城市轨道交通专业承包序列的不分等级资质)。

(3) 下列工程建设从业单位资质许可，由企业工商注册所在地设区的市人民政府建设主管部门实施：

① 施工总承包序列三级资质(不含国务院国有资产管理部门直接监管的企业及其下属一层级的企业的施工总承包三级资质)。

② 专业承包序列三级资质。

③ 劳务分包序列资质。

④ 燃气燃烧器具安装、维修企业资质。

工程建设从业单位资质证书分为正本和副本，正本一份，副本若干份，正、副本具备同等法律效力。资质证书有效期为 5 年。

工程建设从业单位可以申请一项或多项工程建设从业单位资质；申请多项工程建设从业单位资质的，应当选择等级最高的一项资质为企业主项资质。

3. 法律责任

申请人隐瞒有关情况或者提供虚假材料申请工程建设从业单位资质的，不予受理或者不予行政许可，并给予警告，申请人在 1 年内不得再次申请工程建设从业单位资质。

以欺骗、贿赂等不正当手段取得工程建设从业单位资质证书的，由县级以上地方人民政府住房和城乡建设主管部门或者有关部门给予警告，并依法处以罚款，申请人 3 年内不得再次申请工程建设从业单位资质。

4. 监督管理

县级以上人民政府住房和城乡建设主管部门和其他有关部门应当依照有关法律、法规，加强对工程建设从业单位资质的监督管理。上级建设主管部门应当加强对下级住房和城乡建设主管部门资质管理工作的监督检查，及时纠正资质管理中的违法行为。住房和城乡建设主管部门、其他有关部门履行监督检查职责时，有权采取下列措施：

(1) 要求被检查单位提供工程建设从业单位资质证书，注册执业人员的注册执业证书，有关施工业务的文档，有关质量管理、安全生产管理、档案管理、财务管理等企业内部管理制度的文件。

(2) 进入被检查单位进行检查，查阅相关资料。

(3) 纠正违反有关法律、法规及有关规范和标准的行为。

> **【案例 3-1】**
>
> (1) 背景：某大学新校区的学生餐饮中心工程由甲公司总承包，该公司将工程项目的土石方工程分包给乙公司。乙公司则将土石方工程交由非本公司的王某，由王某组织人员负责土石方的开挖、装卸和运输，实行单独核算、自负盈亏。
>
> (2) 问题：
>
> ① 本案中的乙公司有何违法行为？
>
> ② 对乙公司应当依法作何处理？
>
> (3) 分析：
>
> ① 本案中的乙公司以分包方式承接了土石方工程，但允许非本公司的王某负责该土石方工程开挖、装卸和运输，并将现场全权交由王某负责，其技术、质量、安全管理及核算人员均由王某自行组织而非该分包公司的人员。按照《房屋建筑和市政基础设施工程施工分包管理办法》第十五条第二款的规定，应视同允许他人以本企业名义承揽工程。
>
> ② 《建设工程质量管理条例》第六十一条规定："违反本条例规定，勘察、设计、施工、工程监理单位允许其他单位或者个人以本单位名义承揽工程的，责令改正，没收违法所得，对勘察、设计单位和工程监理单位处合同约定的勘察费、设计费和监理酬金 1 倍以上 2 倍以下的罚款；对施工单位处工程合同价款 2%以上 4%以下的罚款；可以责令停业整顿，降低资质等级；情节严重的，吊销资质证书。"据此，应当对乙公司作出相应的处罚。

二、房屋建筑工程施工总承包企业资质许可管理制度

1. 资质分级

房屋建筑工程施工总承包企业资质分为特级、一级、二级和三级。

2. 资质标准

(1) 特级资质标准。

① 企业资信能力。

A. 企业净资产 6 亿元以上。

B. 企业近三年营业收入均在 50 亿元以上。

C. 企业银行授信额度近三年均在 10 亿元以上。

D. 企业未被列入失信被执行人名单。

E. 近三年未被列入行贿犯罪档案。

② 企业技术负责人。

技术负责人应当具有 15 年以上从事本类别工程技术管理经历，且具有工程序列高级工程师或注册建造师执业资格；主持完成过 2 项符合施工总承包一级资质标准要求的代表工程。

③ 科技进步水平。

A. 企业具有省部级(或相当于省部级水平)及以上的企业技术中心。

B. 企业近三年科技活动经费支出均达到营业收入的 0.8% 以上。

④ 企业工程业绩。

近 5 年承担过下列 4 类中的 3 类工程的施工总承包或主体工程承包，工程质量合格：

A. 高度 120 m 以上的建筑物。

B. 钢筋混凝土结构单跨 30 m 以上(或钢结构单跨 36 m 以上)的建筑工程 2 项。

C. 以工程总承包方式承建的单项合同额 5 亿元以上的建筑工程。

D. 高度 60 m 以上的预制装配式建筑工程。

(2) 一级资质标准。

① 企业资产。净资产 1 亿元以上。

② 企业主要人员。技术负责人具有 10 年以上从事工程施工技术管理工作经历，且具有结构专业高级职称。

③ 企业工程业绩。

近 5 年承担过下列 4 类中的 2 类工程的施工总承包或主体工程承包，工程质量合格：

A. 地上 25 层以上的民用建筑工程 1 项或地上 18～24 层的民用建筑工程 2 项。

B. 高度 100 m 以上的构筑物工程 1 项或高度 80～100 m(不含)的构筑物工程 2 项。

C. 建筑面积 120 000 m² 以上的建筑工程 1 项或建筑面积 100 000 m² 以上的建筑工程 2 项。

D. 钢筋混凝土结构单跨 30 m 以上(或钢结构单跨 36 m 以上)的建筑工程 1 项或钢筋混凝土结构单跨 27～30 m(不含)[或钢结构单跨 30～36 m(不含)]的建筑工程 2 项。

(3) 二级资质标准

① 企业资产。净资产 4000 万元以上。

② 企业主要人员。技术负责人具有 8 年以上从事工程施工技术管理工作经历，且具有结构专业高级职称或建筑工程专业一级注册建造师执业资格。

② 企业工程业绩。

近 5 年承担过下列 4 类中的 2 类工程的施工总承包或主体工程承包，工程质量合格：

A. 地上 12 层以上的民用建筑工程 1 项或地上 8～11 层的民用建筑工程 2 项。

B. 高度 50 m 以上的构筑物工程 1 项或高度 35～50 m(不含)的构筑物工程 2 项。

C. 建筑面积 60 000 m² 以上的建筑工程 1 项或建筑面积 50 000 m² 以上的建筑工程 2 项。

D. 钢筋混凝土结构单跨 21 m 以上(或钢结构单跨 24 m 以上)的建筑工程 1 项或钢筋混凝土结构单跨 18～21 m(不含)[或钢结构单跨 21～24 m(不含)]的建筑工程 2 项。

(4) 三级资质标准。

① 企业资产。净资产 800 万元以上。

② 企业主要人员。

A. 建筑工程、机电工程专业注册建造师合计不少于 5 人，其中建筑工程专业注册建造师不少于 4 人。

B. 技术负责人具有 5 年以上从事工程施工技术管理工作经历，且具有结构专业中级以上职称或建筑工程专业注册建造师执业资格；建筑工程相关专业中级以上职称人员不少于 6 人，且结构、给水排水、电气等专业齐全。

C. 持有岗位证书的施工现场管理人员不少于 15 人，且施工员、质量员、安全员、机械员、造价员、劳务员等人员齐全。

D. 经考核或培训合格的中级工以上技术工人不少于 30 人。

E. 技术负责人(或注册建造师)主持完成过本类别资质二级以上标准要求的工程业绩不少于 2 项。

3. 承包工程范围

(1) 取得施工总承包特级资质的企业可承担本类别各等级工程的工程总承包、施工总承包和项目管理业务。

(2) 取得施工总承包一级资质的企业可承担高度 200 m 以下的工业、民用建筑工程；高度 240 m 以下的构筑物工程。

(3) 取得施工总承包二级资质的企业可承担下列建筑工程的施工：高度 100 m 以下的工业、民用建筑工程；高度 120 m 以下的构筑物工程；建筑面积 15 万 m^2 以下的建筑工程；单跨 39 m 以下的建筑工程。

(4) 取得施工总承包三级资质的企业可承担下列建筑工程的施工：高度 50 m 以下的工业、民用建筑工程；高度 70 m 以下的构筑物工程；建筑面积 8 万 m^2 以下的建筑工程；单跨 27 m 以下的建筑工程。

4. 资质管理

建筑业企业资质条件符合资质等级标准，建设行政主管部门颁发相应资质等级的建筑业企业资质证书。建筑业企业资质证书分为正本和副本，由国务院建设行政主管部门统一印制，正、副本具有同等法律效力。

任何单位和个人不得涂改、伪造、出借、转让建筑业企业资质证书；不得非法扣押、没收建筑业企业资质证书。

三、工程造价咨询企业资质许可管理制度

(一) 资质分级

工程造价咨询企业资质等级分为甲级、乙级。

(二) 资质标准

1. 甲级工程造价咨询企业资质标准

(1) 已取得乙级工程造价咨询企业资质证书满 3 年。

(2) 企业出资人中，注册造价工程师人数不低于出资人总人数的 60%，且其出资额

不低于企业认缴出资总额的 60%。

(3) 技术负责人已取得造价工程师注册证书,并具有工程或工程经济类高级专业技术职称,且从事工程造价专业工作 15 年以上。

(4) 专职从事工程造价专业工作的人员(以下简称专职专业人员)不少于 20 人,其中,具有工程或者工程经济类中级以上专业技术职称的人员不少于 16 人;取得造价工程师注册证书的人员不少于 10 人,其他人员具有从事工程造价专业工作的经历。

(5) 企业与专职专业人员签订劳动合同,且专职专业人员符合国家规定的职业年龄(出资人除外)。

(6) 专职专业人员人事档案关系由国家认可的人事代理机构代为管理。

(7) 企业近 3 年工程造价咨询营业收入累计不低于人民币 500 万元。

(8) 具有固定的办公场所,人均办公建筑面积不少于 10 m^2。

(9) 技术档案管理制度、质量控制制度、财务管理制度齐全。

(10) 企业为本单位专职专业人员办理的社会基本养老保险手续齐全。

(11) 在申请核定资质等级之日前 3 年内无《工程造价咨询企业管理办法》第二十七条禁止的行为。

2. 乙级工程造价咨询企业资质标准

(1) 企业出资人中,注册造价工程师人数不低于出资人总人数的 60%,且其出资额不低于认缴出资总额的 60%。

(2) 技术负责人已取得造价工程师注册证书,具有工程或工程经济类高级专业技术职称,且从事工程造价专业工作 10 年以上。

(3) 专职专业人员不少于 12 人,其中,具有工程或者工程经济类中级以上专业技术职称的人员不少于 8 人;取得造价工程师注册证书的人员不少于 6 人,其他人员具有从事工程造价专业工作的经历。

(4) 企业与专职专业人员签订劳动合同,且专职专业人员符合国家规定的职业年龄(出资人除外)。

(5) 专职专业人员人事档案关系由国家认可的人事代理机构代为管理。

(6) 具有固定的办公场所,人均办公建筑面积不少于 10 m^2。

(7) 技术档案管理制度、质量控制制度、财务管理制度齐全。

(8) 企业为本单位专职专业人员办理的社会基本养老保险手续齐全。

(9) 暂定期内工程造价咨询营业收入累计不低于人民币 50 万元。

(10) 申请核定资质等级之日前无《工程造价咨询企业管理办法》第二十七条禁止的行为。

(三) 资质申请和许可

1. 资质申请

申请甲级工程造价咨询企业资质的,可以向申请人工商注册所在地省、自治区、直辖市人民政府住房和城乡建设主管部门或者国务院有关专业部门提交申请材料。省、自治区、直辖市人民政府住房和城乡建设主管部门、国务院有关专业部门收到申请材料后,应当在 5 日内将全部申请材料报国务院住房和城乡建设主管部门；国务院住房和城乡建设主管部门应当自受理之日起 20 日内作出决定。

申请乙级工程造价咨询企业资质的，由省、自治区、直辖市人民政府住房和城乡建设主管部门审查决定。其中，申请有关专业乙级工程造价咨询企业资质的，由省、自治区、直辖市人民政府住房和城乡建设主管部门商同级有关专业部门审查决定。乙级工程造价咨询企业资质许可的实施程序由省、自治区、直辖市人民政府住房和城乡建设主管部门依法确定。省、自治区、直辖市人民政府住房和城乡建设主管部门应当自作出决定之日起 30 日内，将准予资质许可的决定报国务院住房和城乡建设主管部门备案。

2. 资质许可

准予资质许可的，资质许可机关应当向申请人颁发工程造价咨询企业资质证书。工程造价咨询企业资质证书由国务院住房和城乡建设主管部门统一印制，分正本和副本。正本和副本具有同等法律效力。工程造价咨询企业遗失资质证书的，应当在公众媒体上声明作废后，向资质许可机关申请补办。

工程造价咨询企业资质有效期为 3 年。资质有效期届满，需要继续从事工程造价咨询活动的，应当在资质有效期届满 30 日前向资质许可机关提出资质延续申请。资质许可机关应当根据申请作出是否准予延续的决定。准予延续的，资质有效期延续 3 年。

新申请工程造价咨询企业资质的，其资质等级依法定标准核定为乙级，设暂定期 1 年。暂定期届满需继续从事工程造价咨询活动的，应当在暂定期届满 30 日前，向资质许可机关申请换发资质证书。符合乙级资质条件的，由资质许可机关换发资质证书。

工程造价咨询企业的名称、住所、组织形式、法定代表人、技术负责人、注册资本等事项发生变更的，应当自变更确立之日起 30 日内，到资质许可机关办理资质证书变更手续。

(四) 承揽业务范围

1. 工程造价咨询业务的范围

(1) 建设项目建议书及可行性研究投资估算、项目经济评价报告的编制和审核。

(2) 建设项目概预算的编制与审核，并配合设计方案比选、优化设计、限额设计等工作进行工程造价分析与控制。

(3) 建设项目合同价款的确定(包括招标工程工程量清单和招标控制价、投标报价的编制和审核)；合同价款的签订与调整(包括工程变更、工程洽商和索赔费用的计算)及工程款支付，工程结算及竣工结(决)算报告的编制与审核等。

(4) 工程造价经济纠纷的鉴定和仲裁的咨询。

(5) 提供工程造价信息服务等。

工程造价咨询企业可以对建设项目的组织实施进行全过程或者若干阶段的管理和服务。

2. 承揽业务的限制

工程造价咨询企业依法从事工程造价咨询活动，不受行政区域限制。

甲级工程造价咨询企业可以从事各类建设项目的工程造价咨询业务。

乙级工程造价咨询企业可以从事工程造价 5000 万元人民币以下的各类建设项目的工程造价咨询业务。

3. 承揽业务的形式

工程造价咨询企业在承接各类建设项目的工程造价咨询业务时，应当与委托人订立书面工程造价咨询合同。工程造价咨询企业与委托人可以参照《建设工程造价咨询合同》(示范文本)(GF—2015—0212)订立合同。

工程造价咨询企业从事工程造价咨询业务，应当按照有关规定的要求出具工程造价成果文件。工程造价成果文件应当由工程造价咨询企业加盖有企业名称、资质等级及证书编号的执业印章，并由执行咨询业务的注册造价工程师签字，加盖执业印章。工程造价咨询收费应当按照有关规定，由当事人在建设工程造价咨询合同中约定。

4. 法定禁止行为

工程造价咨询企业不得有下列行为：

(1) 涂改、倒卖、出租、出借资质证书，或者以其他形式非法转让资质证书。

(2) 超越资质等级业务范围承接工程造价咨询业务。

(3) 同时接受招标人和投标人或两个以上投标人对同一工程项目的工程造价咨询业务。

(4) 以给予回扣、恶意压低收费等方式进行不正当竞争。

(5) 转包承接的工程造价咨询业务。

(6) 法律、法规禁止的其他行为。

除法律、法规另有规定外，未经委托人书面同意，工程造价咨询企业不得对外提供工程造价咨询服务过程中获知的当事人的商业秘密和业务资料。

(五) 资质管理

1. 监督检察机关

县级以上地方人民政府住房和城乡建设主管部门、有关专业部门应当依照有关法律、法规和《工程造价咨询企业管理办法》的规定，对工程造价咨询企业从事工程造价咨询业务的活动实施监督检察。

监督检察机关履行监督检察职责时，有权采取下列措施：要求被检察单位提供工程造价咨询企业资质证书、造价工程师注册证书，有关工程造价咨询业务的文档，有关技术档案管理制度、质量控制制度、财务管理制度的文件；进入被检察单位进行检察，查阅工程造价咨询成果文件以及工程造价咨询合同等相关资料；纠正违反有关法律、法规和《工程造价咨询企业管理办法》及执业规程规定的行为。监督检察机关应当将监督检察的处理结果向社会公布。

2. 撤销资质

有下列情形之一的，资质许可机关或者其上级机关，根据利害关系人的请求或者依据职权，可以撤销工程造价咨询企业资质：

(1) 资质许可机关工作人员滥用职权、玩忽职守作出准予工程造价咨询企业资质许可的。

(2) 超越法定职权作出准予工程造价咨询企业资质许可的。

(3) 违反法定程序作出准予工程造价咨询企业资质许可的。

(4) 对不具备行政许可条件的申请人作出准予工程造价咨询企业资质许可的。

(5) 依法可以撤销工程造价咨询企业资质的其他情形。

工程造价咨询企业以欺骗、贿赂等不正当手段取得工程造价咨询企业资质的，应当予以撤销。

3. 撤回资质

工程造价咨询企业取得工程造价咨询企业资质后，不再符合相应资质条件的，资质许可机关根据利害关系人的请求或者依据职权，可以责令其限期改正；逾期不改的，可以撤回其资质。

4. 注销资质

有下列情形之一的，资质许可机关应当依法注销工程造价咨询企业资质：

(1) 工程造价咨询企业资质有效期满，未申请延续的。

(2) 工程造价咨询企业资质被撤销、撤回的。

(3) 工程造价咨询企业依法终止的。

第四节　建设工程从业人员执业资格许可制度

建设工程从业人员执业资格制度是指对具备一定专业学历、资历的从事建筑活动的专业技术人员，通过考试和注册确定其执业的技术资格，获得相应建筑工程文件签字权的一种制度。在技术要求较高的行业，实行专业技术人员执业资格制度已成为国际惯例。《中华人民共和国建筑法》第十四条规定，从事建筑活动的专业技术人员，应当依法取得相应的执业资格证书，并在执业资格证书许可的范围内从事建筑活动。

建设工程从业人员资格包括注册建筑师、注册建造师、注册工程师、注册造价工程师、注册结构工程师、注册土木工程师、工程施工现场人员岗位资格。

一、注册建造师执业资格制度

执业资格制度是指对具有一定专业学历和资历并从事特定专业技术活动的专业技术人员，通过考试和注册确定其执业的技术资格，获得相应文件签字权的一种制度。

(一) 建设工程专业人员执业资格的准入管理

建设工程的技术要求比较复杂，建设工程的质量和安全生产直接关系到人身安全及公共财产安全，责任极为重大。因此，对从事建设工程活动的专业技术人员，应当建立起必要的个人执业资格制度，只有依法取得相应执业资格证书的专业技术人员，方可在其执业资格证书许可的范围内从事建设工程活动。没有取得个人执业资格的人员，不能执行相应的建设工程业务。

我国对从事建设工程活动的单位实行资质管理制度比较早，较好地从整体上把住了单位的建设市场准入关，但对建设工程专业技术人员(即在勘察、设计、施工、监理等专业技术岗位上工作的人员)的个人执业资格的准入制度起步较晚，导致了一些高资质的单位承接建设工程，却由低水平人员甚至非专业技术人员来完成的现象，不仅影响了建设工程的质量和安全，还影响到投资效益的发挥。因此，实行专业技术人员的执业资格制度，严格执行建设工程相关活动的准入与清出，有利于避免上述种种问题，并明确专业技术人员的责、权、利，保证建设工程确实由具有相应资格的专业技术人员主持完成设计、施工、监理等任务。

世界上发达国家大多对从事涉及公众生命和财产安全的建设工程活动的专业技术人员实行了严格的执业资格制度，如美国、英国、日本、加拿大等。建造师执业资格制度起源于英国，迄今已有近160年的历史。许多发达国家不仅早已建立这项制度，1997年还成立了建造师的国际组织——国际建造师协会。我国在工程建设领域实行专业技术人员的执业资格制度，有利于促进与国际接轨，适应对外开放的需要，并可以同有关国家谈判执业资格对等互认，使我国的专业技术人员更好地进入国际建设市场。

我国工程建设领域最早建立的执业资格制度是注册建筑师制度，1995年9月国务院颁布了《中华人民共和国注册建筑师条例》；之后又相继建立了注册监理工程师、结构工程师、造价工程师等制度。2002年12月9日人事部、建设部(即现在的人力资源和社会保障部、住房和城乡建设部，下同)联合颁发了《建造师执业资格制度暂行规定》，这标志着我国建造师制度的建立和建造师工作的正式启动。

(二) 建造师考试和注册的规定

注册建造师是指通过考核认定或考试合格取得中华人民共和国建造师资格证书，并按照规定注册，取得中华人民共和国建造师注册证书和执业印章，担任施工单位项目负责人及从事相关活动的专业技术人员。未取得注册证书和执业印章的，不得担任大中型建设工程项目的施工单位项目负责人，不得以注册建造师的名义从事相关活动。《建造师执业资格制度暂行规定》中规定，经国务院有关部门同意，获准在中华人民共和国境内从事建设工程项目施工管理的外籍及港、澳、台地区的专业人员，符合本规定要求的，也可报名参加建造师执业资格考试以及申请注册。

1. 建造师的考试

《建造师执业资格制度暂行规定》中规定，一级建造师执业资格实行统一大纲、统一命题、统一组织的考试制度，由人力资源和社会保障部、住房和城乡建设部共同组织实施，原则上每年举行一次考试。

住房和城乡建设部负责编制一级建造师执业资格考试大纲和组织命题工作，统一规划建造师执业资格的培训等有关工作。培训工作按照培训与考试分开、自愿参加的原则进行。人力资源和社会保障部负责审定一级建造师执业资格考试科目、考试大纲和考试试题，组织实施考务工作；会同住房和城乡建设部对考试考务工作进行检查、监督、指导和确定合格标准。

住房和城乡建设部负责拟定二级建造师执业资格考试大纲，人力资源和社会保障部负责审定考试大纲。二级建造师执业资格实行全国统一大纲，各省、自治区、直辖市命题并组织考试的制度。各省、自治区、直辖市人力资源和社会保障厅(局)，住房和城乡建设厅(委)按照国家确定的考试大纲和有关规定，在本地区组织实施二级建造师执业资格考试。

(1) 考试内容和时间。《建造师执业资格制度暂行规定》中规定，一级建造师执业资格考试，分综合知识与能力和专业知识与能力两个部分。《建造师执业资格考试实施办法》进一步规定，一级建造师执业资格考试设"建设工程经济""建设工程法规及相关知识""建设工程项目管理"和"专业工程管理与实务"4 个科目。目前，"专业工程管理与实务"科目分为：建筑工程、公路工程、铁路工程、民航机场工程、港口与航道工程、水利水电工程、市政公用工程、通信与广电工程、矿业工程、机电工程 10 个专业类别。考生在报名时可根据实际工作需要选择专业类别。

一级建造师执业资格考试时间定于每年的第三季度。一级建造师执业资格考试分 4 个半天，以纸笔作答方式进行。"建设工程经济"科目的考试时间为 2 小时，"建设工程法规及相关知识"和"建设工程项目管理"科目的考试时间均为 3 小时，"专业工程管理与实务"科目的考试时间为 4 小时。

二级建造师执业资格考试设"建设工程施工管理""建设工程法规及相关知识""专业工程管理与实务"3 个科目。

(2) 报考条件和考试申请。《建造师执业资格制度暂行规定》中规定，凡遵守国家法律、法规，具备下列条件之一者，可以申请参加一级建造师执业资格考试：

① 取得工程类或工程经济类大学专科学历，工作满 6 年，其中从事建设工程项目施工管理工作满 4 年。

② 取得工程类或工程经济类大学本科学历，工作满 4 年，其中从事建设工程项目施工管理工作满 3 年。

③ 取得工程类或工程经济类双学士学位或研究生班毕业，工作满 3 年，其中从事建设工程项目施工管理工作满 2 年。

④ 取得工程类或工程经济类硕士学位，工作满 2 年，其中从事建设工程项目施工管理工作满 1 年。

⑤ 取得工程类或工程经济类博士学位，从事建设工程项目施工管理工作满 1 年。

凡遵纪守法、具备工程类或工程经济类中等专科以上学历并从事建设工程项目施工管理工作满 2 年，可报名参加二级建造师执业资格考试。

已取得一级建造师执业资格证书的人员，还可根据实际工作需要，选择"专业工程管理与实务"科目的相应专业，报名参加考试。考试合格后核发国家统一印制的相应专业合格证明。该证明作为注册时增加执业专业类别的依据。

参加考试需由本人提出申请，携带所在单位出具的有关证明及相关材料到当地考试管理机构报名。考试管理机构按规定程序和报名条件审查合格后，发给准考证。考生凭准考证在指定的时间、地点参加考试。中央管理的企业和国务院各部门及其所属单位的人员按属地原则报名参加考试。

考试成绩实行 2 年为一个周期的滚动管理办法，参加全部 4 个科目考试的人员须在连续的两个考试年度内通过全部科目；免试部分科目的人员须在一个考试年度内通过应试科目。

(3) 建造师执业资格证书的使用范围。参加一级建造师执业资格考试合格，由各省、自治区、直辖市人力资源和社会保障部门颁发人力资源和社会保障部统一印制，人力资源和社会保障部、住房和城乡建设部用印的中华人民共和国一级建造师执业资格证书。该证书在全国范围内有效。二级建造师执业资格考试合格者，由省、自治区、直辖市人力资源和社会保障部门颁发由人力资源和社会保障部、住房和城乡建设部统一格式的中华人民共和国二级建造师执业资格证书。该证书在所在行政区域内有效。

2. 建造师的注册

《注册建造师管理规定》中规定，注册建造师实行注册执业管理制度，注册建造师分为一级注册建造师和二级注册建造师。取得资格证书的人员，经过注册方能以注册建造师的名义执业。

(1) 注册管理机构。住房和城乡建设部或其授权的机构为一级建造师执业资格的注册管理机构。省、自治区、直辖市住房和城乡建设行政主管部门或其授权的机构为二级建造师执业资格的注册管理机构。人力资源和社会保障部和各级地方人力资源和社会保障部门对建造师执业资格注册和使用情况有检查、监督的责任。

(2) 注册申请。《注册建造师管理规定》规定，取得一级建造师资格证书并受聘于一个建设工程勘察、设计、施工、监理、招标代理、造价咨询等单位的人员，应当通过聘用单位提出注册申请，并可以向单位工商注册所在地的省、自治区、直辖市人民政府住房和城乡建设主管部门提出申请材料。申请初始注册时应当具备以下条件：

① 经考核认定或考试合格取得资格证书。

② 受聘于一个相关单位。

③ 达到继续教育要求。

④ 没有《注册建造师管理规定》中规定不予注册的情形。

初始注册者，可自资格证书签发之日起 3 年内提出申请。逾期未申请者，须符合本专业继续教育的要求后方可申请初始注册。申请初始注册需要提交下列材料：

① 注册建造师初始注册申请表。

② 资格证书、学历证书和身份证明复印件。

③ 申请人与聘用单位签订的聘用劳动合同复印件或其他有效证明文件(逾期申请初始注册的，应当提供达到继续教育要求的证明材料)。

(3) 延续注册与增项注册。建造师执业资格注册有效期一般为 3 年。《注册建造师管理规定》中规定，注册有效期满需继续执业的，应当在注册有效期届满 30 日前，按照规定申请延续注册。延续注册的有效期为 3 年。申请延续注册的，应当提交下列材料：

① 注册建造师延续注册申请表。

② 原注册证书。

③ 申请人与聘用单位签订的聘用劳动合同复印件或其他有效证明文件。

④ 申请人注册有效期内达到继续教育要求的证明材料。注册建造师需要增加执业专

业的，应当按照规定申请专业增项注册，并提供相应的资格证明。

(4) 注册的受理与审批。省、自治区、直辖市人民政府住房和城乡建设主管部门受理一级建造师注册申请后提出初审意见，并将初审意见和全部申报材料报国务院住房和城乡建设主管部门审批；涉及铁路、公路、港口与航道、水利水电、通信与广电、民航专业的，国务院建设主管部门应当将全部申报材料送同级有关部门审核。符合条件的，由国务院住房和城乡建设主管部门核发《中华人民共和国一级建造师注册证书》，并核定执业印章编号。

对申请初始注册的，省、自治区、直辖市人民政府住房和城乡建设主管部门应当自受理申请之日起，20 日内审查完毕，并将申请材料和初审意见报国务院住房和城乡建设主管部门。国务院住房和城乡建设主管部门应当自收到省、自治区、直辖市人民政府住房和城乡建设主管部门上报材料之日起，20 日内审批完毕并作出书面决定。有关部门应当在收到国务院住房和城乡建设主管部门移送的申请材料之日起，10 日内审核完毕，并将审核意见送国务院住房和城乡建设主管部门。

对申请变更注册、延续注册的，省、自治区、直辖市人民政府建设主管部门应当自受理申请之日起 5 日内审查完毕。国务院住房和城乡建设主管部门应当自收到省、自治区、直辖市人民政府住房和城乡建设主管部门上报材料之日起 10 日内审批完毕并作出书面决定。有关部门在收到国务院住房和城乡建设主管部门移送的申请材料后，应当在 5 日内审核完毕，并将审核意见送国务院住房和城乡建设主管部门。

取得二级建造师资格证书的人员申请注册，由省、自治区、直辖市人民政府住房和城乡建设主管部门负责受理和审批，具体审批程序由省、自治区、直辖市人民政府住房和城乡建设主管部门依法确定。对批准注册的，核发由国务院住房和城乡建设主管部门统一样式的《中华人民共和国二级建造师注册证书》和执业印章，并在核发证书后 30 日内送国务院住房和城乡建设主管部门备案。

原建设部《注册建造师执业管理办法(试行)》规定，注册建造师注册证书和执业印章由本人保管，任何单位(发证机关除外)和个人不得扣押注册建造师注册证书或执业印章。

(5) 不予注册和注册证书的失效、注销。《注册建造师管理规定》中规定，申请人有下列情形之一的，不予注册：

① 不具有完全民事行为能力的。

② 申请在两个或者两个以上单位注册的。

③ 未达到注册建造师继续教育要求的。

④ 受到刑事处罚，刑事处罚尚未执行完毕的。

⑤ 因执业活动受到刑事处罚，自刑事处罚执行完毕之日起至申请注册之日止不满 5 年的。

⑥ 因前项规定以外的原因受到刑事处罚，自处罚决定之日起至申请注册之日止不满 3 年的。

⑦ 被吊销注册证书，自处罚决定之日起至申请注册之日止不满 2 年的。

⑧ 在申请注册之日前 3 年内担任项目经理期间，所负责项目发生过重大质量和安全事故的。

⑨ 申请人的聘用单位不符合注册单位要求的。

⑩ 年龄超过 65 周岁的。

法律、法规规定不予注册的其他情形。

注册建造师有下列情形之一的，其注册证书和执业印章失效：

① 聘用单位破产的。

② 聘用单位被吊销营业执照的。

③ 聘用单位被吊销或者撤回资质证书的。

④ 已与聘用单位解除聘用合同关系的。

⑤ 注册有效期满且未延续注册的。

⑥ 年龄超过 65 周岁的。

⑦ 死亡或不具有完全民事行为能力的。

⑧ 其他导致注册失效的情形。

注册建造师有下列情形之一的，由注册机关办理注销手续，收回注册证书和执业印章或者公告其注册证书和执业印章作废：

① 有以上规定的注册证书和执业印章失效情形发生的。

② 依法被撤销注册的。

③ 依法被吊销注册证书的。

④ 受到刑事处罚的。

⑤ 法律、法规规定应当注销注册的其他情形。

(6) 变更、续期、注销注册的申请办理。在注册有效期内，注册建造师变更执业单位，应当与原聘用单位解除劳动关系，并按照规定办理变更注册手续，变更注册后仍延续原注册有效期。申请变更注册的，应当提交下列材料：

① 注册建造师变更注册申请表。

② 注册证书和执业印章。

③ 申请人与新聘用单位签订的聘用合同复印件或有效证明文件。

④ 工作调动证明(与原聘用单位解除聘用合同或聘用合同到期的证明文件、退休人员的退休证明)。

《注册建造师执业管理办法(试行)》规定，注册建造师应当通过企业按规定及时申请办理变更注册、续期注册等相关手续。多专业注册的注册建造师，其中一个专业注册期满仍需以该专业继续执业和以其他专业执业的，应当及时办理续期注册。注册建造师变更聘用企业的，应当在与新聘用企业签订聘用合同后的 1 个月内，通过新聘用企业申请办理变更手续。因变更注册申报不及时影响注册建造师执业、导致工程项目出现损失的，由注册建造师所在聘用企业承担责任，并作为不良行为计入企业信用档案。聘用企业与注册建造师解除劳动关系的，应当及时申请办理注销注册或变更注册。聘用企业与注册建造师解除劳动合同关系后无故不办理注销注册或变更注册的，注册建造师可向省级建设主管部门申请注销注册证书和执业印章。注册建造师要求注销注册或变更注册的，应当提供与原聘用企业解除劳动关系的有效证明材料。建设主管部门经向原聘用企业核实，聘用企业在 7 日内没有提供书面反对意见和相关证明材料的，应予办理注销注册或变更注册。

(三) 建造师执业资格的考核认定

《建造师执业资格制度暂行规定》中规定，国家在实施一级建造师执业资格考试之前，对长期在建设工程项目总承包及施工管理岗位上工作，具有较高理论水平与丰富实践经验，并受聘高级专业技术职务的人员，可通过考核认定办法取得建造师执业资格证书。据此，对长期从事建设工程总承包及施工管理工作，业绩突出，无工程质量责任事故，职业道德行为良好，身体健康，并符合规定条件的在职在编人员，经人力资源和社会保障部、住房和城乡建设部以及省、自治区、直辖市人力资源和社会保障部门与住房和城乡建设行政部门批准，考核认定了一批建造师。目前，国家已实施建造师执业资格考试，考核认定工作已经结束。

(四) 建造师的受聘单位和执业岗位范围

1. 建造师的受聘单位

《建造师执业资格制度暂行规定》中规定，建造师的执业范围包括：

(1) 担任建设工程项目施工的项目经理。

(2) 从事其他施工活动的管理工作。

(3) 法律、行政法规或国务院住房和城乡建设行政主管部门规定的其他业务。

一级建造师可以担任特级、一级建筑业企业资质的建设工程项目施工的项目经理；二级建造师可以担任二级及以下建筑业企业资质的建设工程项目施工的项目经理。《注册建造师管理规定》进一步规定，取得资格证书的人员应当受聘于一个具有建设工程勘察、设计、施工、监理、招标代理、造价咨询等一项或者多项资质的单位，经注册后方可从事相应的执业活动。担任施工单位项目负责人的，应当受聘并注册于一个具有施工资质的企业。据此，建造师不仅可以在施工单位担任建设工程施工项目的项目经理，也可以在勘察、设计、监理、招标代理、造价咨询等单位或具有多项上述资质的单位执业。但是，如果要担任施工单位的项目负责人即项目经理，其所受聘的单位必须具有相应的施工企业资质，而不能是仅具有勘察、设计、监理等资质的其他企业。

2. 建造师执业范围

(1) 执业区域范围。《注册建造师执业管理办法(试行)》规定，一级注册建造师可在全国范围内以一级注册建造师名义执业。通过二级建造师资格考核认定，或参加全国统考取得二级建造师资格证书并经注册人员，可在全国范围内以二级注册建造师名义执业。工程所在地各级住房和城乡建设主管部门与有关部门不得增设或者变相设置跨地区承揽工程项目执业准入条件。

(2) 执业岗位范围。建造师经注册后，有权以建造师名义担任建设工程项目施工的项目经理及从事其他施工活动的管理，但不得同时担任两个及以上建设工程施工项目负责人。发生下列情形之一的除外：

① 同一工程相邻分段发包或分期施工的。

② 合同约定的工程验收合格的。

③ 因非承包方原因致使工程项目停工超过 120 天(含)，经建设单位同意的。

注册建造师担任施工项目负责人期间原则上不得更换。如发生下列情形之一的，应当办理书面交接手续后更换施工项目负责人：

① 发包方与注册建造师受聘企业已解除承包合同的。

② 发包方同意更换项目负责人的。

③ 因不可抗力等特殊情况必须更换项目负责人的。

注册建造师担任施工项目负责人，在其承建的建设工程项目竣工验收或移交项目手续办结前，除以上规定的情形外，不得变更注册至另一企业。

建设工程合同履行期间变更项目负责人的，企业应当于项目负责人变更5个工作日内报住房和城乡建设行政主管部门和有关部门及时进行网上变更。另外，注册建造师还可以从事建设工程项目总承包管理或施工管理、建设工程项目管理服务、建设工程技术经济咨询，以及法律、行政法规和国务院住房和城乡建设主管部门规定的其他业务。

(3) 执业工程范围。注册建造师应当在其注册证书所注明的专业范围内从事建设工程施工管理活动。注册建造师分10个专业，各专业的执业工程范围如下：

① 建筑工程专业，执业工程范围如下：房屋建筑、装饰装修，地基与基础、土石方、建筑装修装饰、建筑幕墙、预拌商品混凝土、混凝土预制构件、园林古建筑、钢结构、高耸建筑物、电梯安装、消防设施、建筑防水、防腐保温、附着升降脚手架、金属门窗、预应力、爆破与拆除、建筑智能化、特种专业。

② 公路工程专业，执业工程范围如下：公路，地基与基础、土石方、预拌商品混凝土、混凝土预制构件、钢结构、消防设施、建筑防水、防腐保温、预应力、爆破与拆除、公路路面、公路路基、公路交通、桥梁、隧道、附着升降脚手架、起重设备安装、特种专业。

③ 铁路工程专业，执业工程范围如下：铁路，土石方、地基与基础、预拌商品混凝土、混凝土预制构件、钢结构、附着升降脚手架、预应力、爆破与拆除、铁路铺轨架梁、铁路电气化、铁路桥梁、铁路隧道、城市轨道交通、铁路电务、特种专业。

④ 民航机场工程专业，执业工程范围如下：民航机场，土石方、预拌商品混凝土、混凝土预制构件、钢结构、高耸构筑物、电梯安装、消防设施、建筑防水、防腐保温、附着升降脚手架、金属门窗、预应力、爆破与拆除、建筑智能化、桥梁、机场场道、机场空管、航站楼弱电系统、机场目视助航、航油储运、暖通、空调、给排水、特种专业。

⑤ 港口与航道工程专业，执业工程范围如下：港口与航道，土石方、地基与基础、预拌商品混凝土、混凝土预制构件、消防设施、建筑防水、防腐保温、附着升降脚手架、爆破与拆除、港口及海岸、港口装卸设备安装、航道、航运梯级、通航设备安装、水上交通管制、水工建筑物基础处理、水工金属结构制性与安装、船台、船坞、滑道、航标、灯塔、战桥、人工岛、筒仓、堆场道路及陆域构筑物、围堤、护岸、特种专业。

⑥ 水利水电工程专业，执业工程范围如下：水利水电，土石方、地基与基础、预拌商品混凝土、混凝土预制构件、钢结构、建筑防水、消防设施、起重设备安装、爆破与拆除、水土建筑物基础处理、水利水电金属结构制作与安装、水利水电机电设备安装、河湖整治、堤防、水工大坝、水工隧洞、送变电、管道、无损检测、特种专业。

⑦ 矿业工程专业，执业工程范围如下：矿山，地基与基础、土石方、高耸构筑物、消防设施、防腐保温、环保、起重设备安装、管道、预拌商品混凝土、混凝土预制构件、

钢结构、建筑防水、爆破与拆除、隧道、窑炉、特种专业。

⑧ 市政公用工程专业，执业工程范围如下：市政公用，土石方、地基与基础、预拌商品混凝土、混凝土预制构件、预应力、爆破与拆除、环保、桥梁、隧道、道路路面、道路路基、道路交通、城市轨道交通、城市及道路照明、体育场地设施、给排水、燃气、供热、垃圾处理、园林绿化、管道、特种专业。

⑨ 通信与广电工程专业，执业工程范围如下：通信与广电，通信线路、微波通信、传输设备、交换、卫星地球站、移动通信基站、数据通信及计算机网络、本地网、接入网、通信管道、通信电源、综合布线、信息化工程、铁路信号、特种专业。

⑩ 机电工程专业，执业工程范围如下：机电、石油化工、电力、冶炼，钢结构、电梯安装、消防设施、防腐保温、起重设备安装、机电设备安装、建筑智能化、环保、电子、仪表安装、火电设备安装、送变电、核工业、炉窑、冶炼机电设备安装、化工石油设备、管道安装、管道、无损检测、海洋石油、体育场地设施、净化、旅游设施、特种专业。

(五) 建造师的基本权利和义务

1. 建造师的基本权利

《建造师执业资格制度暂行规定》中规定，建造师经注册后，有权以建造师名义担任建设工程项目施工的项目经理及从事其他施工活动的管理。《注册建造师管理规定》进一步规定，注册建造师享有下列权利：

(1) 使用注册建造师名称。

(2) 在规定范围内从事执业活动。

(3) 在本人执业活动中形成的文件上签字并加盖执业印章。

(4) 保管和使用本人注册证书、执业印章。

(5) 对本人执业活动进行解释和辩护。

(6) 接受继续教育。

(7) 获得相应的劳动报酬。

(8) 对侵犯本人权利的行为进行申述。

建设工程施工活动中形成的有关工程施工管理文件，应当由注册建造师签字并加盖执业印章。施工单位签署质量合格的文件上，必须有注册建造师的签字盖章。担任建设工程施工项目负责人的注册建造师，应当按原建设部《关于印发<注册建造师施工管理签章文件目录>(试行)的通知》要求，在建设工程施工管理相关文件上签字并加盖执业印章，签章文件作为工程竣工备案的依据。只有注册建造师签章完整的工程施工管理文件方为有效。注册建造师有权拒绝在不合格或者有弄虚作假内容的建设工程施工管理文件上签字并加盖执业印章。建设工程合同包含多个专业工程的，担任施工项目负责人的注册建造师，负责该工程施工管理文件签章。专业工程独立发包时，注册建造师执业范围涵盖该专业工程的，可担任该专业工程施工项目负责人。分包工程施工管理文件应当由分包企业注册建造师签章。分包企业签署质量合格的文件上，必须由担任总包项目负责人的注册建造师签章。

修改注册建造师签字并加盖执业印章的工程施工管理文件，应当征得所在企业同意后由注册建造师本人进行修改；注册建造师本人不能进行修改的，应当由企业指定同等资格条件的注册建造师修改，并由其签字并加盖执业印章。

2. 建造师的基本义务

《建造师执业资格制度暂行规定》规定，建造师在工作中，必须严格遵守法律、法规和行业管理的各项规定，恪守职业道德。建造师必须接受继续教育，更新知识，不断提高业务水平。

《注册建造师管理规定》规定，注册建造师应当履行下列义务：

(1) 遵守法律、法规和有关管理规定，恪守职业道德。

(2) 执行技术标准、规范和规程。

(3) 保证执业的质量，并承担相应责任。

(4) 继续接受教育，努力提高执业水准。

(5) 保守在执业中知悉的国家秘密和他人的商业、技术等秘密。

(6) 与当事人有利害关系的，应当主动回避。

(7) 协助注册管理机关完成相关工作。

注册建造师不得有下列行为：

(1) 不履行注册建造师义务。

(2) 在执业过程中，索贿、受贿或者谋取合同约定费用外的其他利益。

(3) 在执业过程中实施商业贿赂。

(4) 签署有虚假记载等不合格的文件。

(5) 允许他人以自己的名义从事执业活动。

(6) 同时在两个或者两个以上单位受聘或者执业。

(7) 涂改、倒卖、出租、出借、复制或以其他形式非法转让资格证书、注册证书和执业印章。

(8) 超出执业范围和聘用单位业务范围内从事执业活动。

(9) 法律、法规、规章禁止的其他行为。

《注册建造师执业管理办法(试行)》还规定，注册建造师不得有下列行为：

(1) 不按设计图纸施工。

(2) 使用不合格建筑材料。

(3) 使用不合格设备、建筑构配件。

(4) 违反工程质量、安全、环保和用工方面的规定。

(5) 在执业过程中，索贿、行贿、受贿或者谋取合同约定费用外的其他不法利益。

(6) 签署有虚假记载等不合格的文件。

(7) 以他人名义或允许他人以自己的名义从事执业活动。

(8) 同时在两个或者两个以上企业受聘并执业。

(9) 超出执业范围和聘用企业业务范围从事执业活动。

(10) 未变更注册单位，而在另一家企业从事执业活动。

(11) 所负责工程未办理竣工验收或移交手续前，变更注册到另一企业。

(12) 伪造、涂改、倒卖、出租、出借或以其他形式非法转让资格证书、注册证书和执业印章。

(13) 不履行注册建造师义务和法律、法规、规章禁止的其他行为。

担任建设工程施工项目负责人的注册建造师在执业过程中，应当及时、独立完成建设工程施工管理文件签章，无正当理由不得拒绝在文件上签字并加盖执业印章。担任施工项目负责人的注册建造师应当按照国家法律法规、工程建设强制性标准组织施工，保证工程施工符合国家有关质量、安全、环保、节能等有关规定。担任施工项目负责人的注册建造师，应当按照国家劳动用工有关规定，规范项目劳动用工管理，切实保障劳务人员合法权益。担任建设工程施工项目负责人的注册建造师对其签署的工程管理文件承担相应责任。建设工程发生质量、安全、环境事故时，担任该施工项目负责人的注册建造师应当按照有关法律法规规定的事故处理程序及时向企业报告，保护事故现场，不得隐瞒。

(六) 注册机关的监督管理

《注册建造师管理规定》中规定，县级以上人民政府住房和城乡建设主管部门和有关部门履行监督检查职责时，有权采取下列措施：

(1) 要求被检查人员出示注册证书。

(2) 要求被检查人员所在聘用单位提供有关人员签署的文件及相关业务文档。

(3) 就有关问题询问签署文件的人员。

(4) 纠正违反有关法律、法规、本规定及工程标准规范的行为。

有下列情形之一的，注册机关依据职权或者根据利害关系人的请求，可以撤销注册建造师的注册：

(1) 注册机关工作人员滥用职权、玩忽职守作出准予注册许可的。

(2) 超越法定职权作出准予注册许可的。

(3) 违反法定程序作出准予注册许可的。

(4) 对不符合法定条件的申请人颁发注册证书和执业印章的。

(5) 依法可以撤销注册的其他情形。

申请人以欺骗、贿赂等不正当手段获准注册的，应当予以撤销。

《注册建造师执业管理办法(试行)》规定，注册建造师违法从事相关活动的，违法行为发生地县级以上地方人民政府住房和城乡建设主管部门或有关部门应当依法查处，并将违法事实、处理结果告知注册机关；依法应当撤销注册的，应当将违法事实、处理建议及有关材料报注册机关，注册机关或有关部门应当在 7 个工作日内作出处理，并告知行为发生地人民政府住房和城乡建设主管部门或有关部门。注册建造师异地执业的，工程所在地省级人民政府住房和城乡建设主管部门应当将处理建议转交注册建造师注册所在地省级人民政府住房和城乡建设主管部门，注册所在地省级人民政府住房和城乡建设主管部门应当在 14 个工作日内作出处理，并告知工程所在地省级人民政府住房和城乡建设行政主管部门。

(七) 建造师及建造师工作中违法行为应承担的主要法律责任

《注册建造师管理规定》规定，隐瞒有关情况或者提供虚假材料申请注册的，住房和城乡建设主管部门不予受理或者不予注册，并给予警告，申请人 1 年内不得再次申请注册。以欺骗、贿赂等不正当手段取得注册证书的，由注册机关撤销其注册，3 年内不得再次申请注册，并由县级以上地方人民政府住房和城乡建设主管部门处以罚款。其中没有违法所得的，处以 1 万元以下的罚款；有违法所得的，处以违法所得 3 倍以下且不超过 3 万元的罚款。聘用单位为申请人提供虚假注册材料的，由县级以上地方人民政府住房和城乡建设主管部门或者其他有关部门给予警告，责令限期改正；逾期未改正的，可处以 1 万元以上 3 万元以下的罚款。

《注册建造师管理规定》中规定，未取得注册证书和执业印章，担任大中型建设工程项目施工单位项目负责人，或者以注册建造师的名义从事相关活动的，其所签署的工程文件无效，由县级以上地方人民政府住房和城乡建设主管部门或者其他有关部门给予警告，责令停止违法活动，并可处以 1 万元以上 3 万元以下的罚款。未办理变更注册而继续执业的，由县级以上地方人民政府住房和城乡建设主管部门或者其他有关部门责令限期改正；逾期不改正的，可处以 5000 元以下的罚款。

《注册建造师管理规定》中规定，注册建造师在执业活动中有下列行为之一的，由县级以上地方人民政府住房和城乡建设主管部门或者其他有关部门给予警告，责令改正，没有违法所得的，处以 1 万元以下的罚款；有违法所得的，处以违法所得 3 倍以下且不超过 3 万元的罚款：

(1) 不履行注册建造师义务。

(2) 在执业过程中，索贿、受贿或者谋取合同约定费用外的其他利益。

(3) 在执业过程中实施商业贿赂。

(4) 签署有虚假记载等不合格的文件。

(5) 允许他人以自己的名义从事执业活动。

(6) 同时在两个或者两个以上单位受聘或者执业。

(7) 涂改、倒卖、出租、出借或以其他形式非法转让资格证书、注册证书和执业印章。

(8) 超出执业范围和聘用单位业务范围从事执业活动。

(9) 法律、法规、规章禁止的其他行为。

《注册建造师管理规定》中规定，注册建造师或者其聘用单位未按照要求提供注册建造师信用档案信息的，由县级以上地方人民政府住房和城乡建设主管部门或者其他有关部门责令限期改正；逾期未改正的，可处以 1000 元以上 1 万元以下的罚款。

《注册建造师管理规定》中规定，县级以上人民政府住房和城乡建设主管部门及其工作人员，在注册建造师管理工作中，有下列情形之一的，由其上级行政机关或者监察机关责令改正，对直接负责的主管人员和其他直接责任人员依法给予处分；构成犯罪的，依法追究刑事责任：

(1) 对不符合法定条件的申请人准予注册的。

(2) 对符合法定条件的申请人不予注册或者不在法定期限内作出准予注册决定的。

(3) 对符合法定条件的申请不予受理或者未在法定期限内初审完毕的。

(4) 利用职务上的便利，收受他人财物或者其他好处的。

(5) 不依法履行监督管理职责或者监督不力，造成严重后果的。

　　《建设工程质量管理条例》规定,违反本条例规定,注册建筑师、注册结构工程师、监理工程师等注册执业人员因过错造成质量事故的,责令停止执业 1 年;造成重大质量事故的,吊销执业资格证书,5 年以内不予注册;情节特别恶劣的,终身不予注册。

二、注册造价工程师执业资格制度

1. 注册造价工程师的概念

　　注册造价工程师是指通过全国造价工程师执业资格统一考试或者资格认定、资格互认,取得中华人民共和国造价工程师执业资格(以下简称执业资格),并按照《注册造价工程师管理办法》注册,取得中华人民共和国造价工程师注册执业证书(以下简称注册证书)和执业印章,从事工程造价活动的专业人员。

　　全国造价工程师执业资格考试由中华人民共和国住房和城乡建设部与人力资源和社会保障部共同组织,考试每年举行一次,造价工程师执业资格考试实行全国统一大纲、统一命题、统一组织的办法。原则上每年举行一次,只在省会城市设立考点。考试采用滚动管理,共设 4 个科目,单科滚动周期为 2 年。

　　国家在工程造价领域实施造价工程师执业资格制度。凡从事工程建设活动的建设、设计、施工、工程造价咨询、工程造价管理等单位和部门,必须在计价、评估、审查(核)、控制及管理等岗位配有具有造价工程师执业资格的专业技术人员。

2. 注册造价工程师执业范围

　　《注册造价工程师管理办法》规定,注册造价工程师执业范围包括:

　　(1) 建设项目建议书、可行性研究投资估算的编制和审核,项目经济评价,工程概、预、结算,竣工结(决)算的编制和审核。

　　(2) 工程量清单、标底(或者招标控制价)、投标报价的编制和审核,工程合同价款的签订及变更、调整,工程款支付与工程索赔费用的计算。

　　(3) 建设项目管理过程中设计方案的优化、限额设计等工程造价分析与控制,工程保险理赔的核查。

　　(4) 工程经济纠纷的鉴定。

三、工程施工现场人员岗位资格管理

1. 项目经理的概念

　　施工企业项目经理是指受企业法定代表人的委托,对工程项目施工过程全面负责的项目管理者,是建筑施工企业法定代表人在工程项目上的代表人。项目经理岗位是保证工程项目建设质量、安全、工期的重要岗位。项目经理责任制是我国施工管理体制上一个重大的改革,建造师执业资格制度建立以后,仍然要坚持落实项目经理岗位责任制。大中型工程项目的项目经理必须由取得建造师执业资格的建造师担任。注册建造师资格是担任大中型工程项目经理的一项必要条件,是国家的强制性要求。

2. 项目经理岗位职责

　　(1) 项目经理是施工企业法人代表在工程项目上的全权委托代理人,独立承担项目的决策、质量、进度、安全责任。

(2) 负责项目部全面工作，按施工组织设计，精心施工，实现工程利润、成本、工期、质量目标。

(3) 会同各职能部门对工程材料、设备进行计划、采购、供应、使用和管理，控制工程成本，均衡材料占用资金比例，贯彻材料管理制度，提交材料消耗报告。

(4) 合理地安排、组织施工，协调技术管理部门，实行全面质量管理，推行"科学管理，质量为先；遵纪守法，关爱环境；以人为本，安全生产；诚信守诺，追求卓越"的方针。同时，推行"向顾客提供一流的产品及服务，对污染环境、危及职工身体健康与安全的危险源进行有效的控制，以达到国家相关法律、法规的要求"的目标，使工程质量达到优良。

(5) 建立以项目经理为首的安全生产领导小组，落实安全生产责任制，监督检查安全工作执行落实情况。亲自主持定期的安全生产例会，协调安全与生产间的矛盾，消除施工中的一切不安全因素。

(6) 管理协调各工种、各施工单位的交叉施工，保持与管理部门的联系，树立企业形象，实行栋号经营核算，实行文明施工。

(7) 管理工地日常事务，考察管理人员工作状况，查处违规、违章、违法行为；团结同志，全心全意为公司利益而服务。

(8) 认真学习国家关于职业健康安全、环境、卫生等方面的法规文件。

3. 关键岗位从业资格管理

我国实行建筑企业关键岗位持证上岗制度，规定凡需在关键岗位工作的人员，必须经过有关部门的培训考试合格后，才能取得相应岗位证书；未取得岗位证书的人员，一律不得在关键岗位工作。目前实施施工现场人员岗位资格的有施工员、质检员、安全员和其他特种作业工种人员。

第五节　建筑工程发包与承包

建筑工程发包、承包，是指经济活动中，作为交易一方的建设单位，将需要完成的建筑工程勘察、设计、施工等工作全部或者其中一部分工作交给交易的另一方勘察、设计、施工单位去完成，并按照双方约定支付报酬的行为。其中，建设单位是以建筑工程所有者的身份委托他人完成勘察、设计、施工、安装等工作并支付报酬的公民、法人或其他组织，是发包人，又称甲方；以建筑工程勘察、设计、施工、安装者的身份向建设单位承包，有义务完成发包人交给的建筑工程勘察、设计、施工、安装等工作，并有权获得报酬的企业是承包人，又称乙方。

一、建筑工程发包与承包的原则

建筑工程发包、承包活动是一项特殊的商品交易活动，同时又是一项重要的法律活动，建筑工程发包与承包应遵循以下原则。

1. 承发包双方依法订立书面合同和全面履行合同义务的原则

这是国际通行的原则。为便于明确各自的权利与义务，减少纷争，《建筑法》和《民法典》都明确规定，建筑工程承包合同的订立应当采用书面形式。包括建筑工程合同的订立、合同条款的变更，均应采用书面形式。全部或者部分使用国有资金投资或者国家融资的建筑工程应当采用国家发布的建设工程示范合同文本。

订立建筑工程合同应当以发包单位发出的招标文件和中标通知书规定的承包范围、工期、质量和价款等实质性内容为依据；非招标工程应当以当事人双方协商达成的一致意见为依据。

承发包双方应根据建筑工程承包合同约定的时间、地点、方式、内容及标准等要求，全面、准确地履行合同义务。一旦发生不按照合同约定履行义务的情况，违约方应依法承担违约责任。

2. 建筑工程发包、承包实行以招标、投标为主，以直接发包为辅的原则

工程发包分为招标发包与直接发包两种形式。招标发包是一种科学先进的发包方式，也是国际通用的形式。《建筑法》规定，建筑工程依法实行招标发包，对不适于招标发包的可以直接发包。《中华人民共和国招标投标法》(以下简称《招标投标法》)已于 2000年 1 月 1 日起开始实施。因此，对于符合该法要求招标范围的建筑工程，必须依照《招标投标法》实行招标发包。招标投标活动，应该遵循公开、公正、公平的原则，择优选择承包单位。

3. 禁止发承包双方采取不正当竞争手段的原则

工程发包单位及其工作人员在建筑工程发包过程中不得收受贿赂、回扣或者索取其他好处。工程承包单位及其工作人员不得利用向发包单位及其工作人员行贿、提供回扣或者给予其他好处等不正当手段承揽工程。

4. 建筑工程确定合同价款的原则

建筑工程合同价款应当按照国家有关规定，由发包单位与承包单位在合同中约定。全部或者部分使用国有资金投资或者国家融资的建设工程，应当按照国家发布的计价规则和标准编制招标文件，进行评标定标，确定工程承包合同价款。

2013 年 12 月 11 日中华人民共和国住房和城乡建设部发布了《建筑工程施工发包与承包计价管理办法》。根据该办法，工程发承包计价包括编制工程量清单、最高投标限价、招标标底、投标报价，进行工程结算，以及签订和调整合同价款等活动，还对以上工程发承包计价的原则以及具体方法作出了详细规定。

二、建筑工程发包与承包的特征

建筑工程发包、承包同计划经济时期建筑工程生产管理及其他相关发包、承包活动相比，主要有以下特征。

1. 发包、承包主体的合法性

建筑工程发包人对建筑工程发包或分包时，要具有发包资格，符合法律规定的发包条件：

(1) 发包主体为独立承担民事责任的法人实体或其他经济组织。

(2) 按照国家有关规定已经履行工程项目审批手续。

(3) 工程建设资金来源已经落实。

(4) 发包方有与发包的建设项目相适应的技术、经济管理人员。

(5) 实行招标的，发包方应当具有编制招标文件和组织开标、评标、定标的能力。

不具备第(4)、(5)项条件的必须委托具有相应资格的建设管理咨询单位等代理。承包人必须是依法取得资质证书，具备法人资格的勘察、设计、施工等单位，并且在其资质等级许可的业务范围内承揽工程。

2. 发包、承包活动内容的特定性

建筑工程发包、承包的内容包括建设项目可行性研究的承发包、工程勘察设计的承发包、建筑材料及设备采购的承发包、工程施工的承发包、工程劳务的承发包、工程项目监理的承发包等。但是在实践中，建筑工程承发包的内容较多的是建筑工程勘察设计、施工的承发包。

3. 发包、承包行政监控的严格性

建筑工程质量安全关系到国家利益、社会利益和广大人民群众的生命财产安全。因此对建筑工程发包和承包的管理、监督和控制，必须严格执法，保障建筑工程发包、承包依法进行；实行工程报建制度，招标、投标制度，建筑工程承包合同制度，并采取其他监督管理措施，以确保建筑工程质量，维护良好的建筑市场秩序。

三、建筑工程发包

建筑工程发包单位必须依照法律、法规规定的发包要求发包建筑工程。

(1) 发包单位应当将建筑工程发包给合格的承包人。《建筑法》规定："实行招标发包的建筑工程，发包人应当将建筑工程发包给依法中标的承包人；实行直接发包的建筑工程，发包人应将建筑工程发包给具有相应资质的承包人。"

(2) 发包单位应当按照合同的约定，及时拨付工程款项。拖欠工程款，是目前建筑市场普遍存在的问题，它不仅严重地影响了企业的生产经营，制约了企业的发展，而且影响了工程建设的顺利进行，制约了投资效益的提高。对此，《建筑法》不仅规范了发包单位拖欠工程款的行为，同时也为施工企业追回拖欠工程款提供了法律依据。

(3) 发包单位及其工作人员不得在发包过程中收受贿赂、回扣或者索取其他好处。根据《建筑法》的规定："发包人应当公平、公正地进行工程发包，不得利用工程发包机会接受承包人提供的贿赂、回扣或者向承包人索取其他好处。"

收受贿赂、回扣或者索取其他好处均属于违法行为。这些违法行为的存在，对于建筑市场的建立极为不利，特别是不利于保证建筑工程的质量与安全，不利于保护国家利益。对此类行为应予以禁止。

(4) 发包单位应当依照法律、法规规定的程序和方式进行公开招标并接受有关行政主管部门的监督。为了确保发包活动符合法律规定，不危害社会公共利益和国家利益，《建筑法》第二十条和第二十一规定，"建筑工程实行公开招标的，发包单位应当依照法律程序和方式，发布招标公告，提供载有招标工程的主要技术要求、主要的合同条款、

评标的标准和方法以及开标、评标、定标的程序等内容的招标文件。开标应当在招标文件规定的时间、地点公开进行。开标后应当按照招标文件规定的评标标准和程序对标书进行评价、比较，在具备相应资质条件的投标者中，择优选定中标者。""建筑招标的开标、评标、定标由建设单位依法组织实施，并接受有关行政主管部门的监督。"

(5) 发包人不得将建筑工程肢解发包。肢解发包是指发包人将应当由一个承包人完成的建筑工程肢解成若干部分分别发包给几个承包人。这种行为会导致建筑工程管理上的混乱，不能保证建筑工程的质量与安全，容易造成建筑工期的延长，增加建设成本。因此，《建筑法》第二十四条规定，禁止发包人将建筑工程肢解发包。

四、建筑工程承包

1. 建筑工程承包单位的资质管理

根据《建筑法》第二十六条的规定："承包建筑工程的单位应当持有依法取得的资质证书，并在其资质等级许可的业务范围内承揽工程。"

所谓资质证书，是指承包建筑工程的单位承包建筑工程所必需的凭证。承包建筑工程的单位，包括建筑施工企业、监理单位、勘察设计单位。因其单位性质和技术、设备不同，其资质等级也不完全一样。级别不同，所从事的业务范围也不完全相同。一般情况下，高资质等级的企业可以从事低资质等级企业的业务，但低资质等级的企业不能从事高资质等级企业的业务。如果低资质等级单位从事高资质等级单位的业务，则会因其不具备从事高资质等级单位的业务的条件，而给承揽的工作带来质量与安全问题。所以，承包建筑工程的单位应当"在其资质等级许可的业务范围内承揽工程"。若违反此项规定，则应当承担法律责任。

《建筑法》第二十六条规定："禁止建筑施工企业超越本企业资质等级许可的业务范围或者以任何形式用其他建筑施工企业的名义承揽工程。禁止建筑施工企业以任何形式允许其他单位或者个人使用本企业的资质证书、营业执照，以本企业的名义承揽工程。"这就要求建筑施工企业不能以借用其他建筑施工企业的资质或者以挂靠等形式以其他建筑施工企业的名义来承揽工程。另外，建筑施工企业也不得出借或出租自己的资质证书、营业执照，不得允许其他建筑施工企业挂靠在自己企业之下。这些规定都是强制性规定，建筑施工企业必须遵守，否则应承担法律责任。

2. 建筑工程的承包方式

在工程承包中，一个建设项目往往有不止一个承包单位。承包单位与建设单位之间，以及不同承包单位之间的关系不同，地位不同，也就形成了不同的承包方式。常见的主要有以下三种：

(1) 总承包方式。一个建设项目建设全过程或其中某个阶段(例如施工阶段)的全部工作，由一个承包单位负责组织实施。这个承包单位可以将若干专业性工作交给不同的专业承包单位去完成，并统一协调和监督他们的工作。在一般情况下，建设单位仅同这个承包单位发生直接关系，而不同各专业承包单位发生直接关系。这样的承包方式叫作总承包。承担这种任务的单位叫作总承包单位，简称总包，通常有咨询设计机构、一般土建公司以及设计施工一体化的大建筑公司等。

总承包目前共有三种方式，第一种叫全过程承包方式，亦称交钥匙工程，即建筑工程的业主单位将工程的全部内容交由总承包单位来负责完成，其中包括工程前期的可行性研究、勘察、设计、监理、施工、设备采购、设备运行、验收、交付使用的全过程都由一个总承包单位完成，总承包单位向业主直接交付钥匙使用。

第二种为设计施工总承包方式，即从建筑工程的设计、勘察、施工到竣工验收为止的总承包。

第三种为常见的分项总承包方式，即业主单位将建筑工程的勘察、设计、施工、设备采购的一项或多项发包给一个承包单位，总承包单位必须在其资质许可的范围内承揽业务，只将施工发包给一个单位的称为施工总承包，目前比较常见。在建筑工程施工总承包中，除主体工程必须由总承包单位自行完成以外，其余专业性较强的分部工程，可在业主的允许下，由总承包单位依法向具有分承包能力的依法取得资质的专业施工企业分发包。

(2) 分承包方式。分承包即由工程总承包单位将其依法取得总承包权的工程项目的某一部分或者几个部分征得业主同意发包给其他具备分承包能力的承包人，并与其签订分包合同的方式。

根据原建设部124号令《房屋建筑和市政基础设施工程施工分包管理办法》的规定，分承包要符合如下规定：

① 建筑工程总承包单位可以将承包工程中的部分工程发包给具有相应资质的分包单位，但主体结构工程不能分包出去，必须由总承包单位自行完成。

② 分包工程承包人必须具有相应的资质，并在其资质等级许可的业务范围内承揽工程，严禁个人承揽分包工程业务。

③ 专业工程分包除在施工总承包合同中有约定外，还必须经建设单位认可。专业分包工程承包人必须自行完成所承包的工程。

④ 劳务作业分包由劳务作业发包人与劳务作业承包人通过劳务合同约定。劳务作业承包人必须自行完成所承包的任务。

⑤ 分包工程发包人和分包工程承包人应当依法签订分包合同，并按照合同履行约定的义务。分包合同必须明确约定支付工程款和劳务工资的时间、结算方式以及保证按期支付的相应措施，确保工程款和劳务工资的支付。分包工程发包人可以就分包合同的履行，要求分包工程承包人提供分包工程履约担保；分包工程承包人在提供担保后，要求分包工程发包人同时提供分包工程付款担保的，分包工程发包人应当提供。

⑥ 分包工程发包人对施工现场的安全负责，并对分包工程承包人的安全生产进行管理。专业分包工程承包人应当将其分包工程的施工组织设计和施工安全方案报分包工程发包人备案，专业分包工程发包人发现事故隐患，应当及时作出处理。分包工程承包人就施工现场的安全向分包工程发包人负责，并应当服从分包工程发包人对施工现场的安全生产管理。

⑦ 建筑工程总承包单位按总承包合同的约定对建设单位负责，分包单位按照分包合同的约定向总承包单位负责，分包工程发包人和分包工程承包人对建设单位承担连带责任。

(3) 建筑工程联合承包方式。联合承包是指由两个以上的单位共同组成非法人联合体，以该联合体的名义承包某项建筑工程的承包方式。

《建筑法》第二十七条规定："大型建筑工程或者结构复杂的建筑工程，可以由两个以上的承包单位联合共同承包。共同承包的各方对承包合同的履行承担连带责任。两个以上不同资质等级的单位实行联合共同承包的，应当按照资质等级低的单位的业务许可范围承揽工程。"

① 联合承包的责任分担。共同承包的各方对承包合同的履行应承担连带责任。所谓连带责任，是指一方不能履行义务时，由另一方来承担责任。连带责任是对他方讲的，对于联合共同承包的内部各方来讲应当根据自己各自的过错承担责任。联合承包既然是共同施工、共同承包、共享利润，相应的风险也必须共担，共负亏损。这样，联合承包才可以既能发挥企业优势互补的好处，又能通过连带民事责任的规定加强联合承包各企业的责任感，防患于未然，从而使建筑工程联合承包能健康、活跃地进行和发展。

② 高资质与低资质联合承包。在联合承包过程中，如果企业资质等级不同，要按照资质等级低的企业的业务许可范围来承包工程。这样规定是为了防止低资质等级企业通过联合承包这种形式进行投机行为，确保业主的利益。这一规定是一个义务性规定，联合承包各方应当履行这一义务。

3. 建筑工程承包的行为规范

(1) 建设单位不得直接指定分包工程承包人。任何单位和个人不得对依法实施的分包活动进行干预。

(2) 承包单位及其工作人员不得利用向发包单位及其工作人员行贿、提供回扣或者给予其他好处等不正当手段承揽工程。

(3) 禁止转让、出借企业资质证书或者以其他方式允许他人以本企业名义承揽工程。分包工程发包人没有将其承包的工程进行分包，在施工现场所设项目管理机构的项目负责人、技术负责人、项目核算负责人、质量管理人员、安全管理人员不是工程承包人本单位人员的，视同允许他人以本企业名义承揽工程。

(4) 禁止将承包的工程进行违法分包。违法分包的行为包括：

① 施工总承包合同中未约定，又未经建设单位认可，分包工程发包人将承包工程中的部分专业工程分包给他人的。

② 分包工程发包人将专业工程或者劳务作业分包给不具备相应资质条件的分包工程承包人的。

(5) 禁止建筑工程转包。所谓转包，是指承包单位不行使承包者的管理职能，将所承包的工程完全转手给他人承包的行为。转包的形式有两种：一种是承包单位将其承包的全部建筑工程转包给他人；另一种是承包单位将其承包的全部工程肢解以后以分包的名义发包给他人，即变相地转包。分包工程发包人将工程分包后，未在施工现场设立项目管理机构和派驻相应人员，并未对该工程的施工活动进行组织管理的，视同转包行为。

转包工程容易使建设单位失去对其承包人的控制和监督，造成投机行为，引起建筑工程质量与安全事故等，是一种违反双方合同的行为。因此，《建筑法》第二十八条明确规定禁止转包工程，禁止以分包名义将工程肢解后分别转包给他人。

4. 建筑工程分包制度

所谓分包，是指从事工程总承包的单位将所承包的建筑工程的一部分依法发包给具有相应资质的承包单位的行为。分包分为专业工程分包和劳务作业分包。

(1) 专业工程分包，是指总承包单位将其所承包工程中的专业工程发包给具有相应资质的其他承包单位完成的活动。

(2) 劳务作业分包，是指施工总承包企业或者专业承包企业将其承包工程中的劳务作业发包给劳务分包企业完成的活动。

第四章　建筑工程招标投标法规

第一节　建设工程招标

建设工程招标是指建设单位(业主)就拟建的工程发布通告,用法定方式吸引建设项目的承包单位参加竞争,进而通过法定程序从中选择条件优越者来完成工程建设任务的一种法律行为。

建设工程招标人主要是指勘察设计单位,施工企业,建筑装饰装修企业,工程材料设备供应(采购)单位,工程总承包单位及工程咨询、监理单位等。

一、建设工程招标的范围与标准

1. 建设工程必须招标的项目范围

根据《中华人民共和国招标投标法》(简称《招标投标法》)和 2018 年 6 月 1 日起施行《必须招标的工程项目规定》的规定,在中华人民共和国境内进行下列工程建设项目包括项目的勘察、设计、施工、监理以及与工程建设有关的重要设备、材料等的采购,必须进行招标:

(1) 全部或者部分使用国有资金投资或者国家融资的项目,包括:

① 使用预算资金 200 万元人民币以上,并且该资金占投资额 10%以上的项目;

② 使用国有企业事业单位资金,并且该资金占控股或者主导地位的项目。

(2) 使用国际组织或者外国政府贷款、援助资金的项目,包括:

① 使用世界银行、亚洲开发银行等国际组织贷款、援助资金的项目;

② 使用外国政府及其机构贷款、援助资金的项目。

(3) 不属于上述第(1)条和第(2)条规定情形的大型基础设施、公用事业等关系社会公共利益、公众安全的项目,必须招标的具体范围由国务院发展改革部门会同国务院有关部门按照确有必要、严格限定的原则制订,报国务院批准。

(4) 上述第(1)条到第(3)条规定范围内的项目,其勘察、设计、施工、监理以及与工程建设有关的重要设备、材料等的采购达到下列标准之一的,必须招标:

① 施工单项合同估算价在 400 万元人民币以上;

② 重要设备、材料等货物的采购,单项合同估算价在 200 万元人民币以上;

③ 勘察、设计、监理等服务的采购,单项合同估算价在 100 万元人民币以上。

同一项目中可以合并进行的勘察、设计、施工、监理以及与工程建设有关的重要设备、材料等的采购，合同估算价合计达到前款规定标准的，必须招标。

2. 可以不进行招标的建设工程项目

《招标投标法》规定，涉及国家安全、国家秘密，用于抢险救灾或者属于利用扶贫资金实行以工代赈、需要使用农民工等特殊情况，不适宜进行招标的项目，按照国家有关规定可以不进行招标。

《中华人民共和国招标投标法实施条例》(简称《招标投标法实施条例》)进一步规定，除《招标投标法》规定的可以不进行招标的特殊情况外，有下列情形之一的，可以不进行招标：

(1) 需要采用不可替代的专利或者专有技术。

(2) 采购人依法能够自行建设、生产或者提供。

(3) 已通过招标方式选定的特许经营项目投资人依法能够自行建设、生产或者提供。

(4) 需要向原中标人采购工程、货物或者服务，否则将影响施工或者功能配套要求。

(5) 国家规定的其他特殊情形。

另外，对于依法必须招标的具体范围和规模标准以外的建设工程项目，可以不进行招标，采用直接发包的方式。

二、建设工程招标的方式

1. 公开招标

公开招标是指招标人以招标公告的方式邀请不特定的法人或者其他组织投标，也称为无限竞争性招标。采用这种招标方式可以为所有符合条件的承包商提供一个平等竞争的机会，发包方有较大的选择空间，有利于降低工程造价，提高工程质量和缩短工期。但是公开招标可能导致招标人资格预审和评标工作量加大，招标费用增加；同时也使投标人的中标概率降低，从而增加其投标的前期风险。

2. 邀请招标

邀请招标是指招标人以投标邀请书的方式邀请特定的法人或者其他组织投标，也称有限竞争性招标。由于被邀请参加竞争的投标者数量确定，且一般为数不多，因此，采用这种招标方式，不仅可以节省招标费用，而且能提高每个投标者的中标概率，对招标、投标双方都有利。

《招标投标法》规定："招标人采用邀请招标方式的，应当向三个以上具备承担招标项目的能力、资信良好的特定的法人或者其他组织发出投标邀请书"。《工程建设项目施工招标投标办法》规定，依法必须进行公开招标的项目，有下列情形之一的，经批准可以进行邀请招标：

(1) 项目技术复杂或有特殊要求，或者受自然地域环境限制，只有少量潜在投标人可供选择。

(2) 涉及国家安全、国家秘密或者用于抢险救灾的项目，适宜招标，但不宜公开招标。

(3) 采用公开招标方式的费用占项目合同金额的比例过大。

3. 公开招标与邀请招标在招标程序上的主要区别

(1) 招标信息的发布方式不同。公开招标是利用招标公告发布招标信息，而邀请招标则是采用向三家以上具备实施能力的投标人发出投标邀请书，请他们参与投标竞争。

(2) 对投标人资格预审的时间不同。进行公开招标时，由于投标响应者较多，为了保证投标人具备相应的实施能力，以及缩短评标时间，突出投标的竞争性，通常设置资格预审程序。而邀请招标由于竞争范围小，且招标人对邀请对象的能力有所了解，不需要再进行资格预审，但评标阶段还要对各投标人的资格和能力进行审查和比较，通常称为"资格后审"。

(3) 邀请的对象不同。邀请招标邀请的是特定的法人或者其他组织，而公开招标则是向不特定的法人或者其他组织邀请投标。

三、建设工程招标的基本程序

《招标投标法》规定，招标投标活动应当遵循公开、公平、公正和诚实信用的原则。建设工程招标的基本程序主要包括履行项目审批手续、委托招标代理机构、编制招标文件及标底、发布招标公告或投标邀请书、资格审查、开标、评标、中标和签订合同，以及终止招标等。

(一) 履行项目审批手续

《招标投标法》规定，招标项目按照国家有关规定需要履行项目审批手续的，应当先履行审批手续，取得批准。招标人应当有进行招标项目的相应资金或者资金来源已经落实，并应当在招标文件中如实载明。

《招标投标法实施条例》进一步规定，按照国家有关规定需要履行项目审批、核准手续的依法必须进行招标的项目，其招标范围、招标方式、招标组织形式应当报项目审批、核准部门审批、核准。项目审批、核准部门应当及时将审批、核准确定的招标范围、招标方式、招标组织形式通报有关行政监督部门。

(二) 委托招标代理机构

《招标投标法》规定，招标人具有编制招标文件和组织评标能力的，可以自行办理招标事宜。任何单位和个人不得强制其委托招标代理机构办理招标事宜。依法必须进行招标的项目，招标人自行办理招标事宜的，应当向有关行政监督部门备案。

《招标投标法实施条例》进一步规定，招标人具有编制招标文件和组织评标能力，是指招标人具有与招标项目规模和复杂程度相适应的技术、经济等方面的专业人员。

招标代理机构是依法设立、从事招标代理业务并提供相关服务的社会中介组织。《招标投标法》规定，招标人有权自行选择招标代理机构，委托其办理招标事宜。招标代理机构应当具备下列条件：

(1) 有从事招标代理业务的营业场所和相应资金；

(2) 有能够编制招标文件和组织评标的相应专业力量。

按照《招标投标法实施条例》的规定，招标代理机构在招标人委托的范围内开展招标代理业务，任何单位和个人不得非法干涉。招标代理机构不得在所代理的招标项目中投标或者代理投标，也不得为所代理的招标项目的投标人提供咨询。

(三) 编制招标文件及招标控制价

1. 编制招标文件

《招标投标法》规定，招标人应当根据招标项目的特点和需要编制招标文件。招标文件应当包括招标项目的技术要求、对投标人资格审查的标准、投标报价要求和评标标准等所有实质性要求和条件以及拟签订合同的主要条款。国家对招标项目的技术、标准有规定的，招标人应当按照其规定在招标文件中提出相应要求。招标文件一般包括下列内容：

(1) 投标邀请书；

(2) 投标人须知；

(3) 合同主要条款；

(4) 投标文件格式；

(5) 采用工程量清单招标的，应当提供工程量清单；

(6) 技术条款；

(7) 设计图纸；

(8) 评标标准和方法；

(9) 投标辅助材料。

招标文件不得要求或者标明特定的生产供应者以及含有倾向或者排斥潜在投标人的其他内容。招标人对已发出的招标文件进行必要的澄清或者修改的，应当在招标文件要求提交投标文件截止时间至少15日前，以书面形式通知所有招标文件收受人。该澄清或者修改的内容为招标文件的组成部分。

招标人应当确定投标人编制投标文件所需要的合理时间；但是，依法必须进行招标的项目，自招标文件开始发出之日起至投标人提交投标文件截止之日，最短不得少于20日。

《招标投标法实施条例》进一步规定，招标人可以对已发出的资格预审文件或者招标文件进行必要的澄清或者修改。澄清或者修改的内容可能影响资格预审申请文件或者投标文件编制的，招标人应当在提交资格预审申请文件截止时间至少3日前，或者投标截止时间至少15日前，以书面形式通知所有获取资格预审文件或者招标文件的潜在投标人；不足3日或者15日的，招标人应当顺延提交资格预审申请文件或者投标文件的截止时间。

招标人对招标项目划分标段的，应当遵守《招标投标法》的有关规定，不得利用划分标段限制或者排斥潜在投标人。依法必须进行招标的项目的招标人不得利用划分标段规避招标。招标人应当在招标文件中载明投标有效期。投标有效期从提交投标文件的截止之日起算。

2. 编制招标控制价

招标控制价是招标人根据国家或省级、行业建设主管部门颁发的有关计价依据和办法，按照设计施工图纸的计算，对招标工程限定的最高工程造价。

(1) 招标控制价的计价依据。

① 《建设工程工程量清单计价规范》(GB 50500—2013)。

② 国家或省级、行业建设行政主管部门颁发的计价定额和计价办法。

③ 建设工程设计文件及相关资料。

④ 拟定的招标文件及招标工程量清单。

⑤ 与项目相关的标准、规范、技术资料。

⑥ 施工现场情况、工程特点及常规施工方案。

⑦ 工程造价管理机构发布的工程造价信息,如工程造价信息没有发布,则参照市场价。

⑧ 其他相关资料。

(2) 招标控制价的编制内容。招标控制价的编制内容包括分部分项工程费、措施项目费、其他项目费、规费和税金,各个部分有不同的计价要求。

① 分部分项工程费的编制要求:

A. 分部分项工程费应根据招标文件中的分部分项工程量清单及有关要求,按《建设工程工程量清单计价规范》的有关规定确定综合单价计价。这里所说的综合单价,是指完成一个规定计量单位的分部分项工程量清单项目(或措施清单项目)所需的人工费、材料费、施工机械使用费和企业管理费与利润,以及一定范围内的风险费用。

B. 工程量依据招标文件中提供的分部分项工程量清单确定。

C. 招标文件提供了暂估单价的材料,应按暂估的单价计入综合单价。

D. 为使招标控制价与投标报价所包含的内容一致,综合单价中应包括招标文件中要求投标人承担的风险内容及其范围(幅度)产生的风险费用。

② 措施项目费的编制要求:

A. 措施项目费中的安全文明施工费应当按照国家或省级、行业建设行政主管部门的规定标准计价。

B. 措施项目应按招标文件中提供的措施项目清单确定,措施项目采用分部分项工程综合单价形式进行计价的工程量,应按措施项目清单中的工程量,并按与分部分项工程工程量清单单价相同的方式确定综合单价;以"项"为单位的方式计价的,依有关规定按综合价格计算,包括除规费、税金以外的全部费用。

③ 其他项目费的编制要求:

A. 暂列金额。暂列金额可根据工程的复杂程度、设计深度、工程环境条件(包括地质、水文、气候条件等)进行估算,一般以分部分项工程费的 10%～15% 作为参考。

B. 暂估价。暂估价中的材料单价应按照工程造价管理机构发布的工程造价信息中的材料单价计算,工程造价信息未发布的材料单价,其单价参考市场价格估算;暂估价中的专业工程暂估价应分不同专业,按有关计价规定估算。

C. 计日工。在编制招标控制价时,对计日工中的人工单价和施工机械台班单价应按省级、行业建设行政主管部门或其授权的工程造价管理机构公布的单价计算;材料应按工程造价管理机构发布的工程造价信息中的材料单价计算,工程造价信息未发布材料单价的材料,其价格应按市场调查确定的单价计算。

D. 总承包服务费。总承包服务费应按照省级或行业建设行政主管部门的规定计算。

潜在投标人或者其他利害关系人对招标文件有异议的,应当在投标截止时间 10 日前提出。招标人应当自收到异议之日起 3 日内作出答复;作出答复前,应当暂停招标、投标活动。招标人编制招标文件的内容违反法律、行政法规的强制性规定,违反公开、公平、公正和诚实信用原则,影响潜在投标人投标的,依法必须进行招标的项目的招标人应当在修改招标文件后重新招标。

(四) 发布招标公告或投标邀请书

《招标投标法》规定,招标人采用公开招标方式的,应当发布招标公告。招标公告应当载明招标人的名称和地址,招标项目的性质、数量、实施地点和时间以及获取招标文件的办法等事项。

招标人采用邀请招标方式的,应当向三个以上具备承担招标项目的能力、资信良好的特定的法人或者其他组织发出投标邀请书。投标邀请书也应当载明招标人的名称和地址,招标项目的性质、数量、实施地点和时间以及获取招标文件的办法等事项。

招标人可以根据招标项目本身的要求,在招标公告或者投标邀请书中,要求潜在投标人提供有关资质证明文件和业绩情况,并对潜在投标人进行资格审查。招标人不得以不合理的条件限制或者排斥潜在投标人,不得对潜在投标人实行歧视待遇。

招标人不得向他人透露已获取招标文件的潜在投标人的名称、数量以及可能影响公平竞争的有关招标投标的其他情况。招标人设有标底的,标底必须保密。招标人根据招标项目的具体情况,可以组织潜在投标人踏勘项目现场。

《招标投标法实施条例》进一步规定,招标人应当按照资格预审公告、招标公告或者投标邀请书规定的时间、地点发售资格预审文件或者招标文件。资格预审文件或者招标文件的发售期不得少于 5 日。招标人发售资格预审文件、招标文件收取的费用应当限于补偿印刷、邮寄的成本支出,不得以营利为目的。

(五) 资格审查

招标人可以根据招标项目本身的特点和需要,要求潜在投标人或者投标人提供满足其资格要求的文件,对潜在投标人或者投标人进行资格审查;法律、行政法规对潜在投标人或者投标人的资格条件有规定的,依照其规定。

1. 资格审查的类型

资格审查可分为资格预审和资格后审两种类型。

(1) 资格预审。资格预审是指在投标前对潜在投标人进行的资格审查。采取资格预审的,招标人应当发布资格预审公告、编制资格预审文件,资格预审应当按照资格预审文件载明的标准和方法进行。国有资金占控股或者主导地位的、依法必须进行招标的项目,招标人应当组建资格审查委员会审查资格预审申请文件。资格预审结束后,招标人应当及时向资格预审申请人发出资格预审结果通知书。未通过资格预审的申请人不具有投标资格。

通过资格预审的申请人少于 3 个的,应当重新招标。

(2) 资格后审。资格后审是指在开标后对投标人进行的资格审查。进行资格预审的,一般不再进行资格后审,但招标文件另有规定的除外。招标人采用资格后审办法对投标人进行资格审查的，应当在开标后由评标委员会按照招标文件规定的标准和方法对投标人的资格进行审查。经资格后审不合格的投标人的投标应作废标处理。

2. 资格审查的内容

资格审查应主要审查潜在投标人或者投标人是否符合下列条件：

(1) 具有独立订立合同的权利；

(2) 具有履行合同的能力，包括专业、技术资格和能力，资金、设备和其他物质设施状况，管理能力，经验、信誉和相应的从业人员；

(3) 没有处于被责令停业，投标资格被取消，财产被接管、冻结，破产状态；

(4) 在最近 3 年内没有骗取中标和严重违约及重大工程质量问题；

(5) 法律、行政法规规定的其他资格条件。

资格审查时，招标人不得以不合理的条件限制、排斥潜在投标人或者投标人，不得对潜在投保人或者投标人实行歧视待遇。任何单位和个人不得以行政手段或者其他不合理方式限制投标人的数量。

四、招标活动中的禁止性规定

《招标投标法》规定，依法必须进行招标的项目，其招标投标活动不受地区或者部门的限制。任何单位和个人不得违法限制或者排斥本地区、本系统以外的法人或者其他组织参加投标，不得以任何方式非法干涉招标投标活动。

《招标投标法实施条例》进一步规定，招标人不得以不合理的条件限制、排斥潜在投标人或者投标人。招标人有下列行为之一的，属于以不合理条件限制、排斥潜在投标人或者投标人：

(1) 就同一招标项目向潜在投标人或者投标人提供有差别的项目信息；

(2) 设定的资格、技术、商务条件与招标项目的具体特点和实际需要不相适应或者与合同履行无关；

(3) 依法必须进行招标的项目以特定行政区域或者特定行业的业绩、奖项作为加分条件或者中标条件；

(4) 对潜在投标人或者投标人采取不同的资格审查或者评标标准；

(5) 限定或者指定特定的专利、商标、品牌、原产地或者供应商；

(6) 依法必须进行招标的项目非法限定潜在投标人或者投标人的所有制形式或者组织形式；

(7) 以其他不合理条件限制、排斥潜在投标人或者投标人。

招标人不得组织单个或者部分潜在投标人踏勘项目现场。

第二节 建设工程投标

建设工程投标是指经过审查获得投标资格的建设承包单位按照招标文件的要求，在规定的时间内向招标单位填报投标书并争取中标的法律行为。

一、投标人

1. 投标人的概念

《招标投标法》规定："投标人是响应招标、参加投标竞争的法人或其他组织。投标人应当具备承担招标项目的能力；国家有关规定对投标人资格条件或者招标文件对投标人资格条件有规定的，投标人应当具备规定的资格条件"。

《招标投标实施条例》进一步规定，投标人参加依法必须进行招标的项目的投标，不受地区或者部门的限制，任何单位和个人不得非法干涉。

与招标人存在利害关系、可能影响招标公正性的法人、其他组织或者个人，不得参加投标。单位负责人为同一人或者存在控股、管理关系的不同单位，不得参加同一标段投标或者未划分标段的同一招标项目投标。违反以上规定的，相关投标均无效。

投标人发生合并、分立、破产等重大变化的，应当及时书面告知招标人。投标人不再具备资格预审文件、招标文件规定的资格条件或者其投标影响招标公正性的，其投标无效。

2. 投标人的资格要求

(1) 投标人应当具备承担招标项目的能力；

(2) 国家有关规定对投标人资格条件或者招标文件对投标人资格条件有规定的，投标人应当具备规定的资格条件。

3. 联合体投标

(1) 联合体投标的概念。联合体投标是指两个以上法人或者其他组织可以组成一个联合体，以一个投标人的身份共同投标。

(2) 联合体投标的条件。联合体各方均应当具备承担招标项目的相应能力，国家有关规定或者招标文件对投标人资格条件有规定的，联合体各方均应当具备规定的相应资格条件。

由同一专业的单位组成的联合体，按照资质等级较低的单位确定资质等级。

(3) 联合体各方的关系。联合体各方应当签订共同投标协议，明确约定各方拟承担的工作和责任，并将共同投标协议连同投标文件一并提交招标人。

联合体中标的，联合体各方应当共同与招标人签订合同，就中标项目向招标人承担连带责任。招标人不得强制投标人组成联合体共同投标，不得限制投标人之间的竞争。

(4) 联合体投标的限制。招标人应当在资格预审公告、招标公告或者投标邀请书中载明是否接受联合体投标。

招标人接受联合体投标并进行资格预审的，联合体应当在提交资格预审申请文件前组成。资格预审后联合体增减、更换成员的，其投标无效。联合体各方在同一招标项目中以自己的名义单独投标或者参加其他联合体投标的，相关投标均无效。

二、建设工程投标程序

(1) 申请投标。参加投标的企业，应按照招标公告(或投标邀请书)中规定的时间、地点报送申请书，供招标人进行资格审查。申请书的内容一般应包括：

① 企业的名称、地址、法定代表人姓名及开户银行和账号。

② 企业的营业执照和资质等级证书。

③ 企业简况。

④ 招标公告要求的其他内容。

(2) 领取招标文件，缴纳投标保证金。招标人可以在招标文件中要求投标人提交投标保证金。投标保证金除现金外，可以是银行出具的银行保函、保兑支票、银行汇票或现金支票；投标保证金一般不得超过投标总价的 2%，但最高不得超过 80 万元人民币；投标保证金有效期应当超出投标有效期 30 天。

投标人应当按照招标文件要求的方式和金额，将投标保证金随投标文件提交给招标人。

若不按招标文件的要求提交投标保证金，则该投标文件将被拒绝，作废标处理。

(3) 研究招标文件，收集与分析投标信息，确定投标策略。

① 研究招标文件。研究招标文件的着重点，通常有以下几方面：

A. 研究工程综合说明，借以获得对工程全貌的轮廓性了解。

B. 熟悉并详细研究设计图纸和规范(技术说明)，目的在于弄清工程的技术细节和具体要求，使制订施工方案和报价有确切的依据。为此，要详细了解设计规定的各部位做法和对材料品种规格的要求；对整个建筑物及其各部件的尺寸，各种图纸之间的关系(建筑图与结构图，平面、立面与剖面图，设备图与建筑图、结构图的关系等)都要吃透，发现不清楚或互相矛盾之处，要提请招标单位解释或订正。

C. 研究合同主要条款，明确中标后应承担的义务和责任及应享有的权利，重点是承包方式，开竣工时间及工期奖罚，材料供应及价款结算办法，预付款的支付和工程款结算办法，工程变更及停工、窝工损失处理办法等。对于国际招标的工程项目，还应研究支付工程款所用的货币种类、不同货币所占比例及汇率。因为这些因素或者关系到施工方案的安排，或者关系到资金的周转，最终都会反映在标价上，所以都必须认真研究，以减少或避免风险。

D. 熟悉投标须知，明确了解在投标过程中，投标单位应在什么时间做什么事和不允许做什么事，目的在于提高效率，避免造成废标。全面研究了招标文件，对工程本身和招标单位的要求有了基本的了解之后，投标单位才能制订自己的投标工作计划，以争取中标为目标，有秩序地开展工作。

② 投标信息的收集与分析。

在投标竞争中，投标信息是一种非常宝贵的资源，正确、全面、可靠的信息，对于投标决策起着至关重要的作用。投标信息包括影响投标决策的各种主观因素和客观因素，主要有以下几点：

A. 企业技术方面的实力。如投标者是否拥有各类专业技术人才、熟练工人、技术装备以及类似工程经验，来解决工程施工中所遇到的技术难题。

B. 企业经济方面的实力。企业经济方面的实力包括垫付资金的能力、购买项目所需新的大型机械设备的能力、支付施工用款的周转资金的多少、支付各种担保费用以及办理纳税和保险的能力等。

C. 管理水平。管理水平是指是否拥有足够的管理人才、运转灵活的组织机构、各种完备的规章制度、完善的质量和进度保证体系等。

D. 社会信誉。企业拥有良好的社会信誉，是获取承包合同的重要因素，而社会信誉的建立不是一朝一夕的事，要靠平时的保质、按期完成工程项目来逐步建立。

E. 业主和监理工程师的情况。业主和监理工程师的情况是指业主的合法地位、支付能力及履约信誉情况，监理工程师处理问题的公正性、合理性及是否易于合作等。

F. 项目的社会环境。项目的社会环境是指国家的政治经济形势，建筑市场是否繁荣，竞争激烈程度，与建筑市场或该项目有关的国家的政策、法令、法规、税收制度以及银行贷款利率等方面的情况。

G. 项目的自然条件。项目的自然条件是指项目所在地及其气候、水文、地质等对项目进展和费用有影响的一些因素。

H. 项目的社会经济条件。项目的社会经济条件包括交通运输、原材料及构配件供应、水电供应、工程款的支付、劳动力的供应等各方面条件。

I. 项目的竞争环境。项目的竞争环境包括竞争对手的数量，其实力与自身实力的对比，对方可能采取的竞争策略等。

J. 项目的难易程度。项目的难易程度包括工程的质量要求、施工工艺难度的高低，是否采用了新结构、新材料，是否有特种结构施工，以及工期的紧迫程度等。

(4) 编制投标文件。投标人应根据招标文件的内容和要求编制投标文件，即标书。编制标书时，除满足招标文件的基本要求外，还应包括下列内容：

① 拟派出的项目负责人和主要技术人员的简历。

② 近年来完成工程项目的业绩。

③ 拟用于完成招标项目的机械设备。

④ 保证工程质量、安全、进度的主要技术组织措施。

⑤ 拟在中标后分包的说明。

⑥ 其他，如工程进度，拟开工、竣工的日期等。

(5) 将投标文件盖章、密封后，于指定时间送交至指定地点。招标人收到投标文件后，应当向投标人出具标明签收人和签收时间的凭证，在开标前任何单位和个人不得开启投标文件。在指定时间后送达的投标文件，为无效的投标文件，招标人应当拒收。

另外，投标人在招标文件要求提交投标文件的截止时间前，可以补充、修改、替代或者撤回已提交的投标文件，并书面通知招标人；补充、修改的内容为投标文件的组成部分。

在截止时间后，补充、修改、替代投标文件的，招标人不予接受；投标人撤回投标文件的，其投标保证金将被没收。

三、投标文件的编制要求

(一) 投标文件的内容要求

《招标投标法》规定，投标人应当按照招标文件的要求编制投标文件。投标文件应当对招标文件提出的实质性要求和条件作出响应。招标项目属于建设施工的，投标文件的内容应当包括拟派出的项目负责人与主要技术人员的简历、业绩和拟用于完成招标项目的机械设备等。

投标文件应包括下列内容：

(1) 投标函及投标函附录。

(2) 法定代表人身份证明或附有法定代表人身份证明的授权委托书。

(3) 联合体协议书。

(4) 投标保证金。

(5) 已标价工程量清单。

(6) 施工组织设计。

(7) 项目管理机构。

(8) 拟分包项目情况表。

(9) 资格审查资料。

(10) 投标人须知前附表规定的其他资料。

但是，投标人须知前附表规定不接受联合体投标的，或投标人没有组成联合体的，投标文件不包括联合体协议书。

《建筑工程施工发包与承包计价管理办法》中规定，投标报价不得低于工程成本，不得高于最高报价限价。投标报价应当依据工程量清单、工程计价的有关规定、企业定额和市场价格信息等编制。

(二) 投标文件的修改与撤回

《招标投标法》规定，投标人在招标文件要求提交投标文件的截止时间前，可以补充、修改或者撤回已提交的投标文件，并书面通知招标人。补充、修改的内容为投标文件的组成部分。

《招标投标法实施条例》进一步规定，投标人撤回已提交的投标文件，应当在投标截止时间前书面通知招标人。

(三) 投标文件的送达与签收

《招标投标法》规定，投标人应当在招标文件要求提交投标文件的截止时间前，将投标文件送达投标地点。招标人收到投标文件后，应当签收保存，不得开启。投标人少于 3 个的，招标人应当依法重新招标。在招标文件要求提交投标文件的截止时间后送达的投标文件，招标人应当拒收。

《招标投标法实施条例》进一步规定，未通过资格预审的申请人提交的投标文件，以及逾期送达或者不按照招标文件要求密封的投标文件，招标人应当拒收。招标人应当如实记载投标文件的送达时间和密封情况，并存档备查。

四、投标人的法律禁止性规定

1. 禁止投标人之间串通投标

根据《招标投标法实施条例》的规定，禁止投标人相互串通投标。有下列情形之一的，属于投标人相互串通投标：

(1) 投标人之间协商投标报价等投标文件的实质性内容。

(2) 投标人之间约定中标人。

(3) 投标人之间约定部分投标人放弃投标或者中标。

(4) 属于同一集团、协会、商会等组织成员的投标人按照该组织的要求协同投标。

(5) 投标人之间为谋取中标或者排斥特定投标人而采取的其他联合行动。

有下列情形之一的，视为投标人相互串通投标：

(1) 不同投标人的投标文件由同一单位或者个人编制。

(2) 不同投标人委托同一单位或者个人办理投标事宜。

(3) 不同投标人的投标文件载明的项目管理成员为同一人。

(4) 不同投标人的投标文件异常一致或者投标报价呈规律性差异。

(5) 不同投标人的投标文件相互混装。

(6) 不同投标人的投标保证金从同一单位或者个人的账户转出。

2. 禁止投标人与招标人串通投标

《招标投标法》规定，投标人不得与招标人串通投标，损害国家利益、社会公共利益或者他人的合法权益。

根据《招标投标法实施条例》，有下列情形之一的，属于招标人与投标人串通投标：

(1) 招标人在开标前开启投标文件并将有关信息泄露给其他投标人。

(2) 招标人直接或者间接向投标人泄露标底、评标委员会成员等信息。

(3) 招标人明示或者暗示投标人压低或者抬高投标报价。

(4) 招标人授意投标人撤换、修改投标文件。

(5) 招标人明示或者暗示投标人为特定投标人中标提供方便。

(6) 招标人与投标人为谋求特定投标人中标而采取的其他串通行为。

3. 投标人不得以行贿的手段谋取中标

《招标投标法实施条例》规定，投标人有下列情形之一的，属于《招标投标法》第三十三条规定的以其他方式弄虚作假的行为：

(1) 使用伪造、变造的许可证件。

(2) 提供虚假的财务状况或者业绩。

(3) 提供虚假的项目负责人或者主要技术人员简历、劳动关系证明。

(4) 提供虚假的信用状况。

(5) 其他弄虚作假的行为。

4. 投标人不得以低于成本的报价竞标

《招标投标法》第三十三条规定："投标人不得以低于成本的报价竞标，也不得以他人名义投标或者以其他方式弄虚作假，骗取中标"。投标人以低于成本的报价竞标，其主要目的是排挤其他对手。投标者企图通过低于成本的价格，满足招标人最低价中标的目的以争取中标，从而达到占领市场和扩大市场份额的目的。这里的"成本"应指每个投标人的自身成本(通常依据企业内部定额测算得出)。投标人的报价一般由成本、税金和利润三部分组成。

当报价为成本价时，企业利润为零。如果投标人以低于成本的报价竞标，就很难保证工程的质量，各种偷工减料、以次充好等现象也会随之产生。因此，投标人以低于成本的报价竞标的手段是法律所不允许的。

第三节　开标、评标与中标

一、开标

开标是在投标截止之后，招标人按招标文件所规定的时间和地点，开启投标人提交的投标文件，公开宣布投标人的名称、投标价格及投标文件中的其他主要内容的活动。

1. 开标时间

开标应当在招标文件确定的提交投标文件截止时间的同一时间立即进行。法律作出这样的规定，其目的在于：第一，使每一个投标人都能事先知道开标的准确时间，以便届时参加，确保开标过程公开、透明；第二，防止有人利用截止后至开标前的时间对已提交的投标文件做手脚，进行暗箱操作，比如，有些投标人利用这段时间与招标人或招标代理机构串通，对投标文件的实质性内容进行更改等。

《招标投标法实施条例》进一步规定，招标人应当按照招标文件规定的时间、地点开标。投标人少于 3 个的，不得开标；招标人应当重新招标。投标人对开标有异议的，应当在开标现场提出，招标人应当当场作出答复，并制作记录。

2. 开标地点

按照《招标投标法》的规定，开标地点应当是招标文件中预先确定的地点。这样规定的目的在于使所有投标人都能事先知道开标的地点，事先做好充分准备。若开标地点有变，则应按照《招标投标法》的规定，对招标文件作出修改，作为招标文件的补充文件，书面通知每一个提交投标文件的投标人。

如果招标人不公开开标，或者违反开标的时间和地点的规定，投标人或其他利害关系人有权向招标人提出异议或者向有关行政监督部门投诉，甚至可以向法院起诉。

3. 开标主持人与参加人

开标由招标人负责主持。招标人自行办理招标事宜的，自行主持开标；招标人委托招标代理机构办理招标事宜的，可以由招标代理机构按照委托招标合同的约定负责主持开标事宜。

既然公开开标，开标过程就应当对所有投标人和社会公开。招标人应邀请所有投标人的法定代表人或其委托代理人准时参加，确保开标在所有投标人的参与、监督下进行。参加开标是每一位投标人的法定权利，招标人不得以任何理由排斥、限制任何投标人参加开标。当然，投标人既可以参加，也可以不参加。已接到通知却放弃参加开标会的人不得对开标会的有效性提出异议。

4.开标程序

按照惯例，开标应当遵守如下程序：

(1) 宣布开标纪律。

(2) 公布在投标截止时间前递交投标文件的投标人名称，并点名确认投标人是否派人到场。

(3) 宣布开标人、唱标人、记录人、监标人等有关人员的姓名。

(4) 按照投标人须知前附表的规定检查投标文件的密封情况。

(5) 按照投标人须知前附表的规定确定并宣布投标文件开标顺序。

(6) 设有标底的，公布标底。

(7) 按照宣布的开标顺序当众开标，公布投标人名称、标段名称、投标保证金的递交情况、投标报价、质量目标、工期及其他内容，并记录在案。

(8) 投标人代表、招标人代表、监标人、记录人等有关人员在开标记录上签字确认。

(9) 开标结束。

《招标投标法》规定，开标应当在招标文件确定的提交投标文件截止时间的同一时间公开进行；开标地点应当为招标文件中预先确定的地点。

开标由招标人主持，邀请所有投标人参加。开标时，既可以由投标人或者其推选的代表检查投标文件的密封情况，也可以由招标人委托的公证机构检查并公证；经确认无误后，由工作人员当众拆封，宣读投标人名称、投标价格和投标文件的其他主要内容。招标人在招标文件要求提交投标文件的截止时间前收到的所有投标文件，开标时都应当当众予以拆封、宣读。开标过程应当记录，并存档备查。

二、评标

评标是指对投标文件，按照规定的标准和方法，进行评审和比较，从而找出符合法定条件的最佳投标过程。评标是招标投标活动中非常重要的环节，评标的公平、公正与否，决定着整个招标投标活动是否公平、公正，关系到招标人能否获得最佳的投标。

1.评标委员会

(1) 评标委员会的组成。评标委员会由招标人依法组建，负责评标活动，向招标人推荐中标候选人或者根据招标人的授权直接确定中标人。评标委员会成员名单一般应于开标前确定。评标委员会成员的名单在中标结果确定前应当保密。

评标委员会由招标人的代表或其委托的招标代理机构熟悉相关业务的代表，以及有关技术、经济等方面的专家组成，成员人数为5人以上的单数，其中技术、经济等方面的专家不得少于成员总数的2/3。

评标委员会设负责人的，评标委员会负责人由评标委员会成员推举产生或者由招标人确定。评标委员会负责人与评标委员会的其他成员有同等的表决权。

(2) 评标委员会专家的确定。评标委员会专家应当具备以下条件：

① 从事相关领域工作满8年并具有高级职称或者具有同等专业水平；

② 熟悉有关招标投标的法律法规，并具有与招标项目相关的实践经验；

③ 能够认真、公正、诚实、廉洁地履行职责；

④ 身体健康，能够承担评标工作。

评标委员会的专家成员应当从省级以上人民政府有关部门提供的专家名册或招标代理机构的专家名册中确定。

确定评标专家，可以采取随机抽取或者直接确定的方式。一般项目，可以采取随机抽取的方式；技术特别复杂、专业性要求特别高或者国家有特殊要求的招标项目，采取随机抽取方式确定的专家难以胜任的，可以由招标人直接确定。

(3) 评标委员会成员的回避。评标委员会成员有下列情形之一的，不得担任评标委员会成员：

① 招标人或投标人的主要负责人的近亲属；

② 项目主管部门或者行政监督部门的人员；

③ 与投标人有经济利益关系，可能影响对投标的公正评审的；

④ 曾因在招标、评标以及其他与招标投标有关活动中从事违法行为而受过行政处罚或刑事处罚的。

评标委员会成员有前款规定情形之一的，应当主动提出回避。

评标过程中，评标委员会成员有回避事由、擅离职守或者因健康等原因不能继续评标的，应当及时更换。被更换的评标委员会成员作出的评审结论无效，由更换后的评标委员会成员重新进行评审。

2. 评标的标准和评审要求

评标有两个标准：第一，是否能够最大限度地满足招标文件规定的各项综合评价标准；第二，是否能够满足招标文件的实质性要求，且投标价格最低，但是投标价格低于成本的除外。投标人满足上述标准之一的，才可能成为中标人；有下列情形之一的，则按废标处理：

(1) 无单位盖章且无法定代表人或法定代表人授权的代理人签字或盖章的。

(2) 未按规定的格式填写，内容不全或关键字迹模糊、无法辨认的。

(3) 投标人递交两份或多份内容不同的投标文件，或在一份投标文件中对同一招标项目报有两个或多个报价，且未声明哪一个有效的，按招标文件规定提交备选投标方案的除外。

(4) 投标人名称或组织结构与资格预审时不一致的。

(5) 未按招标文件要求提交投标保证金的。

(6) 联合体投标未附联合体各方共同投标协议的。

评审中，评标委员会可以书面方式要求投标人对投标文件中含义不明确、对同类问题表述不一致或者有明显文字和计算错误的内容作必要的澄清、说明或补正。评标委员会不得向投标人提出带有暗示性或诱导性的问题，或向其明确投标文件中的遗漏和错误。

投标文件不响应招标文件的实质性要求和条件的，招标人应当拒绝，并不允许投标人通过修正或撤销其不符合要求的差异或保留，使之成为具有响应性的投标；评标委员会在对实质上响应招标文件要求的投标进行报价评估时，除招标文件另有约定外，应按下述原则进行修正：

(1) 用数字表示的数额与用文字表示的数额不一致时，以用文字表示的数额为准。

(2) 单价与工程量的乘积与总价不一致时，以单价为准。若单价有明显的小数点错位，应以总价为准，并修改单价。

评标委员会完成评标后，应当向招标人提出书面评标报告(评标报告必须由评标委员会全体成员签字)，并推荐合格的中标候选人；中标候选人应当限定在 1～3 人，并标明排列顺序。然后，由招标人在中标候选人中确定中标人，或授权评标委员会直接确定中标人。

评标委员会经评审，认为所有投标都不符合招标文件要求的，可以否决所有投标。对于依法必须进行招标的项目的所有投标都被否决的，招标人应当依法重新招标。

3. 评标方法

评标方法的科学性对于实施平等的竞争，公平合理地选择中标者是极为重要的。评标涉及的因素很多，应在分门别类、有主有次的基础上，结合工程的特点确定科学的评标专法。

根据《评标委员会和评标方法暂行规定》的有关规定，评标应遵守如下法律规定：评标方法一般有经评审的最低投标价法，综合评估法或者法律、法律法规允许的其他评标方法。

(1) 经评审的最低投标价法。经评审的最低投标价法一般适用于具有通用技术，性能标准或者招标人对其技术、性能没有特殊要求的招标项目。

采用经评审的最低投标价法的，评标委员会应当根据招标文件中规定的评标价格调整方法，将所有投标人的投标报价以及投标文件的商务部分作必要的价格调整。

采用经评审的最低投标价法的，中标人的投标应当符合招标文件规定的技术要求和标准，但评标委员会无须对投标文件的技术部分进行价格折算。

采用经评审的最低投标价法的，应当在投标文件能够满足招标文件实质性要求的投标人中，评审出投标价格最低的投标人，但投标价格低于其企业成本的除外。

根据经评审的最低投标价法完成详细评审后，评标委员会应当拟定一份"标价比较表"，连同书面评标报告提交招标人。"标价比较表"应当载明投标人的投标报价、对商务偏差的价格调整和说明以及经评审的最终投标价。

(2) 综合评估法。不宜采用经评审的最低投标价法的招标项目，一般应当采取综合评估法进行评审。采用综合评估法的，应当对投标文件提出的工程质量、施工工期、投标价格、施工组织设计或者施工方案、投标人及项目经理业绩等，能否最大限度地满足招标文件中规定的各项要求和评价标准进行评审和比较。以评分方式进行评估的，对于各种评比奖项不得额外计分。

根据综合评估法完成评标后，评标委员会应当拟定一份"综合评估比较表"，连同书面评标报告提交招标人。"综合评估比较表"应当载明投标人的投标报价、所作的任何修正、对商务偏差的调整、对技术偏差的调整、对各评审因素的评估以及对每一投标的最终评审结果。

4. 评标的程序

评标的目的是根据招标文件中确定的标准和方法，对每个投标商的标书进行评价和比较，以评出投标价最低的投标商。评标必须以招标文件为依据，不得采用招标文件规定以外的标准和方法进行评标，凡是评标中需要考虑的因素都必须写入招标文件之中。

(1) 初步评标。初步评标工作比较简单，但却是非常重要的一步。初步评标的内容包括评价供应商资格是否符合要求，投标文件是否完整、是否按规定方式提交投标保证金、是否基本上符合招标文件的要求，有无计算上的错误等。如果供应商资格不符合规定，或投标文件未作出实质性的反映，都应作为无效投标处理，不得允许投标供应商通过修改投标文件或撤销不合要求的部分而使其投标具有响应性。经初步评标，凡是确定为基本上符合招标文件要求的投标，下一步要核定投标中是否有计算和累计方面的错误。当修改计算错误时，要遵循以下两条原则：如果数字表示的金额与文字表示的金额有出入，要以文字表示的金额为准；如果单价和数量的乘积与总价不一致，要以单价为准。但是，如果采购单位认为有明显的小数点错误，此时要以标书的总价为准，并修改单价。如果投标商不接受根据上述修改方法而调整的投标价，可拒绝其投标并没收其投标保证金。

(2) 详细评标。在完成初步评标以后，下一步就进入详细评定和比较阶段。只有在初评中确定为基本合格的投标，才有资格进入详细评定和比较阶段。具体的评标方法取决于招标文件中的规定，并按评标价的高低，由低到高评定出各投标的排列次序。在评标时，当出现最低评标价远远高于标底或缺乏竞争性等情况时，应废除全部投标。

(3) 编写并上报评标报告。评标工作结束后，采购单位要编写评标报告，上报采购主管部门。评标报告包括以下内容：招标通告刊登的时间；购买招标文件的单位名称；开标日期；投标商名单；投标报价及调整后的价格(包括重大计算错误的修改)；价格评比基础；评标的原则、标准和方法；授标建议。

(4) 资格后审。如果在投标前没有进行资格预审，在评标后则需要对最低评标价的投标商进行资格后审。如果审定结果认为其有资格、有能力承担合同任务，则应其授予合同；如果认为其不符合要求，则应对下一个评标价最低的投标商进行类似的审查。

5. 评标原则

评标只对有效投标进行评审。在建设工程中，评标应遵循以下原则：

(1) 平等竞争，机会均等。制订评标定标办法要对各投标人一视同仁，在评标定标的实际操作和决策过程中，要用一个标准衡量，保证投标人能平等地参加竞争。对投标人来说，在评标定标办法中不存在对某一方有利或不利的条款，在定标结果正式出来之前，中标的机会是均等的，个允许针对某一特定的投标人在某一方面的优势或弱势而在评标定标具体条款中带有倾向性。

(2) 客观公正，科学合理。对投标文件的评价、比较和分析，要客观公正，不以主观好恶为标准，不带成见，真正在投标文件的响应性、技术性、经济性等方面评出客观的差别和优劣。采用的评标定标方法，对评审指标的设置和评分标准的具体划分，都要在充分考虑招标项目的具体特点和招标人的合理意愿的基础上，尽量避免和减少人为因素，做到科学合理。

（3）实事求是，择优定标。对投标文件的评审，要从实际出发，实事求是。评标定标活动既要全面，也要有重点，不能泛泛进行。任何一个招标项目都有自己的具体内容和特点，招标人作为合同的一方主体，对合同的签订和履行负有其他任何单位和个人都无法替代的责任，所以，在其他条件同等的情况下，应该允许招标人选择更符合招标工程特点和自己招标意愿的投标人中标。招标评标办法可根据具体情况，侧重于工期或价格、质量、信誉等一两个招标工程客观上需要照顾的重点，在全面评审的基础上作出合理取舍。这应该说是招标人的一项重要权利，招标投标管理机构对此应予以尊重。但招标的根本目的在于择优，而择优决定了评标定标办法中的突出重点、照顾工程特点和招标人意图，只能是在同等的条件下，针对实际存在的客观因素而不是纯粹招标人主观上的需要，才被允许，才是公正合理的。所以，在实践中，也要注意避免将招标人的主观好恶掺入评标定标办法中，防止影响和损害招标的择优宗旨。

6. 评标报告

评标报告是指评标委员会经过对各投标书评审后向招标人提出的结论性报告，作为定标的主要依据。评标委员会完成评标后，应当向招标人提出书面评标报告，并抄送有关行政监督部门。评标报告应包括以下内容：

（1）基本情况和数据表；

（2）评标委员会成员名单；

（3）开标记录；

（4）符合要求的投标一览表；

（5）废标情况说明；

（6）评标标准、评标方法或者评标因素一览表；

（7）经评审的价格或者评分比较一览表；

（8）经评审的投标人排序；

（9）推荐的中标候选人名单与签订合同前要处理的事宜；

（10）澄清、说明、补正事项纪要。

评标报告由评标委员会全体成员签字，对评标结论持有异议的评标委员会成员可以书面方式阐述其不同意见和理由，评标委员会成员拒绝在评标报告上签字且不陈述不同意见和其理由的，视为同意评标结论，评标委员会应当对此作出书面通知并记录在案。

三、中标

1. 中标候选人

评标完成后，评标委员会应当向招标人提交书面评标报告和中标候选人名单。中标候选人应当不超过 3 个，并标明排序。

评标报告应当由评标委员会全体成员签字。对评标结果有不同意见的评标委员会成员应当以书面形式说明其不同意见和理由，评标报告应当注明该不同意见。评标委员会成员拒绝在评标报告上签字又不书面说明其不同意见和理由的，视为同意评标结果。

依法必须进行招标的项目，招标人应当自收到评标报告之日起 3 日内公示中标候选人，公示期不得少于 3 日。

投标人或者其他利害关系人对依法必须进行招标的项目的评标结果有异议的，应当在中标候选人公示期间提出。招标人应当自收到异议之日起 3 日内作出答复；作出答复前，应当暂停招标投标活动。

国有资金占控股或者主导地位的依法必须进行招标的项目，招标人应当确定排名第一的中标候选人为中标人。排名第一的中标候选人放弃中标、因不可抗力不能履行合同、不按照招标文件的要求提交履约保证金，或者被查实存在影响中标结果的违法行为等情形，不符合中标条件的，招标人可以按照评标委员会提出的中标候选人名单排序依次确定其他中标候选人为中标人，也可以重新招标。

中标候选人的经营、财务状况发生较大变化或者存在违法行为，招标人认为可能影响其履约能力的，应当在发出中标通知书前由原评标委员会按照招标文件规定的标准和方法审查确认。

2. 中标条件

中标人的投标应当符合下列条件之一：

(1) 能够最大限度地满足招标文件中规定的各项综合评价标准；

(2) 能够满足招标文件的实质性要求，并且经评审的投标价格最低，但是投标价格低于成本的除外。

在确定中标人之前，招标人不得与投标人就投标价格、投标方案等实质性内容进行谈判。

3. 中标通知书

中标人确定后，招标人应当向中标人发出中标通知书，并同时将中标结果通知所有未中标的投标人。中标通知书对招标人和中标人具有法律效力。中标通知书发出后，招标方改变中标结果的，或者中标人放弃中标项目的，应当依法承担法律责任。

中标通知书是指招标人在确定中标人后向中标人发出的通知其中标的书面凭证。中标人确定后，招标人应尽快向中标人发出中标通知，包括以电话或电传等快捷方式。中标通知书的内容应当简明扼要，一般只需告知进一步签订合同的时间和地点。

招标投标是以订立合同为目的的民事活动。从《民法典》的意义上讲，招标人发出的招标公告或者投标邀请书，是吸引法人或者其他组织向自己投标的意思表示，属于要约邀请；投标人向招标人送达的投标文件，是投标人希望与招标人就招标项目订立合同的意思表示，属于要约；而招标人向中标的投标人发出的中标通知书，则是招标人同意接受中标的投标人的投标条件，即同意接受该投标人的要约的意思表示，属于承诺。因此，中标通知书发出后产生承诺的法律效力。此法律效力主要是指民事上的法律约束力。按照《民法典》的规定，当事人在订立合同的过程中，因违背诚实信用原则而给对方造成损失的，应当承担赔偿责任。中标通知书产生法律效力后，招标人不得改变中标结果，否则要承担法律责任；而中标人也不得放弃中标项目，否则，招标人将对投标保证金予以没收。也就是说，投标人保证其投标被接受后对其投标书中规定的责任不得撤销或反悔。

第四节　违反招标投标法的法律责任

一、招标人违法行为应承担的法律责任

《招标投标法》规定，必须进行招标的项目而不招标的，将必须进行招标的项目化整为零或者以其他任何方式规避招标的，责令限期改正，可以处项目合同金额 5‰以上 10‰以下的罚款；对全部或者部分使用国有资金的项目，可以暂停项目执行或者暂停资金拨付；对单位直接负责的主管人员和其他直接责任人员依法给予处分。

招标人以不合理的条件限制或者排斥潜在投标人的、对潜在投标人实行歧视待遇的、强制要求投标人组成联合体共同投标的，或者限制投标人之间竞争的，责令改正，可以处 1 万元以上 5 万元以下的罚款。

依法必须进行招标的项目的招标人向他人透露已获取招标文件的潜在投标人的名称、数量或者可能影响公平竞争的有关招标投标的其他情况的，或者泄露标底的，给予警告，可以并处 1 万元以上 10 万元以下的罚款；对单位直接负责的主管人员和其他直接责任人员依法给予处分；构成犯罪的，依法追究刑事责任。上述所列行为影响中标结果的，中标无效。

依法必须进行招标的项目，招标人违反规定，与投标人就投标价格、投标方案等实质性内容进行谈判的，给予警告，对单位直接负责的主管人员和其他直接责任人员依法给予处分。上述所列行为影响中标结果的，中标无效。

招标人在评标委员会依法推荐的中标候选人以外确定中标人的，依法必须进行招标的项目在所有投标被评标委员会否决后自行确定中标人的，中标无效，责令改正，可以处中标项目金额 5‰以上 10‰以下的罚款；对单位直接负责的主管人员和其他直接责任人员依法给予处分。

招标人与中标人不按照招标文件和中标人的投标文件订立合同的，或者招标人、中标人订立背离合同实质性内容的协议的，责令改正，可以处中标项目金额 5‰以上 10‰以下的罚款。

《招标投标法实施条例》规定，招标人有下列限制或者排斥潜在投标人行为之一的，由有关行政监督部门依照《招标投标法》第五十一条的规定处罚(即责令改正，可以处 1 万元以上 5 万元以下的罚款)：

(1) 依法应当公开招标的项目不按照规定在指定媒介发布资格预审公告或者招标公告。

(2) 在不同媒介发布的同一招标项目的资格预审公告或者招标公告的内容不一致，影响潜在投标人申请资格预审或者投标。

依法必须进行招标的项目的招标人不按照规定发布资格预审公告或者招标公告，构成规避招标的，依照《招标投标法》第四十九条的规定处罚(即责令限期改正，可以处项目合同金额 5‰以上 10‰以下的罚款；对全部或者部分使用国有资金的项目，可以暂停

项目执行或者暂停资金拨付；对单位直接负责的主管人员和其他直接责任人员依法给予处分)。

招标人有下列情形之一的，由有关行政监督部门责令改正，可以处 10 万元以下的罚款：

(1) 依法应当公开招标而采用邀请招标。

(2) 招标文件、资格预审文件的发售、澄清、修改的时限，或者确定的提交资格预审申请文件、投标文件的时限不符合《招标投标法》和《招标投标法实施条例》的规定。

(3) 接受未通过资格预审的单位或者个人参加投标。

(4) 接受应当拒收的投标文件。

招标人有以上第(1)、(3)、(4)条所列行为之一的，对单位直接负责的主管人员和其他直接责任人员依法给予处分。

依法必须进行招标的项目的招标人不按照规定组建评标委员会，或者确定、更换评标委员会成员违反《招标投标法》和《招标投标法实施条例》的规定的，由有关行政监督部门责令改正，可以处 10 万元以下的罚款，对单位直接负责的主管人员和其他直接责任人员依法给予处分；违法确定或者更换的评标委员会成员作出的评审结论无效，依法重新进行评审。

招标人超过《招标投标法实施条例》规定的比例收取投标保证金、履约保证金或者不按照规定退还投标保证金及银行同期存款利息的，由有关行政监督部门责令改正，可以处 5 万元以下的罚款；给他人造成损失的，依法承担赔偿责任。

依法必须进行招标的项目的招标人有下列情形之一的，由有关行政监督部门责令改正，可以处中标项目金额 10‰以下的罚款；给他人造成损失的，依法承担赔偿责任；对单位直接负责的主管人员和其他直接责任人员依法给予处分：

(1) 无正当理由不发出中标通知书。

(2) 不按照规定确定中标人。

(3) 中标通知书发出后无正当理由改变中标结果。

(4) 无正当理由不与中标人订立合同。

(5) 在订立合同时向中标人提出附加条件。

招标人和中标人不按照招标文件和中标人的投标文件订立合同，合同的主要条款与招标文件、中标人的投标文件的内容不一致，或者招标人、中标人订立背离合同实质性内容的协议的，由有关行政监督部门责令改正，可以处中标项目金额 5‰以上 10‰以下的罚款。

招标人不按照规定对异议作出答复，继续进行招标投标活动的，由有关行政监督部门责令改正，拒不改正或者不能改正并影响中标结果的，依照《招标投标法实施条例》第八十二条的规定处理(即招标、投标、中标无效，应当依法重新招标或者评标)。

二、招标代理机构违法行为应承担的法律责任

《招标投标法》规定，招标代理机构违反规定，泄露应当保密的与招标投标活动有关的情况和资料的，或者与招标人、投标人串通损害国家利益、社会公共利益或者他人

合法权益的，处 5 万元以上 25 万元以下的罚款，对单位直接负责的主管人员和其他直接责任人员处单位罚款数额 5% 以上 10% 以下的罚款；有违法所得的，并处没收违法所得；情节严重的，禁止其一年至二年内代理依法必须进行招标的项目并予以公告，直至由工商行政管理机关吊销营业执照；构成犯罪的，依法追究刑事责任。给他人造成损失的，依法承担赔偿责任。影响中标结果的，中标无效。

《招标投标法实施条例》规定，招标代理机构在所代理的招标项目中投标、代理投标或者向该项目投标人提供咨询的，接受委托编制标底的中介机构参加受托编制标底项目的投标或者为该项目的投标人编制投标文件、提供咨询的，依照《招标投标法》第五十条的规定追究法律责任(即处 5 万元以上 25 万元以下的罚款，对单位直接负责的主管人员和其他直接责任人员处单位罚款数额 5% 以上 10% 以下的罚款；有违法所得的，并处没收违法所得；情节严重的，暂停直至取消招标代理资格；构成犯罪的，依法追究刑事责任。给他人造成损失的，依法承担赔偿责任)。

取得招标职业资格的专业人员违反国家有关规定办理招标业务的，责令改正，给予警告；情节严重的，暂停一定期限内的招标业务；情节特别严重的，取消招标职业资格。

三、评标委员会成员违法行为应承担的法律责任

《招标投标法》规定，评标委员会成员收受投标人的财物或者其他好处的，评标委员会成员或者参加评标的有关工作人员向他人透露对投标文件的评审和比较、中标候选人的推荐以及与评标有关的其他情况的，给予警告，没收收受的财物，可以并处 3000 元以上 5 万元以下的罚款，对有所列违法行为的评标委员会成员取消其担任评标委员会成员的资格，禁止其再参加任何依法必须进行招标的项目的评标；构成犯罪的，依法追究刑事责任。

《招标投标法实施条例》规定，评标委员会成员有下列行为之一的，由有关行政监督部门责令改正；情节严重的，禁止其在一定期限内参加依法必须进行招标的项目的评标；情节特别严重的，取消其担任评标委员会成员的资格：

(1) 应当回避而不回避。

(2) 擅离职守。

(3) 不按照招标文件规定的评标标准和方法评标。

(4) 私下接触投标人。

(5) 向招标人征询确定中标人的意向或者接受任何单位或者个人明示或者暗示提出的倾向或者排斥特定投标人的要求。

(6) 对依法应当否决的投标不提出否决意见。

(7) 暗示或者诱导投标人作出澄清、说明或者接受投标人主动提出的澄清、说明。

(8) 其他不客观、不公正履行职务的行为。

评标委员会成员收受投标人的财物或者其他好处的，没收收受的财物，处 3000 元以上 5 万元以下的罚款，取消其担任评标委员会成员的资格，禁止其再参加依法必须进行招标的项目的评标；构成犯罪的，依法追究刑事责任。

《最高人民法院、最高人民检察院关于印发〈关于办理商业贿赂刑事案件适用法律若干问题的意见〉的通知》第六条规定，依法组建的评标委员会的组成人员，在招标等事项的评标活动中，索取他人财物或者非法收受他人财物，为他人谋取利益，数额较大的，依照《刑法》第一百六十三条的规定，以非国家工作人员受贿罪定罪处罚。依法组建的评标委员会中国家机关或者其他国有单位的代表有以上行为的，依照《刑法》第三百八十五条的规定，以受贿罪定罪处罚。

四、投标人违法行为应承担的法律责任

《招标投标法实施条例》规定，投标人相互串通投标或者与招标人串通投标的，投标人向招标人或者评标委员会成员行贿谋取中标的，中标无效；构成犯罪的，依法追究刑事责任；尚不构成犯罪的，依照《招标投标法》第五十三条的规定处罚(即中标无效，处中标项目金额 5‰以上 10‰以下的罚款，对单位直接负责的主管人员和其他直接责任人员处单位罚款数额 5%以上 10%以下的罚款；有违法所得的，并处没收违法所得；情节严重的，取消其 1～2 年内参加依法必须进行招标的项目的投标资格并予以公告，直至由工商行政管理机关吊销营业执照；构成犯罪的，依法追究刑事责任。给他人造成损失的，依法承担赔偿责任)。投标人未中标的，对单位的罚款金额按照招标项目合同金额依照招标投标法规定的比例计算。投标人有下列行为之一的，属于《招标投标法》第五十三条规定的情节严重行为，由有关行政监督部门取消其 1～2 年内参加依法必须进行招标的项目的投标资格：

(1) 以行贿谋取中标；

(2) 3 年内 2 次以上串通投标；

(3) 串通投标行为损害招标人、其他投标人或者国家、集体、公民的合法利益，造成直接经济损失 30 万元以上；

(4) 其他串通投标情节严重的行为。

投标人自以上规定的处罚执行期限届满之日起 3 年内又有以上所列违法行为之一的，或者串通投标、以行贿谋取中标情节特别严重的，由工商行政管理机关吊销营业执照。

投标人以他人名义投标或者以其他方式弄虚作假骗取中标的，中标无效；构成犯罪的，依法追究刑事责任；尚不构成犯罪的，依照《招标投标法》第五十四条的规定处罚(即中标无效，给招标人造成损失的，依法承担赔偿责任；构成犯罪的，依法追究刑事责任。依法必须进行招标的项目的投标人有以上所列行为尚未构成犯罪的，处中标项目金额 5‰以上 10‰以下的罚款，对单位直接负责的主管人员和其他直接责任人员处单位罚款数额 5%以上 10%以下的罚款；有违法所得的，并处没收违法所得；情节严重的，取消其 1～3 年内参加依法必须进行招标的项目的投标资格并予以公告，直至由工商行政管理机关吊销营业执照)。依法必须进行招标的项目的投标人未中标的，对单位的罚款金额按照招标项目合同金额依照招标投标法规定的比例计算。投标人有下列行为之一的，属于《招标投标法》第五十四条规定的情节严重行为，由有关行政监督部门取消其 1～3 年内参加依法必须进行招标的项目的投标资格：

(1) 伪造、变造资格、资质证书或者其他许可证件骗取中标；

(2) 3 年内 2 次以上使用他人名义投标；

(3) 弄虚作假骗取中标，给招标人造成直接经济损失 30 万元以上；

(4) 其他弄虚作假骗取中标情节严重的行为。

投标人自以上规定的处罚执行期限届满之日起 3 年内又有以上所列违法行为之一的，或者弄虚作假骗取中标情节特别严重的，由工商行政管理机关吊销营业执照。

出让或者出租资格、资质证书供他人投标的，依照法律、行政法规的规定给予行政处罚；构成犯罪的，依法追究刑事责任。

投标人或者其他利害关系人捏造事实、伪造材料或者以非法手段取得证明材料进行投诉，给他人造成损失的，依法承担赔偿责任。

五、中标人违法行为应承担的法律责任

《招标投标法》规定，中标人将中标项目转让给他人的，将中标项目肢解后分别转让给他人的，违反本法规定将中标项目的部分主体、关键性工作分包给他人的，或者分包人再次分包的，转让、分包无效，处转让、分包项目金额 5‰以上 10‰以下的罚款；有违法所得的，并处没收违法所得；可以责令停业整顿；情节严重的，由工商行政管理机关吊销营业执照。

中标人不履行与招标人订立的合同的，履约保证金不予退还，给招标人造成的损失超过履约保证金数额的，还应当对超过部分予以赔偿；没有提交履约保证金的，应当对招标人的损失承担赔偿责任。中标人不按照与招标人订立的合同履行义务，情节严重的，取消其 2～5 年内参加依法必须进行招标的项目的投标资格并予以公告，直至由工商行政管理机关吊销营业执照。因不可抗力不能履行合同的，不适用以上规定。

《招标投标法实施条例》规定，中标人无正当理由不与招标人订立合同，在签订合同时向招标人提出附加条件，或者不按照招标文件要求提交履约保证金的，取消其中标资格，投标保证金不予退还。对依法必须进行招标的项目的中标人，由有关行政监督部门责令改正，可以处中标项目金额 10‰以下的罚款。

六、政府主管部门和国家工作人员违法行为应承担的法律责任

《招标投标法》规定，对招标投标活动依法负有行政监督职责的国家机关工作人员徇私舞弊、滥用职权或者玩忽职守，构成犯罪的，依法追究刑事责任；不构成犯罪的，依法给予行政处分。

《招标投标法实施条例》规定，项目审批、核准部门不依法审批、核准项目招标范围、招标方式、招标组织形式的，对单位直接负责的主管人员和其他直接责任人员依法给予处分。有关行政监督部门不依法履行职责，对违反《招标投标法》和《招标投标法实施条例》规定的行为不依法查处，或者不按照规定处理投诉、不依法公告对招标投标当事人违法行为的行政处理决定的，对直接负责的主管人员和其他直接责任人员依法给予处分。项目审批、核准部门和有关行政监督部门的工作人员徇私舞弊、滥用职权、玩忽职守，构成犯罪的，依法追究刑事责任。

国家工作人员利用职务便利,以直接或者间接、明示或者暗示等任何方式非法干涉招标投标活动,有下列情形之一的,依法给予记过或者记大过处分;情节严重的,依法给予降级或者撤职处分;情节特别严重的,依法给予开除处分;构成犯罪的,依法追究刑事责任:

(1) 要求对依法必须进行招标的项目不招标,或者要求对依法应当公开招标的项目不公开招标;

(2) 要求评标委员会成员或者招标人以其指定的投标人作为中标候选人或者中标人,或者以其他方式非法干涉评标活动,影响中标结果;

(3) 以其他方式非法干涉招标投标活动。

七、其他法律责任

《招标投标法》规定,任何单位违反本法规定,限制或者排斥本地区、本系统以外的法人或者其他组织参加投标的,为招标人指定招标代理机构的,强制招标人委托招标代理机构办理招标事宜的,或者以其他方式干涉招标投标活动的,责令改正;对单位直接负责的主管人员和其他直接责任人员依法给予警告、记过、记大过的处分,情节较重的,依法给予降级、撤职、开除的处分。个人利用职权进行以上违法行为的,依照以上规定追究责任。

依法必须进行招标的项目违反《招标投标法》的规定,中标无效的,应当依照《招标投标法》规定的中标条件从其余投标人中重新确定中标人或者依照《招标投标法》重新进行招标。

《招标投标法实施条例》规定,依法必须进行招标的项目的招标投标活动违反招标投标法和本条例的规定,对中标结果造成实质性影响,且不能采取补救措施予以纠正的,招标、投标、中标无效,应当依法重新招标或者评标。

《中华人民共和国刑法》第二百二十六条规定,以暴力、威胁手段,实施下列行为之一,情节严重的,处 3 年以下有期徒刑或者拘役,并处或者单处罚金;情节特别严重的,处 3 年以上 7 年以下有期徒刑,并处罚金:(一) 强买强卖商品的;(二) 强迫他人提供或者接受服务的;(三) 强迫他人参与或者退出投标、拍卖的;(四) 强迫他人转让或者收购公司、企业的股份、债券或者其他资产的;(五) 强迫他人参与或者退出特定的经营活动的。

第五章　建设工程合同法律制度

第一节　建设工程合同法律概述

一、建设工程合同简介

1. 建设工程合同的概念

建设工程合同是指承包人进行工程的勘察、设计、施工等建设，由发包人支付相应价款的合同。建设工程合同的双方当事人分别称为承包人和发包人。"承包人"是指在建设工程合同中负责工程的勘察、设计、施工任务的一方当事人；"发包人"是指在建设工程合同中委托承包人进行工程的勘察、设计、施工任务的建设单位。在合同中，承包人最主要的义务是进行工程建设，即进行工程的勘察、设计、施工等工作；发包人最主要的义务是向承包人支付相应的价款。这里的价款除了包括发包人对承包人因进行工程建设而支付的报酬外，还包括对承包人提供的建筑材料、设备支付的相应价款。

2. 建设工程合同的特征

一般来说，建设工程合同具有以下特征：

(1) 特殊性。建设工程合同是从承揽合同中分化出来的，也属于一种完成工作的合同。与承揽合同不同的是，建设工程合同的标的为不动产建设项目。也正由于此，使得建设工程合同又具有内容复杂、履行期限长、投资规模大、风险较大等特点。

(2) 特定性。作为建设工程合同当事人一方的承包人，一般情况下只能是具有从事勘察、设计、施工资格的法人。这是由建设工程合同的复杂性所决定的。

(3) 计划性和程序性。由于建设工程合同与国民经济建设和人民群众生活都有着密切的关系，因此该合同的订立和履行，必须符合国家基本建设计划的要求，并接受有关政府部门的管理和监督。

(4) 建设工程合同是要式合同。建设工程合同应当采用书面形式。法律、行政法规规定合同应当办理有关手续的，还应当及时办理相关手续。

二、合同的要素

任何合同均应具备三大要素，即主体、客体和内容。

1. 主体

主体，即签约双方的当事人。合同的当事人可为自然人、法人和其他组织，且合同当事人的法律地位平等，一方不得将自己的意志强加给另一方。依法成立的合同具有法律约束力。当事人应当按照合同约定履行各自的义务，不得擅自变更或解除合同。

2. 客体

客体是当事人的权利和义务共同指向的对象。如建设工程项目、货物、劳务等，标的应规定明确，切忌含混不清。

3. 内容

内容，指合同当事人之间的具体权利与义务。合同作为一种协议，其本质是一种合意，必须是两个以上意思表示一致的民事法律行为。因此，合同的缔结必须由双方当事人协商一致才能成立。合同当事人作出的意思表示必须合法，这样才能具有法律约束。建设工程合同也是如此，即使在建设工程合同的订立中承包人一方存在着激烈的竞争(如施工合同的订立中，施工单位的激烈竞争是建设单位进行招标的基础)，仍须双方当事人协商一致，发包人不能将自己的意志强加给承包人。双方订立的合同即使是协商一致的，也不能违反法律、行政法规，否则合同就是无效的。如施工单位超越资质等级许可的业务范围订立的施工合同就没有法律约束力。

三、合同法律的基本原则与调整范围

1. 合同法律的基本原则

《民法典》中关于合同法律的基本原则是指反映合同普遍规律、反映立法者基本理念、体现合同法律总的指导思想、贯穿整个合同法律的原则。这些原则是立法机关制定合同法律、裁判机关处理合同争议以及合同当事人订立履行合同的基本准则，对适用合同法律具有指导、补充、解释的作用。

(1) 平等原则。《民法典》第四条规定："民事主体在民事活动中的法律地位一律平等。"合同当事人的法律地位平等，即享有民事权利和承担民事义务的资格是平等的，一方不得将自己的意志强加给另一方。在订立建设工程合同中双方当事人的意思表示必须是完全自愿的，不能是在强迫和压力下所做出的非自愿的意思表示。因为建设工程合同是平等主体之间的法律行为，发包人与承包人的法律地位平等，所以只有订立建设工程合同的当事人平等协商，才有可能订立意思表示一致的协议。

(2) 自愿原则。《民法典》第五条规定："民事主体从事民事活动，应当遵循自愿原则，按照自己的意思设立、变更、终止民事法律关系。"自愿原则是合同法律重要的基本原则，也是市场经济的基本原则之一，也是一般国家的法律准则。自愿原则体现了签订合同作为民事活动的基本特征。

自愿原则贯穿于合同的全过程，在不违反法律、行政法规、社会公德的情况下：

① 当事人依法享有自愿签订合同的权利。合同签订前，当事人通过充分协商，自由表达意见，自愿决定和调整相互权利义务关系，取得一致而达成协议。不容许任何一方违背对方意志，以大欺小，以强凌弱，将自己的意见强加于人，或通过胁迫、欺诈手段

签订合同。

② 订立合同时，当事人有权选择对方当事人。

③ 合同自由构成。合同的形式、内容、范围由双方在不违法的情况下自愿商定。

④ 在合同履行过程中，当事人可以通过协商修改、变更、补充合同内容。双方也可以通过协议解除合同。

⑤ 双方可以约定违约责任。在发生争议时，当事人可以自愿选择解决争议的方式。当然，合同的自愿原则是要受到法律的限制的，这种限制对于不同的合同而言有所不同。相对而言，由于建设工程合同的重要性，导致法律法规对建设工程合同的干预较多，对当事人的合同自愿原则的限制也较多。例如：建设工程合同内容中的质量条款规定，必须符合国家的质量标准，因为这是强制性的；建设工程合同的形式，必须采用书面形式，当事人没有选择的权利。

(3) 公平原则。《民法典》第六条规定："民事主体从事民事活动，应当遵循公平原则，合理确定各方的权利和义务。"合同通过权利与义务、风险与利益的结构性配置来调节当事人的行为，公平的本义和价值取向应均衡当事人利益，一视同仁，不偏不倚，等价合理。公平原则主要表现在当事人平等、自愿，当事人权利义务的等价有偿、协调合理，当事人风险的合理分担，防止权利滥用和避免义务加重等方面。

(4) 诚信原则。《民法典》第七条规定："民事主体从事民事活动，应当遵循诚信原则，秉持诚实，恪守承诺。"建设工程合同当事人行使权力、履行义务应当遵循诚实信用原则。这是市场经济活动中形成的道德规则，它要求人们在交易活动(订立和履行合同)中讲究信用，恪守诺言，诚实不欺。不论是发包人还是承包人，在行使权力时都应当充分尊重他人和社会的利益，对约定的义务要忠实地履行。具体包括：在合同订立阶段，如招标投标时，在招标文件和投标文件中应当如实说明自己和项目的情况；在合同履行阶段应当相互协作，如发生不可抗力时，应当相互告知，并尽量减少损失。

(5) 守法与公序良俗原则。《民法典》第八条规定："民事主体从事民事活动，不得违反法律，不得违背公序良俗。"这是对合同自愿原则的必要限制。当事人在订立、履行合同时，都应当遵守国家的法律，在法律的约束下行使自己的权力，并不能违反公共秩序和社会公共利益。

(6) 绿色原则。《民法典》第九条规定："民事主体从事民事活动，应当有利于节约资源、保护生态环境。"这意味着为民事活动规定了普遍限制，对民事主体通过行动节约资源、保护生态环境起到了引导、鼓励的作用。

2. 《民法典》中合同法律的调整范围

任何一部法律都有自己的调整范围，《民法典》也不例外。掌握《民法典》中合同法律的调整范围，有助于正确选择使用《民法典》。

我国合同法律调整的是平等主体的公民(自然人)、法人、其他组织之间的民事权利义务关系。合同法律的调整范围须注意以下问题：

(1) 合同法律调整的是平等主体之间的债权债务关系，属于民事关系。政府对经济的管理活动，属于行政管理关系，不适用合同法律；企业、单位内部的管理关系，不是平等主体之间的关系，也不适用合同法律。

(2) 合同是设立、变更、终止民事权利义务关系的协议，有关婚姻、收养、监护等身份关系的协议，不适用合同法律。但不能认为凡是涉及身份关系的合同都不受《民法典》中合同法律的调整。有些人身权利本身具有财产属性和竞争价值，如商誉、企业名称、肖像等，可以签订转让、许可合同，受《民法典》调整。此外，不能将人身关系与它所引起的财产关系相混淆，在婚姻、收养、监护关系中也存在与身份关系相联系但又独立的财产关系，仍然要适用《民法典》的一般规定，如分家析产协议、婚前财产协议、遗赠扶养协议、离婚财产分割协议等。

(3) 合同法律主要调整法人、其他经济组织之间的经济贸易关系，同时还包括自然人之间因买卖、租赁、借贷、赠与等产生的合同关系。这样的调整范围与以前的合同法律的调整范围相比，有适当的扩大。

四、合同的分类

(1) 有名合同。有名合同，也称典型合同，是法律上已经确定一定的名称，并设定具体规则的合同。

(2) 无名合同。无名合同，也称非典型合同，是法律上尚未确定专门名称和具体规则的合同。根据合同自由原则，合同当事人可以自由决定合同的内容，可见当事人可自由订立无名合同。从实践来看，无名合同大量存在，是合同的常态。

(3) 双务合同。双务合同是当事人之间互负义务的合同。例如买卖合同、租赁合同、借款合同、加工承揽合同与建设工程合同等。

(4) 单务合同。单务合同是只有一方当事人负担义务的合同。例如，赠与合同、借用合同等。

(5) 有偿合同，是指当事人一方享有合同规定的权益，须向另一方付出相应代价的合同。有偿合同是商品交换最典型的法律形式。在实践中，绝大多数合同都是有偿的。有偿合同是常见的合同形式，诸如买卖、租赁、运输、承揽等。

(6) 无偿合同，是一方当事人享有合同约定的权益，但无须向另一方付出相应对价的合同。例如赠与合同、借用合同等。

(7) 诺成合同，是指当事人各方的意思表示一致即告成立的合同，如委托合同、勘察、设计合同等。

(8) 实践合同，又称要物合同，是指双方当事人的意思表示一致以后，尚须交付标的物才能成立的合同，如保管合同、定金合同等。

(9) 要式合同。要式合同是法律规定或当事人约定必须具备一定形式的合同。如建设工程合同应当采用书面形式，建设工程合同即属于要式合同。

(10) 不要式合同。不要式合同是法律规定或当事人约定不要求具备一定形式的合同。

(11) 格式合同，又称为定式合同、附和合同或一般交易条件，它是当事人一方为与不特定的多数人进行交易而预先拟定的，且不允许相对人对其内容作任何变更的合同。反之，为非格式合同。

第二节　合同的效力

一、合同的要约与承诺

(一) 合同订立与合同成立

合同订立是指缔约人进行意思表示并达成一致意见的状态，包括缔约各方自接触、协商、达成协议前讨价还价的整个动态过程和静态协议。合同订立是交易行为的法律运作。

合同成立是指当事人就合同主要条款达成了合意。合同成立需具备下列条件：

(1) 存在两方以上的订约当事人。

(2) 订约当事人对合同主要条款达成一致意见。

合同的成立一般要经过要约和承诺两个阶段。《民法典》规定："当事人订立合同，可以采用书面形式、口头形式或者其他形式。"

(二) 合同订立的方式

当事人订立合同，可采取要约、承诺方式或者其他形式。

1. 要约

(1) 要约与要约邀请。要约是希望和他人订立合同的意思表示，该意思表示应当符合下列规定：

① 内容具体确定。所谓具体，是指要约的内容必须具备有足以使合同成立的主要条款，如果没有包含合同的主要条款，受要约人难以作出承诺，即使作出了承诺，也会因为双方的这种合意不具备合同的主要条款而使合同不能成立。所谓确定，是指要约的内容须明确，不能含糊不清，否则无法承诺。

② 表明经受要约人承诺，要约人即受该意思表示约束。要约邀请是希望他人向自己发出要约的意思表示。寄送的价目表、拍卖公告、招标公告、招股说明书、商业广告等为要约邀请。商业广告的内容符合要约规定的，视为要约。

(2) 要约生效。要约到达受要约人时生效。采用数据电文形式订立合同，收件人指定特定系统接收数据电文的，该数据电文进入该特定系统的时间，视为到达时间；未指定特定系统的，该数据电文首次进入收件人的任何系统的时间，视为到达时间。

(3) 要约撤回与撤销。要约可以撤回，撤回要约的通知应当在要约到达受要约人之前或者与要约同时到达受要约人。要约也可以撤销，撤销要约的通知应当在受要约人发出承诺通知之前到达受要约人。有下列情形之一的，要约不得撤销：

① 要约人以确定承诺期限或者其他形式明示要约不可撤销；

② 受要约人有理由认为要约是不可撤销的，并已经为履行合同做了合理准备工作。

(4) 要约失效。有下列情形之一的，要约失效：

① 要约被拒绝；

② 要约被依法撤销；

③ 承诺期限届满，受要约人未作出承诺；

④ 受要约人对要约的内容作出实质性变更。

2. 承诺

承诺是受要约人同意要约的意思表示。承诺应当以通知的方式作出，但根据交易习惯或者要约表明可以通过行为作出承诺的除外。

(1) 承诺期限。承诺应当在要约确定的期限内到达要约人。要约没有确定承诺期限的，承诺应当依照下列规定到达：

① 要约以对话方式作出的，应当即时作出承诺；

② 要约以非对话方式作出的，承诺应当在合理期限内到达。

要约以信件或者电报作出的，承诺期限自信件载明的日期或者电报交发之日开始计算。信件未载明日期的，自投寄该信件的邮戳日期开始计算。要约以电话、传真等快速通信方式作出的，承诺期限自要约到达受要约人时开始计算。

(2) 承诺生效。承诺生效时合同成立。承诺通知到达要约人时生效。承诺不需要通知的，根据交易习惯或者要约的要求作出承诺的行为时生效。采用数据电文形式订立合同的，收件人指定系统接收数据电文的，该数据电文进入该特定系统的时间，视为承诺到达时间；未指定特定系统的，该数据电文进入收件人的任何系统的首次时间，视为承诺到达时间。

(3) 承诺应遵循的其他规定。

① 承诺可以撤回。撤回承诺的通知应当在承诺通知到达要约人之前或者与承诺通知同时到达要约人。

② 受要约人超过承诺期限发出承诺，或者在承诺期限内发生出承诺，按照通常情形不能及时到达要约人的，为新要约；但是，要约人及时通知受要约人该承诺有效的除外。

③ 受要约人在承诺期限内发出承诺，按照通常情形能够及时到达要约人，但因其他原因致使承诺到达要约人时超过承诺期限的，除要约人及时通知受要约人因承诺超过期限不接受该承诺外，该承诺有效。

④ 承诺的内容应当与要约的内容一致。受要约人对要约的内容作出实质性变更的，为新要约。有关合同标的、数量、质量、价款或者报酬、履行期限、履行地点和方式、违约责任和解决争议方法等的变更，是对要约内容的实质性变更。

⑤ 承诺对要约的内容作出非实质性变更的，除要约人及时表示反对或者要约表明承诺不得对要约的内容作出任何变更外，该承诺有效，合同的内容以承诺的内容为准。

二、合同成立与生效

1. 合同成立

合同成立是指当事人完成了签订合同的过程，并就合同内容协商一致。合同成立体现了当事人的意志，是合同生效的前提条件。合同成立一般需具备三个条件：① 存在两方以上的缔约当事人；② 缔约当事人就合同条款达成一致意见；③ 需经过要约、承诺两个阶段。根据《民法典》的规定，承诺生效时合同成立。

(1) 合同成立的时间。合同成立的时间关系到当事人何时受合同关系约束，因此合同成立时间具有重要意义，确定合同成立的时间，应遵循如下规 则：当事人采用合同书形式订立合同的，自双方当事人签字或者盖章时合同成 立，当事人采用信件、数据电文等形式订立合同的，可以在合同成立之前要求 签订确认书。签订确认书时合同成立。

(2) 合同成立的地点。合同成立的地点可能成为确定法院管辖的依据。 确定合同成立的地点，应遵循如下原则：承诺生效的地点为合同成立的地点；采用数据电文形式订立合同的，收件人的主营业地为合同成立的地点；没有主营业地的，其经常居住地为合同成立的地点。当事人另有约定的，按照其约定；当事人采用合同书形式订立合同的，双方当事人签字或者盖章的地点为合同成立的地点。

(3) 格式条款。格式条款是当事人为了重复使用而预先拟定，并在订立 合同时未与对方协商的条款。采用格式条款订立合同的，提供格式条款的一方 应当遵循公平原则确定当事人之间的权利和义务，并采取合理的方式提请对方 注意免除或者限制其责任的条款，按照对方的要求，对该条款予以说明。

对格式条款的理解发生争议的，应当按照通常理解予以解释。对格式条款有两种以上解释的，应当作出不利于提供格式条款一方的解释。格式条款和非格式条款不一致的，应当采用非格式条款。

2. 合同生效

合同生效是指合同开始发生法律效力，具体是指已成立的合同在当事人之间产生法律约束力，受法律保护。合同生效不同于合同成立，它强调合同内容 的合法性，体现了国家意志。合同生效一般应具备四个条件：① 行为人具有相应的民事权利能力和民事行为能力；② 意思表示真实；③ 不违反法律、行政法 规的强制性规定；④ 具备法律所要求的形式。

依法成立的合同，自成立时生效。对于一般合同而言，只要当事人在主体资格、合同形式及合同内容等方面不违反法律、法规的规定，经协商达成一 致，合同成立即可生效。实践中的大多数合同均属于此类情形。

按照我国现行法律和行政法规的规定，有些合同将批准登记作为合同成立的条件，有些合同将批准登记作为合同生效的条件。法律、行政法规规定应当办理批准、登记等手续生效的，依照其规定。

三、无效合同

1. 无效合同的概念

无效合同是指合同内容或形式违反了法律、行政法规的强制性规定或侵害了社会公共利益，进而不能产生法律约束力，不受法律保护的合同。无效合同具有如下特征：

(1) 合同自始无效。无效合同自订立时即没有法律效力，而不是从合同无效原因发现之日或合同无效确认之日起，合同才失去效力。

(2) 合同绝对无效。合同自始无效，当事人不能通过同意或追认使其生效。

(3) 合同当然无效。无论当事人是否知道其无效、当事人是否主张无 效，法院或仲裁机构均可以主动审查决定该合同无效。

(4) 合同可能全部无效，也可能部分无效。合同部分无效，不影响其他 部分效力，其他部分仍然有效。

(5) 合同无效不影响合同中独立存在的有关解决争议方法的条款的效力。

2. 无效的免责条款

免责条款是指当事人在合同中规定的免除或限制一方或双方当事人违约责 任的条款。对于当事人自愿订立的免责条款，法律是不加干涉的。但如果合同 中的免责条款违反法律规定、违背诚实原则，法律必须加以禁止。

《民法典》第五百零六条规定："合同中的下列免责条款无效：(一) 造成对方人身损害的；(二) 因故意或者重大过失造成对方财产损失的。"

四、效力待定合同

效力待定合同是指合同虽然已经成立，但因其不完全符合有关生效要件的规定而尚未生效，一般须经权利人追认后才能生效的合同。

效力待定合同不同于无效合同。二者主要区别在于：无效合同具有违法性，其无效自始确定，不会因其他行为而产生法律效力；效力待定合同并无违法性，只是效力尚未确定，法律不强行干预，而将选择其效力的权利赋予相关 当事人或真正权利人。

效力待定合同不同于可撤销合同。二者主要区别在于：可撤销合同在尚未撤销前是具有法律效力的，效力待定合同是欠缺某种生效要件，是否有效有待确定；可撤销合同只能通过法院或者仲裁机构撤销，而效力待定合同可通过当 事人或权利人之间的行为或者一定事实来确定合同效力，而不必通过法院或者仲裁机构。

1. 限制民事行为能力人订立的合同

限制民事行为能力人订立的合同，经法定代理人追认后，该合同有效，但纯获利益的合同或者与其年龄、智力、精神健康状况相适应而订立的合同，不必经法定代理人追认。

相对人可以催告法定代理人在一个月内予以追认。法定代理人未作表示的，视为拒绝追认。合同被追认之前，善意相对人有撤销的权利。撤销应当以通知的方式作出。

2. 无权代理人订立的合同

行为人没有代理权、超越代理权或者代理权终止后以被代理人名义订立的合同，未经被代理人追认，对被代理人不发生效力，由行为人承担责任。

相对人可以催告被代理人在一个月内予以追认。被代理人未作表示的，视为拒绝追认。合同被追认之前，善意相对人有撤销的权利。撤销应当以通知的方式作出。

行为人没有代理权、超越代理权或者代理权终止后以被代理人名义订立的合同，相对人有理由相信行为人有代理权的，该代理行为有效。

3. 越权订立的合同

法人或者其他组织的法定代表人、负责人超越权限订立的合同，除相对人知道或者应当知道其超越权限的以外，该代表行为有效。

4. 无处分权人处分他人财产订立的合同

无处分权人处分他人财产，经权利人追认或者无处分权的人订立合同后取得处分权的，该合同有效。

五、可撤销合同

下列合同，当事人一方有权请求人民法院或者仲裁机构变更或者撤销：

(1) 因重大误解订立的。

(2) 在订立合同时显失公平的。一方以欺诈、胁迫的手段或者乘人之危，使对方在违背真实意思的情况下订立的合同，受损害方有权请求人民法院或者仲裁机构变更或者撤销。当事人请求变更的，人民法院或者仲裁机构不得撤销。

有下列情形之一的，撤销权消灭：

(1) 具有撤销权的当事人自知道或者应当知道撤销事由之日起一年内没有行使撤销权。

(2) 具有撤销权的当事人知道撤销事由后明确表示或者以自己的行为放弃撤销权。

无效的合同或者被撤销的合同自始没有法律约束力。合同部分无效，不影响其他部分效力的，其他部分仍然有效；合同无效、被撤销或者终止的，不影响合同中独立存在的有关解决争议方法的条款的效力。

合同无效或者被撤销后，因该合同取得的财产，应当予以返还；不能返还或者没有必要返还的，应当折价补偿。有过错的一方应当赔偿对方因此所受到的损失，双方都有过错的，应当各自承担相应的责任；当事人恶意串通，损害国家、集体或者第三人利益的，因此取得的财产收归国家所有或者返还集体、第三人。

第三节　合同的履行、变更、转让与终止

一、建设工程合同的履行

合同履行是指债务人全面地、适当地完成其合同义务，债权人的合同债权得以完成和实现。建设工程合同的履行是指工程项目的发包和承包方根据合同规定的时间、地点、方式、标准等要求，各自完成合同义务的行为。

1. 合同履行的原则

(1) 诚信原则。诚信原则是《民法典》的基础原则，贯穿于合同的订立、履行、变更、终止等全过程。承发包双方在履行合同过程中要讲诚实、守信用，不得有欺诈行为，不得滥用权力，双方要互相协作，合同才能圆满地履行。

(2) 全面、适当履行的原则。合同当事人双方应按合同的主体、标的、数量、质量、价款、地点、期限、方式等全面履行自己的义务。

(3) 实际履行原则。当事人应按照合同规定的标的完成义务，任何一方违约时都不

能以支付违约金或赔偿损失的方式来代替合同的履行。

(4) 当事人不得擅自变更合同的原则。合同依法成立，具有法律约束力，合同当事人任何一方均不得擅自变更合同。

2. 勘察设计合同的履行

(1) 勘察合同当事人的职责。

① 发包人责任。

A. 发包人委托任务时，必须以书面形式向勘察人明确勘察任务及技术要求。

B. 在勘察工作范围内，没有资料、图纸的地区(段)，发包人应负责查清地下埋藏物，若因未提供上述资料、图纸，或提供的资料图纸不可靠、地下埋藏物不清，致使勘察人在勘察工作过程中发生人身伤害或造成经济损失时，由发包人承担民事责任。

C. 发包人应及时为勘察人提供并解决勘察现场的工作条件和出现的问题(如：落实土地征用、青苗树木赔偿、拆除地上地下障碍物、处理施工扰民及影响施工正常进行的有关问题、平整施工现场、修好通行道路、接通电源水源、挖好排水沟渠以及水上作业用船等)，并承担其费用。

D. 若勘察现场需要看守，特别是在有毒、有害等危险现场作业时，发包人应派人负责安全保卫工作，按国家有关规定，对从事危险作业的现场人员进行保健防护，并承担费用。

E. 工程勘察前，若发包人负责提供材料，应根据勘察人提出的工程用料计划，按时提供各种材料及其产品合格证明，并承担费用和运到现场，派人与勘察人的人员一起验收。

F. 勘察过程中的任何变更，经办理正式变更手续后，发包人应按实际发生的工作量支付勘察费。

G. 为勘察人的工作人员提供必要的生产、生活条件，并承担费用；如不能提供时，应一次性付给勘察人临时设施费。

H. 由于发包人原因造成勘察人停、窝工，除工期顺延外，发包人应支付停、窝工费；发包人若要求在合同规定时间内提前完工(或提交勘察成果资料)时，发包人应提前向勘察人支付加班费。

I. 发包人应保护勘察人的投标书、勘察方案、报告书、文件、资料图纸、数据、特殊工艺(方法)、专利技术和合理化建议，未经勘察人同意，发包人不得复制、泄露、擅自修改、传送或向第三人转让或用于本合同外的项目；如发生上述情况，发包人应负法律责任，勘察人有权索赔。

② 勘察人责任。

A. 勘察人应按国家技术规范、标准、规程和发包人的任务委托书及技术要求进行工程勘察，按合同规定的时间提交质量合格的勘察成果资料，并对其负责。

B. 由于勘察人提供的勘察成果资料质量不合格，勘察人应负责无偿给予补充完善使其达到质量合格；若勘察人无力补充完善，需另委托其他单位时，勘察人应承担全部勘察费用；或因勘察质量造成重大经济损失或工程事故时，勘察人除应负法律责任和免收直接受损失部分的勘察费外，并根据损失程度向发包人支付赔偿金。

C. 在工程勘察前，提出勘察纲要或勘察组织设计，派人与发包人的人员一起验收发包人提供的材料。

D. 勘察过程中，根据工程的岩土工程条件(或工作现场地形地貌、地质和水文地质条件)及技术规范要求，向发包人提出增减工作量或修改勘察工作的意见，并办理正式变更手续。

E. 在现场工作的勘察人的人员，应遵守发包人的安全保卫及其他有关的规章制度，承担其有关资料保密义务。

(2) 设计合同当事人职责。

① 发包人责任。

A. 发包人应在规定的时间内向设计人提交资料及文件，并对其完整性、正确性及时限负责，发包人不得要求设计人违反国家有关标准进行设计。发包人提交上述资料及文件超过规定期限 15 天以内，设计人按规定交付设计文件时间顺延；超过规定期限 15 天以上时，设计人员有权重新确定提交设计文件的时间。

B. 发包人变更委托设计项目、规模、条件或因提交的资料错误，或所提交资料作较大修改，以致造成设计人设计需返工时，双方除需另行协商签订补充协议(或另订合同)、重新明确有关条款外，发包人还应按设计人所耗工作量向设计人增付设计费。

C. 发包人要求设计人比合同规定时间提前交付设计资料及文件时，如果设计人能够做到，发包人应根据设计人提前投入的工作量，向设计人支付赶工费。

D. 发包人应为派赴现场处理有关设计问题的工作人员，提供必要的工作生活及交通等方便条件。

E. 发包人应保护设计人的投标书、设计方案、文件、资料图纸、数据、计算软件和专利技术。未经设计人同意，发包人对设计人交付的设计资料及文件不得擅自修改、复制或向第三人转让或用于本合同外的项目，如发生以上情况，发包人应负法律责任，设计人有权向发包人提出索赔。

② 设计人责任。

A. 设计人应按国家技术规范、标准、规程及发包人提出的设计要求，进行工程设计，按合同规定的进度要求提交质量合格的设计资料，并对其负责。

B. 设计人按合同规定的内容、进度及份数向发包人交付资料及文件。

C. 设计人交付设计资料及文件后，按规定参加有关的设计审查，并根据审查结论负责对不超出原定范围的内容作必要调整补充。设计人按合同规定时限交付设计资料及文件，本年内项目开始施工的，负责向发包人及施工单位进行设计交底、处理有关设计问题和参加竣工验收。在一年内项目尚未开始施工，设计人仍负责上述工作，但应按所需工作量向发包人适当收取咨询服务费，收费额由双方商定。

D. 设计人应保护发包人的知识产权，不得向第三人泄露、转让发包人提交的产品图纸等技术经济资料。如发生以上情况并给发包人造成经济损失，发包人有权向设计人索赔。

3. 施工合同的履行

施工项目合同履行的主体是项目经理和项目经理部。项目经理部必须在从施工项目的施工准备、施工、竣工至维修期结束的全过程中，认真履行施工合同，实行动态管理，跟踪收集、整理、分析合同履行中的信息，合理、及时地进行调整。还应对合同履行进行预测，及早提出和解决影响合同履行的问题，以避免或减少风险。

(1) 项目经理部履行施工合同应遵守下列规定：

① 必须遵守《民法典》《建筑法》规定的各项合同履行原则和规则。

② 在行使权利、履行义务时应当遵循诚实信用原则和坚持全面履行的原则。全面履行包括实际履行(标的的履行)和适当履行(按照合同约定的品种、数量、质量、价款或报酬等的履行)。

③ 项目经理由企业授权负责组织施工合同的履行，并依据《民法典》规定，与发包人或监理工程师打交道，进行合同的变更、索赔、转让和终止等工作。

④ 如果发生不可抗力致使合同不能履行或不能完全履行时，应及时向企业报告，并在委托权限内依法及时进行处置。

⑤ 遵守合同对约定不明条款、价格发生变化的履行规则，以及合同履行担保规则和抗辩权、代位权、撤销权的规则。

⑥ 承包人按专用条款的约定分包所承担的部分工程，并与分包单位签订分包合同。非经发包人同意，承包人不得将承包工程的任何部分分包。

⑦ 承包人不得将其承包的全部工程倒手转给他人承包，也不得将全部工程肢解后以分包的名义分别转包给他人。工程转包是指承包人不行使承包人的管理职能，不承担技术经济责任，将其承包的全部工程或将其肢解以后以分包的名义分别转包给他人，或将工程的主要部分或群体工程的半数以上的单位工程倒手转给其他施工单位，以及分包人将承包的工程再次分包给其他施工单位，从中提取回扣的行为。

(2) 项目经理部履行施工合同应做的工作：

① 应在施工合同履行前，针对工程的承包范围、质量标准和工期要求，承包人的义务和权力，工程款的结算、支付方式与条件，合同变更、不可抗力影响、物价上涨、工程中止、第三方损害等问题产生时的处理原则和责任承担，争议的解决方法等重要问题进行合同分析，对合同内容、风险、重点或关键性问题作出特别说明和提示，向各职能部门人员交底，落实根据施工合同确定的目标，依据施工合同指导工程实施和项目管理工作。

② 组织施工力量；签订分包合同；研究熟悉设计图纸及有关文件资料；多方筹集足够的流动资金；编制施工组织设计，进度计划，工程结算付款计划等，做好施工准备，按时进入现场，按期开工。

③ 制订科学、周密的材料、设备采购计划，采购符合质量标准的价格低廉的材料、设备，按施工进度计划，及时进入现场，做好供应和管理工作，保证顺利施工。

④ 按设计图纸、技术规范和规程组织施工；做好施工记录，按时报送各类报表；进行各种有关的现场或实验室抽检测试，保存好原始资料；制订各种有效措施，采取先进的管理方法，全面保证施工质量达到合同要求。

⑤ 按期竣工，试运行，通过质量检验，交付发包人，收回工程价款。

⑥ 按合同规定，做好责任期内的维修、保修和质量回访工作。对属于承包方责任的工程质量问题，应负责无偿修理。

⑦ 履行合同中关于接受监理工程师监督的规定，如有关计划、建议须经监理工程师审核批准后方可实施；有些工序须监理工程师监督执行，所做记录或报表要得到其签字确认；

根据监理工程师要求报送各类报表、办理各类手续；执行监理工程师的指令，接受一定范围内的工程变更要求等。承包商在履行合同中还要自觉地接受公证机关、银行的监督。

⑧ 项目经理部在履行合同期间，应注意收集、记录对方当事人违约事实的证据，即对发包方或发包人履行合同进行监督，作为索赔的依据。

(3) 施工合同履行中各方的职责。在工程项目施工合同中明确了合同当事人双方即发包人和承包商的权利、义务和职责，同时也对接受发包人委托的监理工程师的权力、职责的范围作了明确、具体的规定。当然，监理工程师的权利、义务在发包人与监理单位所签订的监理委托合同中，也有明确且具体的规定。

二、建设工程合同的变更

1. 合同变更的程序和方式

具备变更合同条件的，允许变更合同，但应当符合法律规定的程序和方式。承发包双方协商同意变更合同的，适用订立合同的程序。双方协商同意变更合同，实质上就是订立一个新的合同来变更原合同法律关系，因而应当适用订立合同的程序，由要求变更合同的一方当事人提出变更合同的建议，经双方平等协商一致，变更合同的协议即告成立。

合同的变更按法律、行政法规的规定应当办理批准、登记等手续的，依照办理。例如，房地产开发商原经批准建造商住大厦一幢，高15层，并依法与承包商签订了建设工程施工合同，如果该开发商计划再加盖8层，必须先将扩建计划报城市规划管理部门和建设行政主管部门批准，然后才能与承包商变更合同的有关内容。否则，所作变更依法无效。

此外，如果原合同系经公证的，还应将变更后的合同送公证机关备案，完善手续，确保合同的法律效力。协商变更合同，应当采取书面形式。建设工程合同的一方当事人有法律上的理由提出变更合同的请求而对方当事人予以拒绝或者未能满足正当要求的，可以向人民法院或仲裁机构提起诉讼或申请仲裁裁决，请求变更。其请求一经生效法律文书确认，即对双方当事人产生强制约束力。

2. 合同变更的效力

建设工程合同依法变更后，虽然与原合同仍然具有密切联系或者具有连续性，但变更后的合同相对于原合同而言毕竟是一个新的合同，故从这个角度而言，合同变更后，原合同不再履行，当事人应当按变更后的合同履行义务。

合同的变更不具有溯及既往的效力。不论是发包方还是承包方，均不得以变更后的合同条款来作为重新调整双方在合同变更前的权利义务关系的依据。

《民法典》明确规定："合同解除后，尚未履行的，终止履行；已经履行的，根据履行情况和合同性质，当事人可以请求恢复原状或者采取其他补救措施，并有权请求赔偿损失。"当然，根据意思自治的原则，如果债权人免于追究债务人的违约责任，法律也无主动追究之必要。

三、建设工程合同的转让

1. 合同权利的转让

所谓合同权利的转让，是指债权人将其合同权利的一部分或者全部转让给第三人。合同的转让是一种合同法律关系，该合同的主体是债权人和受让人，而合同的标的则为合同权利。但作为转让合同的标的，合同权利必须为合法的债权，不合法的债权不发生转让的问题。例如，建设工程合同的承包人将工程非法转包所取得或约定取得的收益即为非法所得，不能成为转让的标的。

(1) 合同权利转让的限制。合同权利的转让所受到的限制较少，在一般情况下都可以基于债权人和受让人的合意而发生转让。但有下列情形之一的，合同权利不得转让：

① 根据合同性质不得转让。即如果根据合同的内容，其权利和义务只能发生在特定的当事人之间。还有，如果转让合同权利有违合同订立的根本目的，那么也不能转让。这一类合同权利一般与合同当事人特定的身份有关，如果合同权利转让就会破坏合同赖以成立的基础。例如，甲建筑公司与乙公司签订合同，由甲公司租用乙公司施工电梯一部，无疑，甲公司负有支付租金的义务，享有使用施工电梯的权利，但甲公司如未经乙公司同意，不得向丙公司转让合同权利(即施工电梯的使用权)，原因在于甲公司拥有操作施工电梯的专门技术、管理人员，乙公司是基于对甲公司管理水平和妥善使用方面的信任而出租该施工电梯的。如果甲公司转让该合同权利，丙公司有错误操作之虞，就有违乙公司订立合同之本意。凡此种种，其合同权利不得转让。

② 按照当事人约定不得转让。根据意思自治的原则，合同当事人有订立契约的自由。当然，该自由必须不得违反法律和行政法规的强制性或禁止性的规定和社会公共利益，只要当事人关于合同权利不得转让的约定依法成立，双方就必须严格遵守，否则，让与人就须承担违约责任。

③ 依照法律规定不得转让。法律对合同权利的转让有禁止性规定的，当事人不得转让。违法转让的，不发生转让的效力，债务人有权拒绝向合同权利的"受让人"履行债务。

(2) 合同权利转让的程序和方式。如上所述，合同权利的转让也是一种合同行为。因此，债权人与受让人转让合同权利的，其合同权利转让的程序和方式如下：

① 债权人与受让人订立书面协议。合同权利的转让涉及多方当事人，为了便于各当事人行使权力和履行债务，减少举证困难，合同权利的转让应当采取书面形式确认之。

② 法律、行政法规规定转让合同权利应当办理批准、登记等手续的，依法办理。在法律、行政法规规定转让合同权利应当办理批准、登记手续的情况下，履行该法律手续系合同权利转让协议生效的必要条件，当事人必须办理，否则转让无效。

③ 通知债务人。《民法典》规定："债权人转让债权，未通知债务人的，该转让对债务人不发生效力。债权转让通知不得撤销，但是经受让人同意的除外。"

关于通知债务人的形式，根据合同法律的基本原理，除即时清结者外，应当采取书面形式。合同对通知的形式有约定的，从约定。

(3) 合同权利转让的效力。合同权利依法转让后，产生一定的法律效力，即合同权利转让对内的效力和对外的效力。

① 合同权利转让对内效力。这是指合同权利依法转让对债权人(让与人)与受让人之间所发生的法律约束力。合同权利转让对内效力表现为以下几种。

A. 合同权利由让与人转让给受让人。如果合同权利转让为部分转让，受让人与原合同权利的债权人一同成为债权的主体；如果合同权利为全部转让，则受让人取代让与人，成为合同权利的主体。

B. 受让人受让合同权利。受让合同权利的同时依附于合同权利的其他从权利如利息债权、定金债权、抵押权、留置权等也一并受让。但合同解除权等以原债权人的身份为存在前提的其他从权利，不能随合同权利一并转让。

C. 让与人须就其转让的合同权利对受让人承担瑕疵担保的责任。即必须保证该合同权利真实、有效，不存在瑕疵。如果由于该合同权利存在瑕疵而给受让人造成损失的，应当赔偿。

② 合同权利转让对外效力。合同的债务人不是合同权利转让的当事人，但因该转让与债务人有直接利害关系，也对债务人产生法律约束力，该约束力即为合同权利转让的对外效力。

受让人依转让合同取得合同权利后，债务人应当向该受让人履行债务。但法律为了保护债务人的合法权益，不因债权人转让债权而蒙受损失，规定债务人对让与人的抗辩权也适用对受让人行使。例如，如果债权人转让债权时，该债权已经超过诉讼时效期间，则债务人有权以此为抗辩理由，拒绝向受让人履行债务。

2. 合同义务的转让

合同义务的转移包括债务的承担和第三人代替债务人履行债务两种情况，这两种情况为广义上的合同义务的转移，而狭义上的合同义务的转移仅指债务的承担。债务的承担，是指合同当事人协议将合同债务转移由第三人承担。根据转移程度的不同，债务的转移又分为债务的全部转移和债务的部分转移两种情况。

债务的代替履行，是指债务人与第三人达成协议，由第三人代替债务人向债权人履行合同义务。在债务代替履行的情形下，债权人与第三人并不发生合同关系，而只是债务人与第三人之间发生合同关系，债权人与第三人之间彼此不能请求对方履行债务。

(1) 合同义务全部转移与部分转移的含义。合同义务的全部转移亦即合同债务的全部转移，是指第三人与债务人或与债权人达成转移债务的协议，由第三人承担原债务人所承担的债务。合同义务全部转移的特点是：债务的全部转移只是合同债务主体的变更，即由第三人取代原债务人成为合同债务的主体，并不发生债权债务在内容上的变化，第三人即新的债务人必须依原合同的约定承担由原债务人所承担的债务，并应承担与主债务有关的从债务，但该从债务专属于原债务人自身的，免于承担。当然，新的债务人对原债务人依合同关系所享有的对债权人的抗辩权可以继续行使。

合同义务的部分转移亦即合同债务的部分转移，是指第三人与债务人或与债权人达成转移部分债务的协议，由第三人与原债务人一同向债权人履行债务。第三人与原债务人共同对债权人承担债务的形式有两种：其一是第三人与债务人按约定的债务份额承担债务，各自独立履行；其二是第三人与债务人没有约定各自承担的债务份额，而是共同履行债务，对债权人承担连带责任。合同义务部分转移的特点是：债务的部分转移也引起合同债务主体的变更，但不是由第三人取代原债务人成为合同债务的主体，而是由第三人与原债务人一同成为合同债务的主体；合同债权、债务的内容也不因为第三人的加入而发生变化，第三人与原债务人须按原合同的约定向债权人履行债务。

(2) 合同义务转移的发生方式。合同义务转移的发生方式有两种：第三人与债务人订立债务转移协议，并经债权人同意；第三人与债权人订立承担债务协议，并经债务人同意。

第三人与债务人订立债务转移协议应当经债权人同意，是因为合同一经依法订立即产生约束力，债务人必须严格按合同的约定亲自履行债务，努力保证债权人的利益得以实现，而当债务人向第三人转移债务时，第三人的履约能力、履约的努力程度如何，都将严重影响债权人的利益，因此，为充分保障债权人的利益，凡债务人转移债务的，必须征得债权人的同意。如未经债权人同意，转移债务的协议无效，原债务人不履行或怠于履行债务的，承担违约责任。

3. 合同权利义务的概括转让

合同权利义务的概括转让，是指原合同的一方当事人将其合同权利和合同义务统一转让给第三人，由第三人行使权利和承担义务。合同权利义务概括转让与合同权利转让、合同义务转移的区别在于，它是权利义务全部转让，而后两者为单纯的债权或债务转移。

合同权利义务概括转让的特点在于，第三人完全取代让与人的地位而成为合同的一方当事人，而让与人则完全退出原合同法律关系，不再享有债权和承担债务。

根据《民法典》的规定，合同权利义务概括转让发生的原因有两方面：一是基于当事人的合意；二是基于法律的直接规定。

(1) 基于当事人的合意而发生的转让。当事人达成概括转让合同权利义务协议的方式实质上是合同的承受，是指一方当事人经对方当事人同意，与第三人约定由该第三人行使其全部合同权利和承担其全部合同义务。

由于债权债务的概括转让是同一当事人统一转让其合同权利和合同义务，因而发生债权债务概括转让的情形一般仅限于双务合同，如建设工程合同等。建设工程合同签订后，承包方依法定程序退出该合同而改由第三人承包，原承包方不再享有收取工程价款的权利，也不再负有施工的义务，而改由第三人承受。

合同权利义务基于当事人的合意而发生转让的，也适用单纯的债权转让和债务转移的有关法律规定，如须经对方同意等。尤应强调指出的是，建设工程合同特别是建设工程施工承包合同的合同权利和义务的概括转让，应当履行严格的审批登记手续，换言之，建设工程合同权利义务的概括转让，要严格加以限制。

(2) 基于法律直接规定而发生的转让。基于法律直接规定而发生的合同权利义务的概括转让，是指受让人概括承受合同一方当事人的权利和义务系根据法律的直接规定，而不是有关当事人同意的结果。最常见的是企业的合并和分立。

企业的合并是指两个或者两个以上的企业合并成一个新的企业。企业合并后，由新的企业行使原有企业的权利和承担义务。企业的分立是指一个企业分为两个或两个以上的企业。

《民法典》规定："法人合并的，其权利和义务由合并后的法人享有和承担。法人分立的，其权利和义务由分立后的法人享有连带债权，承担连带债务，但是债权人和债务人另有约定的除外。"

四、合同的权利义务终止

合同的权利义务终止，是指依法生效的合同，因具备法定或约定的情形，合同的债权债务归于消灭，债权人不再享有合同权利，债务人也不必再履行合同义务。

《民法典》规定，有下列情形之一的，债权债务终止：① 债务已经履行；② 债务相互抵销；③ 债务人依法将标的物提存；④ 债权人免除债务；⑤ 债权债务同归于一人；⑥ 法律规定或者当事人约定终止的其他情形。合同解除的，该合同的权利义务关系终止。

合同的权利义务终止后，当事人应当遵循诚信原则，根据交易习惯履行通知、协助、保密、旧物回收等义务。

(一) 建设工程合同的解除

合同解除是合同权利义务终止的原因之一。所谓建设工程合同的解除，是指建设工程合同依法成立后开始履行之前或者未全部履行完毕之前，当事人根据法律规定或者合同约定的条件和程序，消灭双方的承包合同法律关系。

1. 合同解除的分类

合同解除分为协议解除与单方解除。协议解除，是当事人双方就消灭有效合同达成意思表示一致。单方解除又分为约定解除和法定解除。单方约定解除是指当合同约定的解除情形出现时，享有解除权的一方以单方意思表示使合同解除。单方法定解除是以法律的直接规定行使解除权。

2. 合同解除的条件

合同解除的条件，可简单划分为两大类，即法律直接规定的条件和当事人约定的条件。我国法律为鼓励交易，促进社会经济发展，更多地从合同解除应当具备的条件的角度作出规定。根据《民法典》的规定，建设工程合同有下列情况之一的，可引起合同的解除。

(1) 承发包双方经协商一致的，可以解除合同。当然，当事人的约定不得违反法律规定，也不得违反社会公共利益。

协商的方式，可以是在订立合同时约定解除合同的条件，也可以是在合同履行过程中根据合同履行的具体情况进行商定。合同系根据当事人的合意而订立，当然也可以根据当事人的合意而变更或解除。在一般情况下，合同只要经过当事人协商一致，便可变更或解除。法律确认这一原则的目的就在于使当事人的合同法律关系能适应客观情况的变化，实现相应的经济利益目的，避免浪费或损失。

我国实行的是有计划的市场经济，很多项目特别是国家的重大建设工程项目施工承包合同是以国家批准的建设计划为基础而订立的，因此，这类合同的解除不得违反国家基本建设计划，不得损害社会公共利益。

(2) 由于发生不可抗力情况致使建设工程承包合同的目的不能实现。不可抗力是指人力无法抗拒或者无法克服的某种事实,如地震、洪水、战争等。不可抗力事实的发生,合同当事人无法避免并无法克服,并非当事人的过错所造成的。因此,如果由于不可抗力的原因导致合同的目的不能实现的,应当允许解除合同。但是,依法可以不履行合同义务的一方有尽早告知对方不可抗力情况的义务,如怠于告知,应对对方因此而遭受的损失承担赔偿责任。

(3) 在合同履行期限届满之前,一方当事人明确表示或者以自己的行为表明不履行主要债务的,对方可以解除合同。合同义务往往有主次之分,主要义务是否履行,直接决定债权人是否能够实现订立合同的目的。在履行期限届满之前,如果一方当事人明确表示或者以自己的行为表示不履行主要债务的,已充分表明债务人违约的故意是明显的,而且在追求该结果的发生,也决定了债权人订立合同的目的无法实现,因此,允许对方当事人解除合同是适当的。例如,建设工程的施工方在合同履行期限届满之前只是非常缓慢地完成了"三通一平"的工作,而对主体工程何时开始施工既未制订方案,也未组织人力、物料进场,则应认定承包人(施工单位)已经以其行为表明不履行主要义务,发包人有权解除合同。认定当事人一方明确表示不履行债务的,该意思表示应为书面形式,并且该书面文件已送达债权人,否则不宜认定债务人已作出了不履行债务的意思表示。

对债务人在合同履行期届满时仍未履行任何义务,债务人的这种违约行为系违约最严重的情形,债权人享有解除合同的权利。

(4) 一方当事人迟延履行主要债务,经催告后在合理期限内仍未履行的,对方可以解除合同。债务人于履行债务的期限届满后,如果尚未履行主要债务,经催告在合理的时间内能够履行且基本能满足债权人订立合同的目的的,未经催告不允许解除合同;但如果经催告,债务人未能履行或怠于履行的,允许对方解除合同。

法律作出上述规定,旨在公平保护合同双方的利益。在债务人迟延履行主要债务的情况下,其作为固然违约,但往往其违约行为所造成的后果并不严重,通过及时补救尚能基本实现债权人订立合同的目的,换言之,债务人的行为未构成根本违约。

(5) 当事人一方迟延履行债务或者有其他违约行为,致使不能实现合同目的的。履行债务的时间因素对债权人实现债权具有重要意义。如果债务人迟延履行债务已经导致产生合同目的的不能实现的后果,表明债务人的行为已构成根本违约。在这种情况下,债权人得以行使解除合同权。

债务人违约的行为形态多种多样,不同形态的违约行为对债权人实现合同目的的影响程度也不一样,只要该违约行为属于"致使不能实现合同目的"的情况,债权人就可以解除合同。

(6) 国家取消基本建设计划的。凡根据国家基本建设计划签订合同的,国家基本建设计划取消时,合同即因丧失履行或者继续履行的基础而解除。

3. 合同解除的程序和方式

(1) 双方协议解除合同的,适用订立合同的程序。双方协议解除合同,实质上就是订立一个以解除原建设工程合同为内容的合同,因而协议解除合同应当适用订立合同的程序，即由提议解除合同的一方提出解除合同的意见，经双方平等协商一致，解除合同的协议即成立。

(2) 由于一方严重违约，另一方依法行使解除合同权利的，应当以书面形式通知对方，合同自通知到达对方时解除。

(3) 如该合同的解除依法律、行政法规的规定应当向有关部门办理批准、登记等手续的，应按有关规定办理后，始发生解除合同的效力。

4. 合同解除的法律后果

建设工程合同解除后，合同法律关系消灭，当事人不再依该合同取得权利或承担义务。

合同尚未开始履行的，不再履行；已经开始履行的，停止履行。但合同的终止不影响合同中结算和清理条款的效力，也不影响当事人请求损害赔偿的权利。

合同解除后的债权债务清理，应当以恢复原状为原则，不能恢复原状的，折价补偿。例如，如果承包人尚未进场施工，应返还已经预收的工程款；如果承包人已经完成了一定的工作量，所完成的工作属于无法恢复原状的情形，应由发包人支付相应的劳务款。如果是由于一方当事人的过错造成合同解除的，该当事人应向对方承担违约责任，即支付违约金和相应的损害赔偿金，如果双方都有过错，分别承担相应的过错责任。

(二) 抵销

当事人互负到期债务，该债务的标的物种类、品质相同的，任何一方可以将自己的债务与对方的债务抵销，但依照法律规定或者按照合同性质不得抵销的除外。

当事人互负债务，标的物种类、品质不相同的，经双方协商一致，也可以抵销。

(三) 提存

提存是指因债权人的原因致使债务人无法向债权人清偿其债务时，债务人将合同标的物交付给特定的提存机关，从而产生与债务清偿相同后果的法律制度。

《民法典》规定，有下列情形之一，难以履行债务的，债务人可以将标的物提存：① 债权人无正当理由拒绝受领；② 债权人下落不明；③ 债权人死亡未确定继承人、遗产管理人，或者丧失民事行为能力未确定监护人；④ 法律规定的其他情形。

标的物不适于提存或者提存费用过高的，债务人依法可以拍卖或者变卖标的物，提存所得的价款。标的物提存后，除债权人下落不明的以外，债务人应当及时通知债权人或者债权人的继承人、监护人。标的物提存后，毁损、灭失的风险由债权人承担。提存期间，标的物的孳息归债权人所有。提存费用由债权人负担。

债权人可以随时领取提存物，但债权人对债务人负有到期债务的，在债权人未履行债务或者提供担保之前，提存部门根据债务人的要求应当拒绝其领取提存物。债权人领取提存物的权利，自提存之日起 5 年内不行使而消灭，提存物扣除提存费用后归国家所有。

第四节　合同违约责任

一、违约责任的概念及方式

违约责任，是指当事人任何一方违约后，依照法律规定或者合同约定必须承担的法律制裁。关于违约责任的方式，《民法典》规定了三种主要方式：

(1) 继续履行合同。继续履行合同是要求违约债务人按照合同的约定，切实履行所承担的合同义务。《民法典》规定，当事人一方不履行金钱债务或者履行非金钱债务不符合约定的，对方可以要求履行，但有下列情形之一的除外：

① 法律上或者事实上不能履行；

② 债务的标的不适于强制履行或者履行费用过高；

③ 债权人在合理期限内未请求履行。

(2) 采取补救措施。采取补救措施，是指在当事人违反合同后，为防止损失发生或者扩大，由其依照法律或者合同约定而采取的修理、更换、退货、减少价款或者报酬等措施。采用这一违约责任的方式，主要是在发生质量不符合约定的时候。

(3) 赔偿损失。赔偿损失，是指合同当事人就其违约而给对方造成的损失给予补偿的一种方法。关于赔偿损失的范围，《民法典》规定："当事人一方不履行合同义务或者履行合同义务不符合约定，造成对方损失的，损失赔偿额应当相当于因违约所造成的损失，包括合同履行后可以获得的利益；但是，不得超过违约一方订立合同时预见到或者应当预见到的因违约可能造成的损失"。

关于赔偿损失的方法，《民法典》规定："当事人可以约定一方违约时应当根据违约情况向对方支付一定数额的违约金，也可以约定因违约产生的损失赔偿额的计算方法。约定的违约金低于造成的损失的，人民法院或者仲裁机构可以根据当事人的请求予以增加；约定的违约金过分高于造成的损失的，人民法院或者仲裁机构可以根据当事人的请求予以适当减少。"此外，《民法典》还规定："当事人可以约定一方向对方给付定金作为债权的担保。""债务人履行债务的，定金应当抵作价款或者收回。给付定金的一方不履行债务或者履行债务不符合约定，致使不能实现合同目的的，无权请求返还定金；收受定金的一方不履行债务或者履行债务不符合约定，致使不能实现合同目的的，应当双倍返还定金。""当事人既约定违约金，又约定定金的，一方违约时，双方可以选择适用违约金或者定金条款。"

二、违约金与定金

1. 违约金

违约金是指当事人在合同中或合同订立后约定因一方违约而应向另一方支付一定数额的金钱。违约金可以分为法定违约金和约定违约金。法定违约金是指法律规定的一方当事人违约后向另一方承担固定金额、固 定比率或一定幅度比率的违约金。从我国现行法律的规定来看，法定违约金主 要由法律、法规具体规定违约金的数额、违约金的固定比率或违约金的比率幅度，具体比率由当事人在此幅度内具体商定。约定违约金是指双方当事人在合同中约定的一方当事人违约后向另一方承担一定数额的违约金。当事人可以约定一方违约时应当根据违约情况向对方支付一定数额的违约金，也可以约定因违约产生的损失赔偿额的计算方法。

约定违约金低于造成的损失的，当事人可以请求人民法院或者仲裁机构予以增加；约定违约金过分高于造成的损失的，当事人可以请求人民法院或者仲裁机构予以适当减少。

当事人就迟延民法典定违约金的，违约方支付违约金后，还应当履行债务。

当事人依照《民法典》的规定请求人民法院增加违约金的，增加后的违约金数额以不超过实际损失额为限。增加违约金以后，当事人又请求对方赔偿损失的，人民法院不予支持。

当事人主张约定的违约金过高请求予以适当减少的，人民法院应当以实际损失为基础，兼顾合同的履行情况、当事人的过错程度以及预期利益等综合因素，根据公平原则和诚实信用原则予以衡量，并作出裁决。

当事人约定的违约金超过造成损失的 30%的，一般可以认定为合同法律规定的"过分高于造成的损失"。

2. 定金

定金是合同当事人一方预先支付给对方的款项，其目的在于担保合同债权的实现。当事人可以依照《民法典》约定一方向对方给付定金作为债权的担保。债务人履行债务后，定金应当抵作价款或者收回。给付定金的一方不履行约定的债务的，无权要求返还定金；收受定金的一方不履行约定的债务的，应当双倍返还定金。

定金是债权担保的一种形式，具有从属性质。因此，定金合同只能依附于其所担保的债权合同而存在。而违约金存在于主合同之中，它们可能单独存在，也可能同时存在。当事人既约定违约金，又约定定金的，一方违约时，对方可以选择适用违约金或者定金条款。

三、违约责任的免除

合同生效后，当事人不履行合同或者履行合同不符合合同约定，都应承担违约责任。但是，根据《民法典》的规定，当发生不可抗力时，可以部分或全部免除当事人的违约责任。

(1) 不可抗力的法律后果。

① 合同全部不能履行，当事人可以解除合同，并免除全部责任；

② 合同部分不能履行，当事人可部分履行合同，并免除其不履行的部分责任；

③ 合同不能按期履行，当事人可延期履行合同，并免除其迟延履行的责任。

(2) 遭遇不可抗力一方当事人的义务。根据《民法典》的规定，一方当事人因不可抗力不能履行合同义务时，应承担如下义务：

① 应当及时采取一切可能采取的有效措施避免或者减少损失；
② 应当及时通知对方；
③ 当事人应当在合理期限内提供证明。

四、非违约一方的义务

《民法典》对此明确规定："当事人一方违约后，对方应当采取适当措施防止损失的扩大；没有采取适当措施致使损失扩大的，不得就扩大的损失请求赔偿。当事人因防止损失扩大而支出的合理费用，由违约方承担。"

第五节　建设工程施工合同

建设工程施工合同是建设工程合同中的重要部分，是指施工人(承包人)根据发包人的委托，完成建设工程项目的施工工作，发包人接受工程成果并支付报酬的合同。

一、建设工程施工合同的法定形式

《民法典》规定，当事人订立合同，有书面形式、口头形式和其他形式。

1. 口头形式

口头形式的合同是指当事人以直接对话的方式或者通过通信设备如电话交谈订立合同。它广泛应用于社会生活的各个领域，与人们的衣食住行密切相关，如在自由市场买菜、在商店买衣服等。现代合同法律之所以对合同形式实行不要式为主的原则，其重要原因也正在于此。合同的口头形式，无须当事人约定。凡当事人无约定或法律未规定特定形式的合同，均可以采取口头形式。

合同采取口头形式的优点是简便快捷。其缺点在于发生纠纷时取证困难。所以，对于可以即时清结、关系比较简单的合同，适于采用这种形式。对于不能即时清结的合同以及较为复杂重要的合同则不宜采用这种合同形式。

2. 书面形式

书面形式是指以合同书、信件以及数据电文(包括电报、电传、传真、电子数据交换和电子邮件)等可以有形地表现所载内容的形式。建设工程合同一般具有合同标的额大、合同内容复杂、履行期较长等特点，为慎重起见，更应当采用书面形式。《民法典》第七百八十九条又明确规定："建设工程合同应当采用书面形式。"在实践中，较大工程项目一般都采用合同书的形式订立合同。通过合同书，写明当事人名称、地址，工程的名称和工程范围，明确履行内容、方式、期限、违约责任以及承包方式等。勘察、设计合同，还应当明确提交勘察或者设计基础资料、设计文件(包括概预算)的期限，设计的质量要求，勘察或者设计费用以及其他协作条件等内容。施工合同还应明确工程范围、建设工期、中间交工工程的开工和竣工时间、工程质量、工程造价、技术资料交付时间、材料和设备供应责任、拨款和结算、竣工验收、工程质量保修范围和质量保证期、双方互相协作等内容。当事人也可以参照示范文本订立建设工程合同。

3. 其他形式

其他形式主要指行为形式，即当事人并不直接用口头或者书面形式进行意思表示，而是通过实施某种作为或者不作为的行为方式进行意思表示。前者是明示意思表示的一种，如顾客到自选商场购买商品，直接到货架上拿取商品，支付价款后合同即成立，无须以口头或书面形式确立双方的合同关系；后者是默示意思表示方式，如存在长期供货业务关系的企业之间，一方当事人在收到与其素有业务往来的相对方发出的订货单或提供的货物时，如不及时向对方表示拒绝接受，则推定为同意接受。但不作为的意思表示只有在有法定或约定、存在交易习惯的情况下，才可视为同意的意思表示。《民法典》承认合同的"其他形式"，与我国经济的发展、交易形态的日益多样化是符合的。如果仅仅拘泥于书面形式和口头形式，将使一些交易变得过于烦琐，不利于鼓励交易。人民法院在审判实践中，应当正确把握合同法律的立法目的，依法处理"其他形式"的合同。

二、建设工程施工合同的内容

《民法典》规定："施工合同的内容一般包括工程范围、建设工期、中间交工工程的开工和竣工时间、工程质量、工程造价、技术资料交付时间、材料和设备供应责任、拨款和结算、竣工验收、质量保修范围和质量保证期、相互协作等条款。"

(一) 工程范围

工程范围是指施工的界区，是施工人进行施工的工作范围。

(二) 民法典建设工期

建设工期是指施工人完成施工任务的期限。在实践中，有的发包人常常要求缩短工期，施工人为了赶进度，往往导致严重的工程质量问题。因此，为了保证工程质量，双方当事人应当在施工合同中确定合理的建设工期。

(三) 中间交工工程的开工和竣工时间

中间交工工程是指施工过程中的阶段性工程。为了保证工程各阶段的交接，顺利完成工程建设，当事人应当明确中间交工工程的开工和竣工时间。

(四) 工程质量

工程质量条款是明确施工人的施工要求，确定施工人责任的依据。施工人必须按照工程设计图纸和施工技术标准施工，不得擅自修改工程设计，不得偷工减料。发包人也不得明示或者暗示施工人违反工程建设强制性标准，降低建设工程质量。

(五) 工程造价

工程造价是指进行工程建设所需的全部费用，包括人工费、材料费、施工机械使用费、措施费等。在实践中，有的发包人为了获得更多的利益，往往压低工程造价，而施工人为了营利或不亏本，不得不偷工减料、以次充好，结果导致工程质量不合格，甚至造成严重的工程质量事故。因此，为了保证工程质量，双方当事人应当合理确定工程造价。

(六) 技术资料交付时间

技术资料主要是指勘察、设计文件以及其他施工人据以施工所必需的基础资料。当事人应当在施工合同中明确技术资料的交付时间。

(七) 材料和设备供应责任

材料和设备供应责任是指由哪一方当事人提供工程所需材料设备及其应承担的责任。材料和设备可以由发包人负责提供，也可以由施工人负责采购。如果按照合同约定由发包人负责采购建筑材料、构配件和设备，发包人应当保证建筑材料、构配件和设备符合设计文件和合同要求。施工人则须按照工程设计要求、施工技术标准和合同约定，对建筑材料、构配件和设备进行检验。

(八) 拨款和结算

拨款是指工程款的拨付。结算是指施工人按照合同约定和已完工程量向发包人办理工程款的清算。拨款和结算条款是施工人请求发包人支付工程款和报酬的依据。

(九) 竣工验收

竣工验收条款一般应当包括验收范围与内容、验收标准与依据、验收人员的组成、验收方式和日期等内容。

(十) 质量保修范围和质量保证期

建设工程质量保修范围和质量保证期，应当按照《建设工程质量管理条例》的规定执行。

(十一) 双方相互协作条款

双方相互协作条款一般包括双方当事人在施工前的准备工作，施工人及时向发包人提出开工通知书、施工进度报告书，对发包人的监督检查提供必要协助等。

三、建设工程施工合同发、承包双方的主要义务

(一) 发包人的主要义务

1. 不得违法发包

《民法典》规定，发包人不得将应当由一个承包人完成的建设工程支解成若干部分发包给数个承包人。

2. 提供必要的施工条件

发包人未按照约定的时间和要求提供原材料、设备、场地、资金、技术资料的，承

包人可以顺延工程日期，并有权要求赔偿停工、窝工等损失。

3. 及时检查隐蔽工程

隐蔽工程在隐蔽以前，承包人应当通知发包人检查。发包人没有及时检查的，承包人可以顺延工程日期，并有权要求赔偿停工、窝工等损失。

4. 及时验收工程

建设工程竣工后，发包人应当根据施工图纸及说明书、国家颁发的施工验收规范和质量检验标准及时进行验收。

5. 支付工程价款

发包人应当按照合同约定的时间、地点和方式等，向承包人支付工程价款。

(二) 承包人的主要义务

1. 不得转包和违法分包工程

承包人不得将其承包的全部建设工程转包给第三人，不得将其承包的全部建设工程肢解以后以分包的名义分别转包给第三人。禁止承包人将工程分包给不具备相应资质条件的单位。禁止分包单位将其承包的工程再分包。

2. 自行完成建设工程主体结构施工

建设工程主体结构的施工必须由承包人自行完成。承包人将建设工程主体结构的施工分包给第三人的，该分包合同无效。

3. 接受发包人的有关检查

发包人在不妨碍承包人正常作业的情况下，可以随时对作业进度、质量进行检查。隐蔽工程在隐蔽以前，承包人应当通知发包人检查。

4. 交付竣工验收合格的建设工程

建设工程竣工经验收合格后，方可交付使用；未经验收或者验收不合格的，不得交付使用。

5. 建设工程质量不符合约定的无偿修理

因施工人的原因致使建设工程质量不符合约定的，发包人有权要求施工人在合理期限内无偿修理或者返工、改建。经过修理或者返工、改建后，造成逾期交付的，施工人应当承担违约责任。

第六节　FIDIC 工程施工合同条件

一、FIDIC 组织简介

FIDIC 是"国际咨询工程师联合会"的简称，其相应的英文名称是 International Federation of consulting Engineers。FIDIC 是 1913 年由瑞士、法国、比利时三个欧洲国家的咨询工程师协会创立的，第二次世界大战结束后 FIDIC 迅速发展起来。1949 年后，英国、美国、澳大利亚、加拿大等国相继加入，我国工程咨询协会在 1996 年正式加入 FIDIC 组织，截至 2006 年，该组织已经有 76 个成员国。

FIDIC 是一个非官方机构，其宗旨是：通过编制高水平的标准文件，召开研讨会，传播工程信息，从而推动全球工程咨询行业的发展。

二、FIDIC 合同条件简介

FIDIC 在 1999 年出版了四份新的合同标准格式，以逐步取代以前的合同条件。

1. 施工合同条件

施工合同条件(Conditions of Contract for Construction)又称新红皮书，其与原红皮书相对应，但适用范围更大，适用于各类大型或较复杂的工程项目或施工总承包项目。业主委派工程师管理合同，检查工程进度、质量，签发支付证书和其他证书，以及监督由雇主设计的或由其代表工程师设计的房屋建筑或工程(Building or Engineering Works)施工。在这种合同形式下，承包商一般都按照雇主提供的设计施工，但工程中的某些土木、机械、电力和建造工程也可能由承包商设计。

2. 永久设备和设计—建造合同条件

永久设备和设计—建造合同条件(Conditions of Contract for Plant and Design-Build)又称新黄皮书，适用于电力和机械设备的提供，以及房屋建筑或工程的设计和施工。在新黄皮书条件下，承包商的基本义务是完成永久设备的设计、制造和安装，通常情况是由承包商按照业主的要求，设计和提供生产设备或其他工程，可以包括土木、机械、电气和建筑物的任何组合。该合同条件也是由通用条件、专用条件与投标函、合同协议书和争端裁决协议书格式三部分组成，其通用条款共二十条一百六十七款。其中第五条一般设计和第十二条竣工后检验与《施工合同条件》不同，其他通用条款相同。

《永久设备和设计—建造合同条件》合同范本适用于建设项目规模大、复杂程度高、承包商提供设计的情况。《永久设备和设计—建造合同条件》与《施工合同条件》相比，最大区别在于前者业主不再将合同的绝大部分风险由自己承担，而将一定的风险转移给承包商。

3. EPC/交钥匙工程合同条件

EPC/交钥匙工程合同条件(Conditions of Contract for EPC/Tumkey Projects)又称银皮书，适用于在交钥匙的基础上进行的工厂或其他类似设施的加工或能源设备的提供，或基础设施项目和其他类型的开发项目的实施，这种合同条件适用于对最终价格和施工时间的确定性要求较高以及承包商完全负责项目的设计和施工，业主基本不参与工作的情况。

4. 简明合同格式

简明合同格式(Short Form of Contract)又称绿皮书，该合同条件被推荐用于价值相对较低的房屋建筑或土木工程。根据工程的类型和具体条件的不同，也适用于价值较高的工程，特别是较简单的，或重复性的，或工期短的工程。在这种合同形式下，一般都是由承包商按照雇主或其代表工程师提供的设计实施工程，但对于部分或完全由承包商设计的土木、机械、电力和建造工程的合同也同样适用。

三、FIDIC《施工合同条件》简介

《施工合同条件》是 FIDIC 编写的适用于土木建筑工程施工和设备安装的标准化合同格式，类似于我国建设工程项目中普遍采用的《建设工程施工合同(示范文本)》(GF—2013—0201)。《施工合同条件》最初的版本是 FIDIC 于 1945 年在美国土木工程师学会(ICE)制定的《合同条款》第 3 版的基础上经补充修订而成的。

随着国际工程规模的扩大和工程情况的复杂性增大，FIDIC 又先后编制了适合土木工程以外的其他方面的两个合同条件及一个与《土木工程施工合同条件》配套的《土木工程施工分包合同条件》。另外两个合同条件是《电气与机械工程合同条件》和《设计—建造与交钥匙工程合同条件》。

四、FIDIC《施工合同条件》的文本结构与特点

1. FIDIC《施工合同条件》的文本结构

就合同条件而言，《施工合同条件》包括通用条件和专用条件。与前章所讲的国内施工合同条款一样，通用条件是一般土木工程所共同具备的共性条款，具有规范性、可靠性、完备性和适用性等特点，该部分可适用于任何工程项目。专用条件与通用条件相对应，是合同双方根据企业实际情况和工程项目的具体特点，经过协商达成一致的内容，是对通用条款的确认、补充和修改，与通用条款一起构成了整个合同的主体内容。就一项完整的合同来说，光有通用条件和专用条件还不够，还必须和其他必不可少的条款一起构成一项完整的合同。

通用条件中明确规定，合同实际是全部合同文件的总称。全部的合同文件包括：

(1) 合同协议书；

(2) 中标函；

(3) 投标函；

(4) 规范；

(5) 图纸；

(6) 明细表；

(7) 合同协议书或中标函中所列出的文件。

以上各项文件在通用条款中都有明确的定义。

2. FIDIC《施工合同条件》的特点

《施工合同条件》之所以能够在国际上得到广泛的认可和使用，是由于它总结了近百年来国际工程承包活动的经验，在合同条款内明确划分了各有关方的责任，规范了合同履行过程中的管理程序，条款内容涵盖了合同履行过程中可能发生的各类情况，兼顾到不同地区合同双方的利益，合同的多数条款和格式都能为双方所接受。

具体来说，《施工合同条件》有如下特点：

(1) 作为一套国际上通用的合同标准文本，较好地反映了当今国际工程建设中的惯例，能为全球范围内大多数国家和地区的业主及承包商所接受，体现了公平、经济、竞争的原则。

(2) 合同体系完整、严密，科学地把工程技术、管理、经济和法律有机地结合起来，并形成了相对固定的合同格式，条理清晰，逻辑性强，便于应用。

(3) 对业主、承包商、工程师各自的权利和义务规定明确，风险分担公平合理，能较好地避免合同执行过程中过多地产生纠纷和索赔事件。

(4) 通过承包商在工程造价、施工技术、质量管理等多方面的公平竞争，能有效地控制工程质量、造价和工期，照顾到了业主与承包商双方的利益。

(5) 特别适用于国际大型复杂工程的合同管理。从工程施工计划的制定，直到竣工验收及保修期，合同条件都有完整的规定，便于双方计划管理。

《施工合同条件》虽然有很多优点并被国际工程界广泛接受，但也存在着不少缺点，比如对工程师地位的规定就不被一些国家所接受，准确但烦琐的合同条款也不利于一些小型项目的应用。好在《施工合同条件》1999 年版已经做了改进，并增加了适用于小型项目的《简明合同格式》，为规模大小不等的、内容千差万别的建设工程的业主和承包商提供了方便。

五、FIDIC《施工合同条件》的应用

1. FIDIC《施工合同条件》的应用前提

FIDIC 合同条件注重业主、承包商、工程师三方的关系协调，强调工程师在项目管理中的作用。在土木工程施工中应用 FIDIC 合同条件应具备以下前提：

(1) 通过竞争性招标确定承包商。

(2) 委托工程师对工程施工进行管理。

(3) 按照固定单价方式编制招标文件。

2. FIDIC《施工合同条件》的应用基本工作程序

一般来说，应用 FIDIC 合同条件大致需要经过以下主要工作程序：

(1) 确定工程项目；

(2) 筹措资金；

(3) 选择工程师；

(4) 签订监理委托合同；

(5) 委托勘察设计单位对工程项目进行勘察设计，也可委托工程师对此进行监理；

(6) 确定承包商；

(7) 业主与承包商签订施工承包合同；

(8) 承包商办理合同要求的履约担保、预付款保函、保险等事项，并取得业主的批准。

第七节　建设工程纠纷的主要种类和法律解决途径

　　法律纠纷是指公民、法人、其他组织之间因人身、财产或其他法律关系所发生的对抗冲突(或者争议)，主要包括民事纠纷、行政纠纷、刑事纠纷。民事纠纷是指平等主体间的有关人身、财产权的纠纷；行政纠纷是指行政机关之间或行政机关同公民、法人和其他组织之间由于行政行为而产生的纠纷；刑事纠纷是指因犯罪而产生的纠纷。

一、建设工程纠纷的主要种类

　　由于建设工程项目通常具有投资大、建造周期长、技术要求高、协作关系复杂和政府监管严格等特点，因而在建设工程领域里常见的是民事纠纷和行政纠纷。

(一) 建设工程民事纠纷

　　建设工程民事纠纷是在建设工程活动中平等主体之间发生的以民事权利义务法律关系为内容的争议。民事纠纷作为法律纠纷的一种，一般来说，是因为违反了民事法律规范而引起的。民事纠纷可分为两大类：一类是财产关系方面的民事纠纷，如合同纠纷、损害赔偿纠纷等；另一类是人身关系的民事纠纷，如名誉纠纷、继承权纠纷等。

　　民事纠纷具有以下三个特点：

　　(1) 民事纠纷主体之间的法律地位平等。

　　(2) 民事纠纷的内容是对民事权利义务的争议。

　　(3) 民事纠纷的可处分性。这主要是针对有关财产关系的民事纠纷，而有关人身关系的民事纠纷多具有不可处分性。在建设工程领域，较为普遍和重要的民事纠纷主要是合同纠纷、侵权纠纷。

　　① 合同纠纷是指因合同的生效、解释、履行、变更、终止等行为而引起的合同当事人之间的所有争议。合同纠纷的内容，主要表现在争议主体对于导致合同法律关系产生、变更与消灭的法律事实以及法律关系的内容有着不同的观点与看法。合同纠纷的范围涵盖了一项合同从成立到终止的整个过程。在建设工程领域，合同纠纷主要有工程总承包合同纠纷、工程勘察合同纠纷、工程设计合同纠纷、工程施工合同纠纷、工程监理合同纠纷、工程分包合同纠纷、材料设备采购合同纠纷以及劳动合同纠纷等。

　　② 侵权纠纷是指一方当事人对另一方侵权而产生的纠纷。在建设工程领域也易发生侵权纠纷，如施工单位在施工中未采取相应防范措施造成对他方损害而产生的侵权纠纷，未经允许使用他方的专利、工法等而造成的知识产权侵权纠纷等。

　　发包人和承包人就有关工期、质量、造价等产生的建设工程合同争议，是建设工程领域最常见的民事纠纷。

(二) 建设工程行政纠纷

　　建设工程行政纠纷是指在建设工程活动中行政机关之间或行政机关同公民、法人和其他组织之间由于行政行为而引起的纠纷，包括行政争议和行政案件。在行政法律关系中，行政机关对公民、法人和其他组织行使行政管理职权，应当依法行政；公民、法人和其他组织也应当依法约束自己的行为，做到自觉守法。在各种行政纠纷中，既有行政机关超越职权、滥用职权、行政不作为、违反法定程序、事实认定错误、适用法律错误等引起的纠纷，也有公民、法人或其他组织逃避监督管理、非法抗拒监督管理或误解法律规定等引起的纠纷。

行政机关的行政行为具有以下特征：

(1) 行政行为是执行法律的行为。任何行政行为均须有法律根据，具有从属法律性，没有法律的明确规定或授权，行政主体不得作出任何行政行为。

(2) 行政行为具有一定的裁量性。这是由立法技术本身的局限性和行政管理的广泛性、变动性、应变性所决定的。

(3) 行政主体在实施行政行为时具有单方意志性，不必与行政相对方协商或征得其同意，便可依法自主做出。

(4) 行政行为是以国家强制力保障实施的，带有强制性。行政相对方必须服从并配合行政行为，否则行政主体将予以制裁或强制执行。

(5) 行政行为以无偿为原则，以有偿为例外。只有当特定行政相对人承担了特别公共负担，或者分享了特殊公共利益时，方可为有偿的。

在建设工程领域，易引发行政纠纷的具体行政行为主要有如下几种：

(1) 行政许可。行政许可是指行政机关根据公民、法人或者其他组织的申请，经依法审查，准予其从事特定活动的行政管理行为，如施工许可、专业人员执业资格注册、企业资质等级核准、安全生产许可等。行政许可易引发的行政纠纷通常是行政机关的行政不作为、违反法定程序等。

(2) 行政处罚。行政处罚是指行政机关或其他行政主体依照法定职权、程序对于违法但尚未构成犯罪的相对人给予行政制裁的具体行政行为。常见的行政处罚为警告、罚款、没收违法所得、取消投标资格、责令停止施工、责令停业整顿、降低资质等级、吊销资质证书等。行政处罚易导致的行政纠纷，通常是行政处罚超越职权、滥用职权、违反法定程序、事实认定错误、适用法律错误等。

(3) 行政强制。行政强制包括行政强制措施和行政强制执行。行政强制措施是指行政机关在行政管理过程中，为制止违法行为、防止证据损毁、避免危害发生、控制危险扩大等情形，依法对公民的人身自由实施暂时性限制，或者对公民、法人或者其他组织的财物实施暂时性控制的行政行为。行政强制执行是指行政机关或者行政机关申请人民法院，对不履行行政决定的公民、法人或者其他组织，依法强制履行义务的行政行为。行政强制易导致的行政纠纷，通常是行政强制超越职权、滥用职权、违反法定程序、事实认定错误、适用法律错误等。

(4) 行政裁决。行政裁决是指行政机关或法定授权的组织，依照法律授权，对平等主体之间发生的与行政管理活动密切相关的、特定的民事纠纷(争议)进行审查，并作出裁决的具体行政行为，如对特定的侵权纠纷、损害赔偿纠纷、权属纠纷、国有资产产权纠纷以及劳动工资、经济补偿纠纷等的裁决。行政裁决易引发的行政纠纷，通常是行政裁决违反法定程序、事实认定错误、适用法律错误等。

二、民事纠纷的法律解决途径

民事纠纷的法律解决途径主要有和解、调解、仲裁、诉讼四种。《民法典》规定，当事人可以通过和解或者调解解决合同争议。当事人不愿和解、调解或者和解、调解不成的，可以根据仲裁协议向仲裁机构申请仲裁。涉外合同的当事人可以根据仲裁协议向中国仲裁机构或者其他仲裁机构申请仲裁。当事人没有订立仲裁协议或者仲裁协议无效的，可以向人民法院起诉。当事人应当履行发生法律效力的判决、仲裁裁决、调解书；拒不履行的，对方可以请求人民法院执行。

1. 和解

和解是指民事纠纷的当事人在自愿互谅的基础上，就已经发生的争议进行协商、妥协与让步并达成协议，自行(无第三方参与劝说)解决争议的一种方式。通常它不仅从形式上消除当事人之间的对抗，还从心理上消除对抗。

和解可以在民事纠纷的任何阶段进行，无论是否已经进入诉讼或仲裁程序。例如，诉讼当事人之间为处理和结束诉讼而达成了解决争议问题的妥协或协议，其结果是撤回起诉或中止诉讼而无须判决。和解也可与仲裁、诉讼程序相结合：当事人达成和解协议的，已提请仲裁的，可以请求仲裁庭根据和解协议作出裁决书或调解书；已提起诉讼的，可以请求法庭在和解协议的基础上制作调解书，或者由当事人双方达成和解协议，由法院记录在卷。

需要注意的是，和解达成的协议不具有强制执行力，在性质上仍属于当事人之间的约定。如果一方当事人不按照和解协议执行，另一方当事人不可以请求法院强制执行，但可要求对方就不执行该和解协议承担违约责任。

2. 调解

调解是指双方当事人以外的第三方应纠纷当事人的请求，以法律、法规和政策或合同约定以及社会公德为依据，对纠纷双方进行疏导、劝说，促使他们相互谅解，进行协商，自愿达成协议，解决纠纷的活动。

在我国，调解的主要方式是人民调解、行政调解、仲裁调解、司法调解、行业调解以及专业机构调解。

3. 仲裁

仲裁是指当事人根据在纠纷发生前或纠纷发生后达成的协议，自愿将纠纷提交第三方(仲裁机构)作出裁决，纠纷各方都有义务执行该裁决的一种解决纠纷的方式。仲裁机构和法院不同。法院行使国家所赋予的审判权，向法院起诉不需要双方当事人在诉讼前达成协议，只要一方当事人向有审判管辖权的法院起诉，经法院受理后，另一方必须应诉。仲裁机构通常是民间团体的性质，其受理案件的管辖权来自双方协议，没有协议就无权受理仲裁。但是，有效的仲裁协议可以排除法院的管辖权；纠纷发生后，一方当事人提起仲裁的，另一方应当通过仲裁程序解决纠纷。

根据 2017 年 9 月 1 日修订的《中华人民共和国仲裁法》(以下简称《仲裁法》)的规定，该法的调整范围仅限于民商事仲裁，即"平等主体的公民、法人和其他组织之间发生的合同纠纷和其他财产权纠纷"；劳动争议仲裁和农业集体经济组织内部的农业承包合同纠纷的仲裁不受《仲裁法》的调整，依法应当由行政机关处理的行政争议等不能仲裁。

仲裁的基本特点如下：

(1) 自愿性。当事人的自愿性是仲裁最突出的特点。仲裁是最能充分体现当事人意思自治原则的争议解决方式。仲裁以当事人的自愿为前提，即是否将纠纷提交仲裁，向哪个仲裁委员会申请仲裁，仲裁庭如何组成，仲裁员的选择，以及仲裁的审理方式、开庭形式等，都是在当事人自愿的基础上，由当事人协商确定的。

(2) 专业性。专家裁案，是民商事仲裁的重要特点之一。民商事仲裁往往涉及不同行业的专业知识，如建设工程纠纷的处理不仅涉及与工程建设有关的法律法规，还常常需要运用大量的工程造价、工程质量方面的专业知识，以及熟悉建筑业自身特有的交易习惯和行业惯例。仲裁机构的仲裁员是来自各行业具有一定专业水平的专家，他们精通专业知识、熟悉行业规则，对公正高效地处理纠纷，确保仲裁结果公正，发挥着关键作用。

(3) 独立性。《仲裁法》规定，仲裁委员会独立于行政机关，与行政机关没有隶属关系。仲裁委员会之间也没有隶属关系。

在仲裁过程中，仲裁庭独立进行仲裁，不受任何行政机关、社会团体和个人的干涉，也不受其他仲裁机构的干涉，具有独立性。

(4) 保密性。仲裁以不公开审理为原则。同时，当事人及其代理人、证人、翻译、仲裁员、仲裁庭咨询的专家和指定的鉴定人、仲裁委员会有关工作人员也要遵守保密义务，不得对外界透露案件实体和程序的有关情况。因此，仲裁可以有效地保护当事人的商业秘密和商业信誉。

(5) 快捷性。仲裁实行一裁终局制度，仲裁裁决一经作出即发生法律效力。仲裁裁决不能上诉，这使当事人之间的纠纷能够迅速得以解决。

(6) 裁决在国际上得到承认和执行。根据《承认和执行外国仲裁裁决公约》(也简称《纽约公约》)，仲裁裁决可以在其缔约国得到承认和执行。该公约已于1987年4月22日对中国生效。

4. 诉讼

民事诉讼是指人民法院在当事人和其他诉讼参与人的参加下，以审理、裁判、执行等方式解决民事纠纷的活动，以及由此产生的各种诉讼关系的总和。诉讼参与人包括原告、被告、第三人、证人、鉴定人、勘验人等。

在我国，2017年6月经修改后公布的《民事诉讼法》是调整和规范法院及诉讼参与人的各种民事诉讼活动的基本法律。民事诉讼的基本特征如下：

(1) 公权性。民事诉讼是由人民法院代表国家意志行使司法审判权，通过司法手段解决平等民事主体之间的纠纷。在法院的主导下，诉讼参与人围绕民事纠纷的解决，进行着能产生法律后果的活动。它既不同于群众自治组织性质的人民调解委员会以调解方式解决纠纷，也不同于由民间性质的仲裁委员会以仲裁方式解决纠纷。

民事诉讼主要是法院与纠纷当事人之间的关系，但也涉及其他诉讼参与人，包括证人、鉴定人、翻译人员、专家辅助人员、协助执行人等；在诉讼和解时还表现为纠纷当事人之间的关系。

(2) 程序性。民事诉讼是依照法定程序进行的诉讼活动，无论是法院还是当事人和其他诉讼参与人，都需要严格按照法律规定的程序和方式实施诉讼行为，违反诉讼程序常常会引起一定的法律后果或者达不到诉讼目的，如法院的裁判被上级法院撤销、当事人失去某种诉讼行为的权利等。

民事诉讼分为一审程序、二审程序和执行程序三大诉讼阶段，并非每个案件都要经过这三个阶段，有的案件一审就终结，有的经过二审终结，有的不需要启动执行程序。但如果案件要经历诉讼全过程，就要按照上述顺序依次进行。

(3) 强制性。强制性是公权力的重要属性。民事诉讼的强制性既表现在案件的受理上，又反映在裁判的执行上。调解、仲裁均建立在当事人自愿的基础上，只要有一方当事人不愿意进行调解、仲裁，则调解和仲裁将不会发生。但民事诉讼不同，只要原告的起诉符合法定条件，无论被告是否愿意，诉讼都会发生。此外，和解、调解协议的履行依靠当事人的自觉，不具有强制执行的效力，但法院的裁判则具有强制执行的效力，一方当事人不履行生效判决或裁定，另一方当事人可以申请法院强制执行。

除上述 4 种民事纠纷解决方式外，由于建设工程活动及其纠纷的专业性、复杂性，我国在建设工程法律实践中还在探索其他解决纠纷的新方式，如争议评审机制。

三、行政纠纷的法律解决途径

行政纠纷的法律解决途径主要有行政复议和行政诉讼两种。

(一) 行政复议

行政复议是公民、法人或其他组织(作为行政相对人)认为行政机关的具体行政行为侵犯其合法权益，依法请求法定的行政复议机关审查该具体行政行为的合法性、适当性，该复议机关依照法定程序对该具体行政行为进行审查，并作出行政复议决定的法律制度。这是公民、法人或其他组织通过行政救济途径解决行政争议的一种方法。

行政复议的基本特点如下：

(1) 提出行政复议的，必须是认为行政机关行使职权的行为侵犯其合法权益的公民、法人和其他组织。

(2) 当事人提出行政复议，必须是在行政机关已经作出行政决定之后，如果行政机关尚未作出决定，则不存在复议问题。复议的任务是解决行政争议，而不是解决民事或其他争议。

(3) 当事人对行政机关的行政决定不服，只能按照法律规定向有行政复议权的行政机关申请复议。

(4) 行政复议以书面审查为主，以不调解为原则。行政复议的结论作出后，即具有法律效力。只要法律未规定复议决定为终局裁决的，当事人对复议决定不服的，仍可以按《中华人民共和国行政诉讼法》(以下简称《行政诉讼法》)的规定，向人民法院提请诉讼。

(二) 行政诉讼

行政诉讼是公民、法人或其他组织依法请求法院对行政机关行政行为的合法性进行审查并依法裁判的法律制度。2017 年 6 月经修改后公布的《行政诉讼法》规定，公民、法人或者其他组织认为行政机关和行政机关工作人员的行政行为侵犯其合法权益，有权依照本法向人民法院提起诉讼。

行政诉讼的主要特征如下：

(1) 行政诉讼是法院解决行政机关实施行政行为时与公民、法人或其他组织发生的争议。

(2) 行政诉讼为公民、法人或其他组织提供法律救济的同时，具有监督行政机关依法行政的功能。

(3) 行政诉讼的被告与原告是恒定的，即被告只能是行政机关，原告则是作为行政行为相对人的公民、法人或其他组织，而不可能互易诉讼身份。除法律、法规规定必须先申请行政复议的以外，行政纠纷当事人可以自主选择申请行政复议还是提出行政诉讼。行政纠纷当事人对行政复议决定不服的，除法律规定行政复议决定为最终裁决的以外，可以依照《行政诉讼法》的规定向人民法院提起行政诉讼。

第六章　建设工程质量管理法律制度

第一节　建设工程质量管理概述

一、建设工程质量的概念

质量的概念有狭义和广义之分。从狭义上来说，是指一组固有特性满足要求的程度。从广义上来说，是指质量综合了符合性和适用性，既反映了符合性的要求，也反映了满足顾客的要求。

建设工程质量也有狭义和广义之分。从狭义上说，建设工程质量仅指工程实体质量，它是指在国家现行的有关法律、法规、技术标准、设计文件和合同中，对工程的安全、适用、经济、美观等特性的综合要求。广义上的建设工程质量除狭义的范围外，还包括工程参与者的服务质量和工作质量。

现在国内外都趋向于从广义上来理解建设工程质量，本课程的建设工程质量主要还是指工程本身的质量，即狭义上的工程质量。

二、建设工程质量管理体系

建设工程质量管理体系，包括纵向管理和横向管理两个方面。

纵向管理是国家对建设工程质量所进行的监督管理，它具体由住房和城乡建设主管部门及其授权机构实施，这种管理贯穿在工程建设的全过程和各个环节之中，它既对工程建设从计划、规划、土地管理、环保、消防等方面进行监督管理，又对工程建设的主体从资质认定和审查、成果质量检测、验证和奖惩等方面进行监督管理，还对工程建设中各种活动如工程建设招标投标、工程施工、验收、维修等进行监督管理。

横向管理包括两个方面，一是承包单位对所建工程的质量管理，如勘察单位、设计单位、施工单位自己对所承担工作的质量管理。它们要按要求建立专门质检机构，配备相应的质检人员，建立相应的质量保证制度，如审核校对制、培训上岗制、质量抽检制、各级质量责任制和部门领导质量责任制等。二是建设单位对所建工程的质量管理，如委托社会监理单位对工程建设的质量进行监理。其既可以由建设单位内部成立相应的机构、配备相应的人员进行监督管理，也可以委托监理单位对工程质量进行监理。现在，世界上大多数国家都推行工程监理制，我国也在推行和完善这一制度。

三、工程建设标准

工程建设标准是指对基本建设中各类工程的勘察、设计、施工、安装、验收等需要协调统一的事项所制定的标准。

(一) 工程建设标准的分类

工程建设标准按照不同的分类方法有不同的分类结果。

1. 根据标准的级别划分

我国工程建设标准分为国家标准、行业标准、地方标准和企业标准四级。

(1) 国家标准指对需要在全国范围内统一的技术要求制定的标准。

(2) 行业标准指对没有国家标准而又需要在全国某个行业范围内统一的技术要求所制定的标准。

(3) 地方标准指对没有国家标准和行业标准而又需要在该地区范围内统一的技术要求所制定的标准。

(4) 企业标准指对企业范围内需要协调、统一的技术要求、管理事项和工作事项所制定的标准。

2. 根据标准的约束性划分

根据标准的约束性，工程建设标准分为强制性标准和推荐性标准。

(1) 强制性标准。在工程建设标准的条文中，"必须""严禁""应""不应""不得"等属于强制性标准的用词。各方都必须遵守强制性标准的要求。有关保障人体健康、人身财产安全的标准和法律、行政法规以及强制性执行的国家和行业标准是强制性标准，省、自治区、直辖市标准化行政主管部门制定的工业产品的安全、卫生要求的地方标准在本行政区域内是强制性标准。

对工程建设来说，下列标准属于强制性标准：

① 工程建设勘察、规划、设计、施工(包括安装)及验收等通用的综合标准和重要的、通用的质量标准；工程建设通用的有关安全、卫生和环境保护的标准；

② 工程建设的重要的术语、符号、代号、计量与单位、建筑模数和制图方法标准；

③ 工程建设的重要的、通用的试验、检验和评定等标准；工程建设的重要的、通用的信息技术标准；

④ 国家需要控制的其他工程建设通用的标准。

(2) 推荐性标准。在工程建设标准的条文中，使用"宜""不宜""可"等的一般不是强制性标准，而是推荐性标准。非强制性的国家和行业标准是推荐性标准。对于推荐性标准，国家鼓励企业自愿采用。

3. 根据标准的内容划分

根据标准的内容，工程建设标准可分为设计标准、施工及验收标准和建设定额。

(1) 设计标准。设计标准是指从事工程设计所依据的技术文件。

(2) 施工及验收标准。施工标准是指施工操作程序及其技术要求的标准；验收标准是指检验、接收竣工工程项目的规程、办法与标准。

(3) 建设定额。建设定额是指国家规定的消耗在单位建筑产品上的活劳动和物化劳动的数量标准，以及用货币表现的某些必要费用的额度。

4. 根据标准的属性划分

根据标准的属性，工程建设标准可分为技术标准、管理标准和工作标准。

(1) 技术标准。技术标准是指对标准化领域中需要协调统一的技术事项所制定的标准。

(2) 管理标准。管理标准是指对标准化领域中需要协调统一的管理事项所制定的标准。

(3) 工作标准。工作标准是指对标准化领域中需要协调统一的工作事项所制定的标准。

(二) 工程建设标准的作用

工程建设标准是为了在工程建设领域内获得最佳秩序，对建设工程的勘察、规划、设计、施工、安装、验收、运营维护及管理等活动和结果需要协调统一的事项所制定的共同的、重复使用的技术依据和准则。它对促进技术进步，保证工程的安全、质量、环境和公众利益，实现最佳社会效益、经济效益、环境效益和最佳效率等，具有直接作用和重要意义。

工程建设标准在保障建设工程质量安全、人民群众的生命财产与人身健康安全以及其他社会公共利益方面一直发挥着重要作用。具体就是通过行之有效的标准规范，特别是工程建设强制性标准，为建设工程实施安全防范措施、消除安全隐患提供统一的技术要求，以确保在现有的技术、管理条件下尽可能地保障建设工程的安全，从而最大限度地保障建设工程的建造者、使用者和所有者的生命财产安全以及人身健康安全。

工程建设标准还与人们的工作、生活息息相关。无论是供人们居住的住宅建筑，还是商场、写字楼、医院、影剧院、体育场、博物馆、车站、机场等大型公共建筑，或是供水、燃气、垃圾污水处理、城市轨道交通等基础设施，在其建筑结构、地基基础、抗震设防、工程质量、施工安全、室内环境、防火措施、供水水质、燃气管线、防灾减灾、运行管理等方面都有相关的标准条文规定，都有统一的安全技术要求和管理要求。严格执行这些标准的规定，必将进一步提高我国建设工程的安全水平，增强建设工程抵御自然灾害的能力，减少和防止建设工程安全事故的发生，使人们更加放心地工作、生活在一个安全的环境中。

(三) 对工程建设强制性标准实施的监督管理

1. 监督管理机构

根据《实施工程建设强制性标准监督规定》的规定，国务院住房和城乡建设主管部门负责全国实施工程建设强制性标准的监督管理工作。国务院有关主管部门按照国务院的职能分工负责实施工程建设强制性标准的监督管理工作。

县级以上地方人民政府住房和城乡建设主管部门负责在本行政区域内实施工程建设强制性标准的监督管理工作。

建设项目规划审查机构应当对工程建设规划阶段执行强制性标准的情况实施监督；施工图设计文件审查单位应当对工程建设的勘察、设计阶段执行强制性标准的情况实施监督；建筑安全监督管理机构应当对工程建设施工阶段执行施工安全强制性标准的情况实施监督；工程质量监督机构应当对工程建设的施工、监理、验收等阶段执行强制性标准的情况实施监督。

2. 监督检查的内容和方式

强制性标准监督检查的内容包括以下几项：

(1) 有关工程技术人员是否熟悉、掌握强制性标准；

(2) 工程项目的规划、勘察、设计、施工、验收等是否符合强制性标准的规定；

(3) 工程项目采用的材料、设备是否符合强制性标准的规定；

(4) 工程项目的安全、质量是否符合强制性标准的规定；

(5) 工程项目采用的导则、指南、手册、计算机软件的内容是否符合强制性标准的规定。

工程建设标准批准部门应当定期对建设项目规划审查机关、施工图设计文件审查单位、建筑安全监督管理机构、工程质量监督机构实施强制性标准的监督进行检查，对监督不力的单位和个人，给予通报批评，建议有关部门处理。工程建设标准批准部门应当对工程项目执行强制性标准的情况进行监督检查。监督检查可以采取重点检查、抽查和专项检查的方式。

工程建设标准批准部门应当将强制性标准监督检查结果在一定范围内公告。

(四) 工程建设国家标准的审批、发布和编号

工程建设国家标准由国务院住房和城乡建设主管部门审查批准，由国务院标准化行政主管部门统一编号，由国务院标准化行政主管部门和国务院工程住房和城乡建设主管部门联合发布。工程建设国家标准的编号由国家标准代号、发布标准的顺序号和发布标准的年号组成。

强制性国家标准的代号为"GB"，推荐性国家标准的代号为"GB/T"。例如：《建筑工程施工质量验收统一标准》(GB 50300—2013)，其中"GB"表示为强制性国家标准，"50300"表示标准发布顺序号，"2013"表示在 2013 年批准发布；《工程建设施工企业质量管理规范》(GB/T 50430—2017)，其中"GB/T"表示为推荐性国家标准，"50430"表示标准发布顺序号，"2017"表示在 2017 年批准发布。

第二节　建设主体的质量责任

一、建设单位的质量责任和义务

建设单位的质量责任和义务包括：

(1) 建设单位应当将工程发包给具有相应资质等级的单位，不得将建设工程肢解发包。

(2) 建设单位应当依法对工程建设项目的勘察、设计、施工、监理以及与工程建设有关的重要设备、材料等的采购进行招标。

(3) 建设单位还必须向有关的勘察、设计、施工、工程监理等单位提供与建设工程有关的原始资料。原始资料必须真实、准确、齐全。

(4) 建设工程发包单位不得迫使承包方以低于成本的价格竞标，不得任意压缩合理工期。建设单位不得明示或者暗示设计单位或者施工单位违反工程建设强制性标准，降低建设工程质量。

(5) 建设单位应当将施工图设计文件报县级以上人民政府建设行政主管部门或者其他有关部门审查。施工图设计文件审查的具体办法，由国务院建设行政主管部门会同国务院其他有关部门制定。施工图设计文件未经审查批准的，不得使用。

(6) 对于实行监理的建设工程，建设单位应当委托具有相应资质等级的工程监理单位进行监理，也可以委托具有工程监理相应资质等级并与被监理工程的施工承包单位没有隶属关系或者其他利害关系的该工程的设计单位进行监理。

下列建设工程必须实行监理：
① 国家重点建设工程；
② 大中型公用事业工程；
③ 成片开发建设的住宅小区工程；
④ 利用外国政府或者国际组织贷款、援助资金的工程；
⑤ 国家规定必须实行监理的其他工程。

(7) 建设单位在领取施工许可证或者开工报告前，应当按照国家有关规定办理工程质量监督手续。

(8) 按照合同约定，由建设单位采购建筑材料、建筑构配件和设备的，建设单位应当保证建筑材料、建筑构配件和设备符合设计文件和合同要求。建设单位不得明示或者暗示施工单位使用不合格的建筑材料、建筑构配件和设备。

(9) 涉及建筑主体和承重结构变动的装修工程，建设单位应当在施工前委托原设计单位或者具有相应资质等级的设计单位提出设计方案；没有设计方案的，不得施工。房屋建筑使用者在装修过程中，不得擅自变动房屋建筑主体和承重结构。

(10) 建设单位收到建设工程竣工报告后，应当组织设计、施工、工程监理等有关单位进行竣工验收。建设工程竣工验收应当具备下列条件：
① 完成建设工程设计和合同约定的各项内容；
② 有完整的技术档案和施工管理资料；
③ 有工程使用的主要建筑材料、建筑构配件和设备的进场试验报告；
④ 有勘察、设计、施工、工程监理等单位分别签署的质量合格文件；
⑤ 有施工单位签署的工程保修书。建设工程经验收合格方可交付使用。

(11) 建设单位应当严格按照国家有关档案管理的规定，及时收集、整理建设项目各环节的文件资料，建立、健全建设项目档案，并在建设工程竣工验收后，及时向建设行政主管部门或者其他有关部门移交建设项目档案。

二、勘察设计单位的质量责任和义务

《建设工程质量管理条例》明确规定了勘察设计单位的质量责任和义务。

(1) 从事建设工程勘察设计的单位应当依法取得相应等级的资质证书，并在其资质等级许可的范围内承揽工程。

禁止勘察设计单位超越其资质等级许可的范围或者以其他勘察设计单位的名义承揽工程。禁止勘察设计单位允许其他单位或者个人以本单位的名义承揽工程。勘察设计单位不得转包或者违法分包所承揽的工程。

(2) 勘察设计单位必须按照工程建设强制性标准进行勘察设计，并对其勘察设计的质量负责。注册建筑师、注册结构工程师等注册执业人员应当在设计文件上签字，对设计文件负责。

(3) 勘察单位提供的地质、测量、水文等勘察成果必须真实、准确。

(4) 设计单位应当根据勘察成果文件进行建设工程设计。设计文件应当符合国家规定的设计深度要求，注明工程合理使用年限。

(5) 设计单位在设计文件中选用的建筑材料、建筑构配件和设备，应当注明规格、型号、性能等技术指标，其质量要求必须符合国家规定的标准。除有特殊要求的建筑材料、专用设备、工艺生产线等外，设计单位不得指定生产厂、供应商。

(6) 设计单位应当就审查合格的施工图设计文件向施工单位作出详细说明，应当参与建设工程质量事故分析，并对因设计造成的质量事故提出相应的技术处理方案。

三、施工单位的质量责任和义务

施工单位的质量责任和义务包括：

(1) 施工单位应当依法取得相应等级的资质证书，并在其资质等级许可的范围内承揽工程。禁止施工单位超越本单位资质等级许可的业务范围或者以其他施工单位的名义承揽工程。禁止施工单位允许其他单位或者个人以本单位的名义承揽工程。施工单位不得转包或者违法分包工程。

(2) 施工单位对建设工程的施工质量负责。施工单位应当建立质量责任制，确定工程项目的项目经理、技术负责人和施工管理负责人。

建设工程实行总承包的，总承包单位应当对全部建设工程质量负责；建设工程勘察设计、施工、设备采购的一项或者多项实行总承包的，总承包单位应当对其承包的建设工程或者采购的设备的质量负责。

(3) 总承包单位依法将建设工程分包给其他单位的，分包单位应当按照分包合同的约定对其分包工程的质量向总承包单位负责，总承包单位与分包单位对分包工程的质量承担连带责任。

(4) 施工单位必须按照工程设计图纸和施工技术标准施工，不得擅自修改工程设计，不得偷工减料。在施工过程中发现设计文件和图纸有差错的，应当及时提出意见和建议。

(5) 施工单位必须按照工程设计要求、施工技术标准和合同约定，对建筑材料、建筑构配件、设备和商品混凝土进行检验，检验应当有书面记录和专人签字；未经检验或者检验不合格的，不得使用。

(6) 施工单位必须建立、健全施工质量的检验制度，严格工序管理，做好隐蔽工程的质量检查和记录。隐蔽工程在隐蔽前，施工单位应当通知建设单位和建设工程质量监督机构。

(7) 施工人员对涉及结构安全的试块、试件以及有关材料，应当在建设单位或者工程监理单位监督下现场取样，并由具有相应资质等级的质量检测单位进行检测。

(8) 施工单位应当建立、健全教育培训制度，加强对职工的教育培训；未经教育培训或者考核不合格的人员，不得上岗作业。对施工中出现质量问题的建设工程或者竣工验收不合格的建设工程，应当负责返修。

四、工程监理单位的质量责任和义务

工程监理单位的质量责任和义务包括：

(1) 工程监理单位应当依法取得相应等级的资质证书，并在其资质等级许可的范围内承担工程监理业务，不得转让工程监理业务。

禁止工程监理单位超越本单位资质等级许可的范围或者以其他工程监理单位的名义承担工程监理业务。禁止工程监理单位允许其他单位或者个人以本单位的名义承担工程监理业务。

(2) 工程监理单位与被监理工程的施工承包单位以及建筑材料、建筑构配件和设备供应单位有隶属关系或者其他利害关系的，不得承担该项建设工程的监理业务。

(3) 工程监理单位应当依照法律、法规以及有关技术标准、设计文件和建设工程承包合同，代表建设单位对施工质量实施监理，并对施工质量承担监理责任。

(4) 工程监理单位应当选派具备相应资格的总监理工程师和监理工程师进驻施工现场。未经监理工程师签字，建筑材料、建筑构配件和设备不得在工程上使用或者安装，施工单位不得进行下一道工序的施工。未经总监理工程师签字，建设单位不拨付工程款，不进行竣工验收。

(5) 监理工程师应当按照工程监理规范的要求，采取旁站、巡视和平行检验等形式，对建设工程实施监理。

五、建筑材料、构配件生产及设备供应单位的质量责任和义务

建筑材料、构配件生产及设备供应单位的质量责任和义务包括：

(1) 建筑材料、构配件生产及设备供应单位对其生产或供应的产品质量负责。供需双方均应签订购销合同，并按合同条款进行质量验收。

(2) 建筑材料、构配件生产及设备供应单位必须具备相应的生产条件、技术装备和质量保证体系，具备必要的检测人员和设备，把好产品看样、订货、储存、运输和核验的质量关。

(3) 建筑材料、构配件及设备质量应当符合下列要求：

① 符合国家或行业现行有关技术标准规定的合格标准和设计要求；

② 符合在建筑材料、构配件及设备或其包装上注明采用的标准，符合以建筑材料、构配件及设备说明、实物样品等方式表明的质量状况。

(4) 建筑材料、构配件及设备或者其包装上的标识应当符合下列要求：

① 有产品质量检验合格证明；

② 有中文标明的产品名称、生产厂厂名和厂址；

③ 产品包装和商标样式符合国家有关规定和标准要求；

④ 设备应有产品详细的使用说明书，电气设备还应附有线路图；

⑤ 实施生产许可证或使用有产品质量认证标志的产品，应有许可证或质量认证的编号、批准日期和有效期限。

第三节　建设工程竣工验收制度

一、建设工程竣工验收的主体和法定条件

1. 建设工程竣工验收的主体

《建设工程质量管理条例》规定，建设单位收到建设工程竣工报告后，应当组织设计、施工、工程监理等有关单位进行竣工验收。

对工程进行竣工检查和验收，是建设单位法定的权利和义务。在建设工程完工后，承包单位应当向建设单位提供完整的竣工资料和竣工验收报告，提请建设单位组织竣工验收。

建设单位收到竣工验收报告后，应及时组织有设计、施工、工程监理等有关单位参加的竣工验收，检查整个工程项目是否已按照设计要求和合同约定全部建设完成，并符合竣工验收条件。

2. 建设工程竣工验收应当具备的法定条件

《建筑法》规定，交付竣工验收的建设工程，必须符合规定的建设工程质量标准，有完整的工程技术经济资料和经签署的工程保修书，并具备国家规定的其他竣工条件。建设工程竣工经验收合格后，方可交付使用；未经验收或者验收不合格的，不得交付使用。

《建设工程质量管理条例》进一步规定，建设工程竣工验收应当具备下列条件：

(1) 完成建设工程设计和合同约定的各项内容。建设工程设计和合同约定的内容，主要是指设计文件所确定的以及承包合同"承包人承揽工程项目一览表"中载明的工作范围，也包括监理工程师签发的变更通知单中所确定的工作内容。承包单位必须按合同的约定，按质、按量、按时完成上述工作内容，使工程具有正常的使用功能。

(2) 有完整的技术档案和施工管理资料。工程技术档案和施工管理资料是建设工程竣工验收和质量保证的重要依据之一，其主要包括以下档案和资料：

① 工程项目竣工验收报告；

② 分项、分部工程和单位工程技术人员名单；

③ 图纸会审和技术交底记录；

④ 设计变更通知单、技术变更核实单；

⑤ 工程质量事故发生后的调查和处理资料；

⑥ 隐蔽验收记录及施工日志；

⑦ 竣工图；

⑧ 质量检验评定资料等；

⑨ 合同约定的其他资料。

(3) 有工程使用的主要建筑材料、建筑构配件和设备的进场试验报告。对建设工程使用的主要建筑材料、建筑构配件和设备，除须具有质量合格证明资料外，还应当有进场试验、检验报告，其质量要求必须符合国家规定的标准。

(4) 有勘察、设计、施工、工程监理等单位分别签署的质量合格文件。勘察、设计、施工、工程监理等有关单位要依据工程设计文件及承包合同所要求的质量标准，对竣工工程进行检查评定；符合规定的，应当签署合格文件。

(5) 有施工单位签署的工程保修书。施工单位向建设单位签署的工程保修书，也是交付竣工验收的条件之一。

凡是没有经过竣工验收或者经过竣工验收确定为不合格的建设工程，不得交付使用。

如果建设单位为提前获得投资效益，在工程未经验收就提前投产或使用，由此而发生的质量等问题，建设单位要承担责任。

二、施工单位应提交的档案资料

《建设工程质量管理条例》规定，建设单位应当严格按照国家有关档案管理的规定，及时收集、整理建设项目各环节的文件资料，建立、健全建设项目档案，并在建设工程竣工验收后，及时向住房和城乡建设主管部门或者其他有关部门移交建设项目档案。

建设工程是百年大计。一般的建筑物设计年限都为50～70年，重要的建筑物达百年以上。在建设工程投入使用之后，还要进行检查、维修、管理，还可能会遇到改建、扩建或拆除活动，以及在其周围进行的建设活动。这些都需要参考原始的勘察、设计、施工等资料。建设单位是建设活动的总负责方，应当在合同中明确要求勘察、设计、施工、监理等单位分别提供工程建设各环节的文件资料，及时收集整理，建立、健全建设项目档案。

《城市建设档案管理规定》规定，建设单位应当在工程竣工验收后3个月内，向城建档案馆报送一套符合规定的建设工程档案。凡建设工程档案不齐全的，应当限期补充。对改建、扩建和重要部位维修的工程，建设单位应当组织设计、施工单位据实修改、补充和完善原建设工程档案。

施工单位应当按照归档要求制定统一目录，有专业分包工程的，分包单位要按照总承包单位的总体安排做好各项资料整理工作，最后再由总承包单位进行审核、汇总。施工单位一般应当提交的档案资料如下：

(1) 工程技术档案资料；

(2) 工程质量保证资料；

(3) 工程检验评定资料；

(4) 竣工图等。

三、规划、消防、环保、节能等验收的规定

《建设工程质量管理条例》规定，建设单位应当自建设工程竣工验收合格之日起 15 日内，将建设工程竣工验收报告和规划、公安消防、环保等部门出具的认可文件或者准许使用文件报住房和城乡建设主管部门或者其他有关部门备案。

1. 建设工程竣工规划验收

2015 年 4 月经修改后公布的《中华人民共和国城乡规划法》(以下简称《城乡规划法》)规定，县级以上地方人民政府城乡规划主管部门按照国务院的规定对建设工程是否符合规划条件予以核实。未经核实或者经核实不符合规划条件的，建设单位不得组织竣工验收。建设单位应当在竣工验收后 6 个月内向城乡规划主管部门报送有关竣工验收资料。

建设工程竣工后，建设单位应当依法向城乡规划行政主管部门提出竣工规划验收申请，由城乡规划行政主管部门按照选址意见书、建设用地规划许可证、建设工程规划许可证、乡村建设规划许可证及其有关规划的要求，对建设工程进行规划验收，包括对建设用地范围内的各项工程建设情况，建筑物的使用性质、位置、间距、层数、标高、平面、立面、外墙装饰材料和色彩，各类配套服务设施，临时施工用房，施工场地等进行全面核查，并作出验收记录。对于验收合格的，由城乡规划行政主管部门出具规划认可文件或核发建设工程竣工规划验收合格证。

《城乡规划法》还规定，建设单位未在建设工程竣工验收后 6 个月内向城乡规划主管部门报送有关竣工验收资料的，由所在地城市、县人民政府城乡规划主管部门责令限期补报；逾期不补报的，处 1 万元以上 5 万元以下的罚款。

2. 建设工程竣工消防验收

《中华人民共和国消防法》(以下简称《消防法》)规定，按照国家工程建设消防技术标准需要进行消防设计的建设工程竣工，依照下列规定进行消防验收、备案：

(1) 国务院公安部门规定的大型的人员密集场所和其他特殊建设工程，建设单位应当向公安机关消防机构申请消防验收；

(2) 其他建设工程，建设单位在验收后应当报公安机关消防机构备案，公安机关消防机构应当进行抽查。依法应当进行消防验收的建设工程，未经消防验收或者消防验收不合格的，禁止投入使用；其他建设工程经依法抽查不合格的，应当停止使用。

《建设工程消防监督管理规定》进一步规定，建设单位申请消防验收应当提供下列 8 个方面的材料：

① 建设工程消防验收申报表。

② 工程竣工验收报告和有关消防设施的工程竣工图纸。

③ 消防产品质量合格证明文件。

④ 具有防火性能要求的建筑构件、建筑材料、装修材料符合国家标准或者行业标准的证明文件、出厂合格证。

⑤ 消防设施检测合格证明文件。

⑥ 施工、工程监理、检测单位的合法身份证明和资质等级证明文件。

⑦ 建设单位的工商营业执照等合法身份证明文件。

⑧ 法律、行政法规规定的其他材料。

施工单位应当承担下列消防施工的质量和安全责任：

(1) 按照国家工程建设消防技术标准和经消防设计审核合格或者备案的消防设计文件组织施工，不得擅自改变消防设计进行施工，降低消防施工质量。

(2) 查验消防产品和具有防火性能要求的建筑构件、建筑材料及装修材料的质量，使用合格产品，保证消防施工质量。

(3) 建立施工现场消防安全责任制度，确定消防安全负责人。加强对施工人员的消防教育培训，落实动火、用电、易燃可燃材料等消防管理制度和操作规程。保证在建设工程竣工验收前消防通道、消防水源、消防设施和器材、消防安全标志等完好有效。

公安机关消防机构应当自受理消防验收申请之日起 20 日内组织消防验收，并出具消防验收意见。公安机关消防机构对申报消防验收的建设工程，应当依照建设工程消防验收评定标准对已经消防设计审核合格的内容组织消防验收。对综合评定结论为合格的建设工程，公安机关消防机构应当出具消防验收合格意见；对综合评定结论为不合格的，应当出具消防验收不合格意见，并说明理由。

对于依法应当进行消防验收的建设工程，未经消防验收或者消防验收不合格，擅自投入使用的，《消防法》规定，由公安机关消防机构责令停止施工、停止使用或者停产停业，并处 3 万元以上 30 万元以下的罚款。

3. 建设工程竣工环保验收

《建设项目环境保护管理条例》规定，编制环境影响报告书、环境影响报告表的建设项目竣工后，建设单位应当按照国务院环境保护行政主管部门规定的标准和程序，对配套建设的环境保护设施进行验收，编制验收报告。

建设单位在环境保护设施验收过程中，应当如实查验、监测、记载建设项目环境保护设施的建设和调试情况，不得弄虚作假。

除按照国家规定需要保密的情形外，建设单位应当依法向社会公开验收报告。

编制环境影响报告书、环境影响报告表的建设项目，其配套建设的环境保护设施经验收合格，方可投入生产或者使用；未经验收或者验收不合格的，不得投入生产或者使用。

环境保护行政主管部门应当对建设项目环境保护设施设计、施工、验收、投入生产或者使用情况，以及有关环境影响评价文件确定的其他环境保护措施的落实情况，进行监督检查。

需要配套建设的环境保护设施未建成、未经验收或者验收不合格，建设项目即投入生产或者使用，或者在环境保护设施验收中弄虚作假的，由县级以上环境保护行政主管部门责令限期改正，处 20 万元以上 100 万元以下的罚款；逾期不改正的，处 100 万元以上 200 万元以下的罚款；对直接负责的主管人员和其他责任人员，处 5 万元以上 20 万元以下的罚款；造成重大环境污染或者生态破坏的，责令停止生产或者使用，或者报经有批准权的人民政府批准，责令关闭。

建设单位未依法向社会公开环境保护设施验收报告的，由县级以上环境保护行政主管部门责令公开，处 5 万元以上 20 万元以下的罚款，并予以公告。

4. 建设工程节能验收

《中华人民共和国节约能源法》(以下简称《节约能源法》)规定，不符合建筑节能标准的建设工程，建设主管部门不得批准开工建设；已经开工建设的，应当责令停止施工、限期改正；已经建成的，不得销售或者使用。

《民用建筑节能条例》进一步规定，建设单位组织竣工验收，应当对民用建筑是否符合民用建筑节能强制性标准进行查验；对不符合民用建筑节能强制性标准的，不得出具竣工验收合格报告。

建筑节能工程施工质量的验收，主要应按照国家标准《建筑节能工程施工质量验收标准》(GB 50411—2019)以及《建筑工程施工质量验收统一标准》(GB 50300—2013)、各专业工程施工质量验收规范等执行。单位工程竣工验收应在建筑节能分部工程验收合格后进行。

建筑节能工程为单位建筑工程的一个分部工程，并按规定划分为分项工程和检验批。建筑节能工程应按照分项工程进行验收，如墙体节能工程、幕墙节能工程、门窗节能工程、屋面节能工程、地面节能工程、采暖节能工程、通风与空气调节节能工程、配电与照明节能工程等。当建筑节能分项工程的工程量较大时，可以将分项工程划分为若干个检验批进行验收。当建筑节能工程验收无法按照要求划分分项工程或检验批时，可由建设、施工、监理等各方协商进行划分。但验收项目、验收内容、验收标准和验收记录均应遵守规范的规定。

(1) 建筑节能分部工程进行质量验收的条件。建筑节能分部工程的质量验收，应在检验批、分项工程全部合格的基础上，进行建筑围护结构的外墙节能构造实体检验，严寒、寒冷和夏热冬冷地区的外窗气密性现场检测，以及系统节能性能检测和系统联合试运转与调试，确认建筑节能工程质量达到验收的条件后方可进行。

(2) 建筑节能分部工程验收的组织。建筑节能分部工程验收的程序和组织应遵守《建筑节能工程施工质量验收标准》(GB 50411—2019)的要求，并应符合下列规定：

① 节能工程的检验批验收和隐蔽工程验收应由监理工程师主持，施工单位相关专业的质量检查员与施工员参加。

② 节能分项工程验收应由监理工程师主持，施工单位项目技术负责人和相关专业的质量检查员、施工员参加；必要时可邀请设计单位相关专业的人员参加。

③ 节能分部工程的验收应由总监理工程师(建设单位项目负责人)主持，施工单位的项目经理、项目技术负责人和相关专业的质量检查员、施工员参加；施工单位的质量或技术负责人应参加，设计单位的节能设计人员应参加。

(3) 建筑节能工程验收的程序。

① 施工单位自检评定。建筑节能分部工程施工完成后，施工单位对节能工程的质量进行检查，确认符合节能设计文件的要求后，填写《建筑节能分部工程质量验收表》，并由项目经理和施工单位负责人签字。

② 监理单位进行节能工程质量评估。监理单位收到《建筑节能分部工程质量验收表》后，应全面审查施工单位的节能工程验收资料且整理监理资料，对节能各分项工程进行质量评估，监理工程师及项目总监在《建筑节能分部工程质量验收表》中签字确认验收结论。

③ 建筑节能分部工程验收。由监理单位总监理工程师(建设单位的项目负责人)主持验收会议，组织施工单位的相关人员、设计单位的节能设计人员对节能工程的质量进行检查验收。验收各方对工程质量进行检查，提出整改意见。

建筑节能质量监督管理部门的验收监督人员到施工现场对节能工程验收的组织形式、验收程序、执行验收标准等情况进行现场监督，发现有违反规定程序、执行标准或评定结果不准确的，应要求有关单位改正或停止验收。对未达到国家验收标准合格要求的质量问题，签发监督文书。

④ 施工单位按验收意见进行整改。施工单位按照验收各方提出的整改意见进行整改；整改完毕后，建设、监理、设计、施工单位对节能工程的整改结果进行确认。对建筑节能工程存在重要的整改内容的项目，质量监督人员参加复查。

⑤ 节能工程验收结论。符合建筑节能工程质量验收规范的工程为验收合格，即通过节能分部工程质量验收。对节能工程验收不合格的工程，按《建筑节能工程施工质量验收标准》(GB 50411—2019)和其他验收规范的要求整改完后，重新验收。

⑥ 验收资料归档。建筑节能工程施工质量验收合格后，相应的建筑节能分部工程验收资料应作为建设工程竣工验收资料中的重要组成部分归档。

(4) 建筑节能工程专项验收应注意的事项。

① 建筑节能工程验收的重点是检查建筑节能工程的效果是否满足设计及规范要求，监理和施工单位应加强和重视节能验收工作，及时解决验收中发现的工程实物质量问题。

② 工程项目存在以下问题之一的，监理单位不得组织节能工程验收：

A. 未完成建筑节能工程设计内容的；

B. 隐蔽验收记录等技术档案和施工管理资料不完整的；

C. 工程使用的主要建筑材料、建筑构配件和设备未提供进场检验报告的，未提供相关的节能性能检测报告的；

D. 工程存在违反强制性条文的质量问题而未整改完毕的；

E. 对监督机构发出的责令整改内容未整改完毕的；

F. 存在其他违反法律、法规的行为而未处理完毕的。

③ 工程项目验收存在以下问题之一的，应重新组织建筑节能工程验收：

A. 验收组织机构不符合法规及规范要求的；

B. 参加验收的人员不具备相应资格的；

C. 参加验收各方的主体验收意见不一致的；

D. 验收程序和执行标准不符合要求的；

E. 各方提出的问题未整改完毕的。

④ 单位工程在办理竣工备案时应提交建筑节能相关资料，对不符合要求的不予备案。

(5) 建筑工程节能验收违法行为应承担的法律责任。《民用建筑节能条例》规定，建设单位对不符合民用建筑节能强制性标准的民用建筑项目出具竣工验收合格报告的，由县级以上地方人民政府建设主管部门责令改正，处民用建筑项目合同价款2%以上4%以下的罚款；造成损失的，依法承担赔偿责任。

四、竣工结算、质量争议的规定

竟工验收是工程建设活动的最后阶段。在此阶段，建设单位与施工单位容易就合同价款结算、质量缺陷等产生纠纷，导致建设工程不能及时办理竣工验收或完成竣工验收。

1. 工程竣工结算

《民法典》规定，建设工程竣工后，发包人应当根据施工图纸及说明书、国家颁发的施工验收规范和质量检验标准及时进行验收。验收合格的，发包人应当按照约定支付价款，并接收该建设工程。《建筑法》也规定，发包单位应当按照合同的约定，及时拨付工程款项。

(1) 工程竣工结算方式。《建设工程价款结算暂行办法》规定，工程完工后，双方应按照约定的合同价款及合同价款调整内容以及索赔事项，进行工程竣工结算。工程竣工结算分为单位工程竣工结算、单项工程竣工结算和建设项目竣工总结算。

(2) 竣工结算文件的编制、提交与审查。

① 竣工结算文件的提交。《建筑工程施工发包与承包计价管理办法》规定，工程完工后，承包方应当在约定期限内提交竣工结算文件。

《建设工程价款结算暂行办法》规定，承包人应在合同约定期限内完成项目竣工结算编制工作，未在规定期限内完成并且提不出正当理由延期的，责任自负。

② 竣工结算文件的编审。单位工程竣工结算由承包人编制，由发包人审查；实行总承包的工程，由具体承包人编制，在总包人审查的基础上，由发包人审查。

单项工程竣工结算或建设项目竣工总结算由总(承)包人编制，发包人可直接进行审查，也可以委托具有相应资质的工程造价咨询机构进行审查。政府投资项目，由同级财政部门审查。单项工程竣工结算或建设项目竣工总结算经发、承包人签字盖章后有效。

《建筑工程施工发包与承包计价管理办法》规定，国有资金投资建设工程的发包方，应当委托具有相应资质的工程造价咨询企业对竣工结算文件进行审核，并在收到竣工结算文件后的约定期限内向承包方提出由工程造价咨询企业出具的竣工结算文件审核意见；逾期未答复的，按照合同约定处理，合同没有约定的，竣工结算文件视为已被认可。

非国有资金投资的建设工程发包方，应当在收到竣工结算文件后的约定期限内予以答复，逾期未答复的，按照合同约定处理，合同没有约定的，竣工结算文件视为已被认可；发包方对竣工结算文件有异议的，应当在答复期内向承包方提出，并可以在提出异议之日起的约定期限内与承包方协商；发包方在协商期内未与承包方协商或者经协商未能与承包方达成协议的，应当委托工程造价咨询企业进行竣工结算审核，并在协商期满后的约定期限内向承包方提出由工程造价咨询企业出具的竣工结算文件审核意见。

③ 承包方异议的处理。承包方对发包方提出的工程造价咨询企业竣工结算审核意见有异议的，在接到该审核意见后一个月内，可以向有关工程造价管理机构或者有关行业组织申请调解，调解不成的，可以依法申请仲裁或者向人民法院提起诉讼。

④ 竣工结算文件的确认与备案。工程竣工结算文件经发、承包双方签字确认的，应当作为工程决算的依据，未经对方同意，另一方不得就已生效的竣工结算文件委托工程造价咨询企业重复审核。发包方应当按照竣工结算文件及时支付竣工结算款。

竣工结算文件应当由发包方报工程所在地县级以上地方人民政府住房和城乡建设主管部门备案。

(3) 竣工结算文件的审查期限。《建设工程价款结算暂行办法》规定，单项工程竣工后，承包人应在提交竣工验收报告的同时，向发包人递交竣工结算报告及完整的结算资料，发包人应按以下规定时限进行核对(审查)并提出审查意见：

① 500 万元以下，从接到竣工结算报告和完整的竣工结算资料之日起 20 天。

② 500 万～2000 万元，从接到竣工结算报告和完整的竣工结算资料之日起 30 天。

③ 2000 万～5000 万元，从接到竣工结算报告和完整的竣工结算资料之日起 45 天。

④ 5000 万元以上，从接到竣工结算报告和完整的竣工结算资料之日起 60 天。

建设项目竣工总结算在最后一个单项工程竣工结算审查确认后 15 天内汇总，送发包人后 30 天内审查完成。

《建筑工程施工发包与承包计价管理办法》规定，发、承包双方在合同中对竣工结算文件提交、审核的期限没有明确约定，应当按照国家有关规定执行；国家没有规定的，可认为其约定期限均为 28 日。

(4) 工程竣工价款结算。《建设工程价款结算暂行办法》规定，发包人收到承包人递交的竣工结算报告及完整的结算资料后，应按以上规定的期限(合同约定有期限的，从其约定)进行核实，给予确认或者提出修改意见。

发包人根据确认的竣工结算报告向承包人支付工程竣工结算价款，保留 5%左右的质量保证(保修)金，待工程交付使用 1 年质保期到期后清算(合同另有约定的，从其约定)，质保期内如有返修，发生费用应在质量保证(保修)金内扣除。

工程竣工结算以合同工期为准，实际施工工期比合同工期提前或延后，发、承包双方应按合同约定的奖惩办法执行。

(5) 索赔及合同以外零星项目工程价款结算。发、承包人未能按合同约定履行自己的各项义务或发生错误，给另一方造成经济损失的，由受损方按合同约定提出索赔，索赔金额按合同约定支付。

发包人要求承包人完成合同以外的零星项目，承包人应在接受发包人要求的 7 天内就用工数量和单价、机械台班数量和单价、使用材料和金额等向发包人提出施工签证，发包人签证后施工，如发包人未签证，承包人施工后发生争议的，责任由承包人自负。

发包人和承包人要加强施工现场的造价控制，及时对工程合同外的事项如实记录并履行书面手续。凡由发、承包双方授权的现场代表签字的现场签证以及发、承包双方协商确定的索赔等费用，应在工程竣工结算中如实办理，不得因发、承包双方现场代表的中途变更改变其有效性。

(6) 未按规定时限办理事项的处理。发包人收到竣工结算报告及完整的结算资料后，在《建设工程价款结算暂行办法》规定或合同约定期限内，对结算报告及资料没有提出意见，则视同认可。

承包人如未在规定时间内提供完整的工程竣工结算资料，经发包人催促后 14 天内仍未提供或没有明确答复，发包人有权根据已有资料进行审查，责任由承包人自负。

根据确认的竣工结算报告，承包人向发包人申请支付工程竣工结算款。发包人应在收到申请后 15 天内支付结算款，到期没有支付的应承担违约责任。承包人可以催告发包人支付结算价款，如达成延期支付协议，发包人应按同期银行贷款利率支付拖欠工程价款的利息。如未达成延期支付协议，承包人可以与发包人协商将该工程折价，或申请人民法院将该工程依法拍卖，承包人就该工程折价或者拍卖的价款优先受偿。

(7) 工程价款结算争议处理。工程造价咨询机构接受发包人或承包人委托，编审工程竣工结算，应按合同约定和实际履约事项认真办理，出具的竣工结算报告经发、承包双方签字后生效。当事人一方对报告有异议的，可对工程结算中有异议的部分，向有关部门申请咨询后协商处理，若不能达成一致，双方可按合同约定的争议或纠纷解决程序办理。

发包人对工程质量有异议，已竣工验收或已竣工未验收但实际投入使用的工程，其质量争议按该工程保修合同执行；已竣工未验收且未实际投入使用的工程以及停工、停建工程的质量争议，应当就有争议部分的竣工结算暂缓办理，双方可就有争议的工程委托有资质的检测鉴定机构进行检测，根据检测结果确定解决方案，或按工程质量监督机构的处理决定执行，其余部分的竣工结算依照约定办理。

当事人对工程造价发生合同纠纷时，可通过下列办法解决：

① 双方协商确定。

② 按合同条款约定的办法提请调解。

③ 向有关仲裁机构申请仲裁或向人民法院起诉。

《最高人民法院关于审理建设工程施工合同纠纷案件适用法律问题的解释》第十六条规定，当事人对建设工程的计价标准或者计价方法有约定的，按照约定结算工程价款。因设计变更导致建设工程的工程量或质量标准发生变化，当事人对该部分工程价款不能协商一致的，可以参照签订建设工程施工合同时当地住房和城乡建设主管部门发布的计价方法或者计价标准结算工程价款。

(8) 工程价款结算管理。《建设工程价款结算暂行办法》规定，工程竣工后，发、承包双方应及时办清工程竣工结算。否则，工程不得交付使用，有关部门不予办理权属登记。

2. 竣工工程质量争议的处理

《建筑法》规定，建筑工程竣工时，屋顶、墙面不得留有渗漏、开裂等质量缺陷；对已发现的质量缺陷，建筑施工企业应当修复。

《建设工程质量管理条例》规定，施工单位对施工中出现质量问题的建设工程或者竣工验收不合格的建设工程，应当负责返修。

据此，建设工程竣工时发现的质量问题或者质量缺陷，无论是建设单位的责任还是施工单位的责任，施工单位都有义务进行修复或返修。但是，对于非施工单位原因出现的质量问题或质量缺陷，其返修的费用和造成的损失应由责任方承担。

(1) 承包方责任的处理。《民法典》规定，施工人的原因致使建设工程质量不符合约定的，发包人有权要求施工人在合理期限内无偿修理或者返工、改建。经过修理或者返工、改建后，造成逾期交付的，施工人应当承担违约责任。

如果承包人拒绝修理、返工或改建，《最高人民法院关于审理建设工程施工合同纠纷案件适用法律问题的解释》第十一条规定，因承包人的过错造成建设工程质量不符合约定，承包人拒绝修理、返工或者改建，发包人请求减少支付工程价款的，应予支持。

(2) 发包方责任的处理。《建筑法》规定，建设单位不得以任何理由，要求建筑设计单位或者建筑施工企业在工程设计或者施工作业中，违反法律、行政法规和建筑质量、安全标准，降低工程质量。

《最高人民法院关于审理建设工程施工合同纠纷案件适用法律问题的解释》第十二条规定，发包人具有下列情形之一，造成建设工程质量缺陷的，应当承担过错责任：

① 提供的设计有缺陷；

② 提供或者指定购买的建筑材料、建筑构配件、设备不符合强制性标准；

③ 直接指定分包人分包专业工程。

(3) 未经竣工验收擅自使用的处理。《建筑法》《民法典》《建设工程质量管理条例》均规定，建设工程竣工经验收合格后，方可交付使用；未经验收或验收不合格的，不得交付使用。

在实践中，一些建设单位出于各种原因，往往未经验收就擅自提前占有使用建设工程。为此，《最高人民法院关于审理建设工程施工合同纠纷案件适用法律问题的解释》第十三条规定，建设工程未经竣工验收，发包人擅自使用后，又以使用部分质量不符合约定为由主张权利的，不予支持；但是承包人应当在建设工程的合理使用寿命内对地基基础工程和主体结构质量承担民事责任。

五、竣工验收报告备案的规定

《建设工程质量管理条例》规定，建设单位应当自建设工程竣工验收合格之日起15日内，将建设工程竣工验收报告和规划、公安消防、环保等部门出具的认可文件或者准许使用文件报住房和城乡建设主管部门或者其他有关部门备案。住房和城乡建设主管部门或者其他有关部门发现建设单位在竣工验收过程中有违反国家有关建设工程质量管理规定行为的，责令停止使用，重新组织竣工验收。

1. 竣工验收备案的时间及须提交的文件

《房屋建筑和市政基础设施工程竣工验收备案管理办法》规定，建设单位应当自工程竣工验收合格之日起15日内，依照本办法的规定，向工程所在地的县级以上地方人民政府建设主管部门(以下简称"备案机关")备案。

建设单位办理工程竣工验收备案应当提交下列文件：

(1) 工程竣工验收备案表。

(2) 工程竣工验收报告。工程竣工验收报告应当包括工程报建日期，施工许可证号，施工图设计文件审查意见，勘察、设计、施工、工程监理等单位分别签署的质量合格文件及验收人员签署的竣工验收原始文件，市政基础设施的有关质量检测和功能性试验资料以及备案机关认为需要提供的有关资料。

(3) 法律、行政法规规定应当由规划、环保等部门出具的认可文件或者准许使用文件。

(4) 法律规定应当由公安消防部门出具的对大型的人员密集场所和其他特殊建设工程验收合格的证明文件。

(5) 施工单位签署的工程质量保修书。

(6) 法规、规章规定必须提供的其他文件。住宅工程还应当提交《住宅质量保证书》

和《住宅使用说明书》。

《城市地下管线工程档案管理办法》还规定，建设单位在地下管线工程竣工验收备案前，应当向城建档案管理机构移交下列档案资料：

(1) 地下管线工程项目准备阶段文件、监理文件、施工文件、竣工验收文件和竣工图。

(2) 地下管线竣工测量成果。

(3) 其他应当归档的文件资料(电子文件、工程照片、录像等)。建设单位向城建档案管理机构移交的档案资料应当符合《建设工程文件归档规范》(GB/T 50328—2014)的要求。

2. 竣工验收备案文件的签收和处理

《房屋建筑和市政基础设施工程竣工验收备案管理办法》规定，备案机关收到建设单位报送的竣工验收备案文件，验证文件齐全后，应当在工程竣工验收备案表上签署文件收讫。工程竣工验收备案表一式两份，1份由建设单位保存，1份留备案机关存档。

工程质量监督机构应当在工程竣工验收之日起5日内，向备案机关提交工程质量监督报告。

备案机关发现建设单位在竣工验收过程中有违反国家有关建设工程质量管理规定行为的，应当在收讫竣工验收备案文件15日内，责令停止使用，重新组织竣工验收。

3. 竣工验收备案违反规定的处罚

《房屋建筑和市政基础设施工程竣工验收备案管理办法》规定，建设单位在工程竣工验收合格之日起15日内未办理工程竣工验收备案的，备案机关责令限期改正，处20万元以上50万元以下的罚款。

建设单位采用虚假证明文件办理工程竣工验收备案的，工程竣工验收无效，备案机关责令停止使用，重新组织竣工验收，处20万元以上50万元以下的罚款；构成犯罪的，依法追究刑事责任。

备案机关决定重新组织竣工验收并责令停止使用的工程，建设单位在备案之前已投入使用或者建设单位擅自继续使用造成使用人损失的，由建设单位依法承担赔偿责任。

《城市地下管线工程档案管理办法》规定，建设单位违反本办法的规定，未移交地下管线工程档案的，由建设主管部门责令改正，处1万元以上10万元以下的罚款；对单位直接负责的主管人员和其他直接责任人员，处单位罚款数额5%以上10%以下的罚款；建设单位未移交地下管线工程档案，造成施工单位在施工中损坏地下管线的，建设单位依法承担相应的责任。

第四节　建设工程质量监督管理

一、建设工程质量监督管理的概念

建设工程质量监督管理是指为了加强政府对建设工程质量的监督，确保工程质量，维护国家和人民生命财产安全，根据《中华人民共和国标准化法》和国家有关行政法规，由政府授权的专门机构依据国家颁发的有关法律、法规、技术标准及设计文件对建设工程质量实施的监督管理。

为加强对建设工程质量的管理，保护人民生命和财产安全，我国先后颁布了《中华人民共和国建筑法》《建设工程质量管理条例》《房屋建筑工程和市政基础设施工程竣工验收备案管理暂行办法》《实施工程建设强制性标准监督规定》《房屋建筑工程质量保修办法》等法律、法规，建立了比较成熟的建设工程质量法规体系，对于保证建设工程质量，维护社会公共利益等起到了十分重要的作用。

二、建设工程主体的监督管理制度

建设工程主体是指建设工程的参与者，它包括建设单位、勘察设计单位、监理单位和构配件生产单位、施工单位及其相关人员。政府对建设工程主体的监督管理主要有：

(1) 对建设单位的能力进行审查。

(2) 对勘察设计单位，施工、监理、构配件生产、房地产开发单位实行资格等级认证、生产许可证和业务范围的监督管理。

(3) 实行执业工程师注册制。

三、建设工程质量监督制度

为确保建设工程质量，保障公共安全和人民的生命财产安全，政府必须加强对建设工程质量的监督管理。因此，《建设工程质量管理条例》规定，国家实行建设工程质量监督管理制度。

(一) 建设工程质量监督管理体制

《建设工程质量管理条例》规定，国务院住房和城乡建设主管部门对全国的建设工程质量实施统一监督管理。国务院铁路、交通运输、水利等有关部门按照国务院规定的职责分工，负责对全国有关专业建设工程质量进行监督管理。国务院发展计划部门按照国务院规定的职责，组织稽察特派员，对国家出资的重大建设项目实施监督检查。国务院经济贸易主管部门按照国务院规定的职责，对国家重大技术改造项目实施监督检查。

(二) 建设工程质量监督机构

县级以上地方人民政府住房和城乡建设主管部门对本行政区域内的建设工程质量实施监督管理。县级以上地方人民政府交通、水利等有关部门在各自的职责范围内，负责对本行政区域内的专业建设工程质量的监督管理。

建设工程质量监督管理由省级住房和城乡建设主管部门或者其他有关部门委托的建设工程质量监督机构具体实施。建设工程质量监督机构是经省级以上住房和城乡建设主管部门或有关专业部门考核认定的独立法人，建设工程质量监督机构接受县级以上地方人民政府建设主管部门或者有关专业部门的委托，依法对建设工程质量进行强制性监督，并对委托部门负责。从事房屋建筑工程和市政基础设施工程质量监督的机构，必须按照国家有关规定经国务院住房和城乡建设主管部门或者省、自治区、直辖市人民政府住房和城乡建设主管部门考核；从事专业建设工程质量监督的机构，必须按照国家有关规定经国务院有关部门或者省、自治区、直辖市人民政府有关部门考核。经考核合格后，方可实施质量监督。在政府加强监督的同时，还要发挥社会监督的巨大作用，即任何单位和个人对建设工程的质量事故、质量缺陷都有权检举、控告和投诉。

(三) 建设工程质量监督登记

凡新建、改建、扩建的建设工程均应接受住房和城乡建设主管部门委托的工程质量监督机构进行监督，办理建设工程质量监督登记手续。

工程项目施工招标工作完成或施工队伍确定，申请领取施工许可证(或开工报告)前，建设单位应携有关资料到工程质量监督机构领取并如实填写《建设工程质量监督登记表》，办理建设工程质量监督登记。

办理建设工程质量监督登记应提交的资料如下：

(1) 建设单位应提交的资料：

① 项目批文及复印件；

② 工程规划许可证；

③ 施工图设计文件审查意见；

④ 地质勘察报告、施工图纸及其他有关文件。

(2) 参建的施工承包单位应提交的资料：

① 施工承包单位的中标通知书及复印件；

② 承包单位资质证书、营业证副本及复印件；

③ 施工承包单位的项目经理、技术负责人、施工管理负责人及有关人员的资格证书和复印件；

④ 该项目施工管理人员质量责任制及项目质量保证体系情况(必须是本人签字、盖章的原件)；

⑤ 经批准的施工组织设计。

(3) 参建的建设监理单位应提交的资料：

① 建设监理单位中标通知书；

② 建设监理单位的资质证书及复印件；

③ 该项目监理组织；

④ 该项目各级监理人员的资格证书(复印件)、质量责任书；

⑤ 监理大纲。

(4) 施工承包合同(包括地基处理等专业施工合同)、建设监理合同、各种分包合同应保证准确无误。

以上各项资料经审查符合要求后，工程质量监督机构对该工程质量监督申请予以登记。该工程已登记的内容如有变动，须重新向工程质量监督机构登记。

(四) 建设工程质量监督的内容

建设工程质量监督是住房和城乡建设主管部门或其委托的质量监督机构根据国家现行的法律、法规和工程建设强制性标准，对责任主体和有关机构履行质量责任的行为及工程实体质量进行监督检查，维护公众利益的行政执法行为。其主要监督内容如下。

1. 检查施工现场工程建设各方主体的质量行为

检查施工现场工程建设各方主体及有关人员的资质或资格。抽查施工、监理单位的质量保证体系和质量责任制落实情况，检查有关质量文件、技术资料是否齐全并符合规定。检查与工程质量有关的文件和资料主要包括：

(1) 工程规划许可证和施工许可证。

(2) 有关保证质量管理制度和质量责任制(检查其质量责任制落实情况、管理制度是否健全、质量体系运行情况)。

(3) 操作人员主要专业工种的岗位证(检查应持证上岗的特殊工种作业人员是否符合规定)。

(4) 设计文件、图纸及变更设计洽商(检查是否按图施工，有无擅自修改设计的现象)。

(5) 对工程地质勘察资料中有关国家强制性条文执行情况和签证情况进行监督检查。

(6) 施工组织设计及施工现场总平面布置图(检查是否按施工组织设计组织施工，检查施工现场布置是否有利于工程质量控制)，各类技术交底(检查是否有效控制工程质量)。

(7) 有关本工程需用的国家标准、规范、规程(检查有关标准、规范的执行情况)。

(8) 本企业工艺操作规程、企业标准(检查施工过程中的生产控制)。

(9) 工程施工过程中应具备的各种质量保证资料及质量评定资料(检查是否齐全、有效，是否随施工进度及时整理，反映工程实际的质量状况)。

(10) 监理单位有关工程质量管理、监督检查、质量控制的资料(检查监理工作质量和监理行为是否按国家法律、法规、技术标准实施监理业务)。

(11) 专业分包队伍的资质、资格文件(检查分包单位的资质、资格是否符合规定)。

(12) 对隐蔽工程进行抽查。

(13) 其他资料。

2. 对工程实体质量的监督检查

按照质量监督计划，对建设工程地基基础、主体结构的关键部位进行现场实地抽查，对用于工程的主要建筑材料、建筑构配件的质量进行抽查。进入施工现场抽查一般应包括以下主要内容：

(1) 现场各种原材料、建筑构配件、设备的采购、进场验收和管理使用情况是否符合国家的标准和合同约定，抽查产品供应单位的资格和产品质量。

(2) 搅拌站及计量设备的设置及计量措施能否保证工程质量。

(3) 抽查工程施工质量是否符合国家标准、规范规定的质量标准和要求，是否按设计图纸施工。

(4) 抽查操作人员是否按工艺操作规程施工及有无违章和偷工减料行为。

(5) 抽查参与建筑活动的各方主体行为是否符合国家有关规定。

特别是有关建设、施工、设计、工程监理等参与各方对地基基础分部工程、主体结构分部工程和其他涉及结构安全的分部工程进行质量检验时，工程质量监督机构要负责监督工程建设各方根据验评标准作出正确的质量评价。

3. 对工程竣工验收的监督检查

监督机构应对验收组成员组成及竣工验收方案进行监督，对工程实体质量进行抽查，对观感质量进行检查，对工程竣工验收文件进行审查。工程竣工验收文件审查的内容有：

(1) 施工单位出具的工程竣工验收报告，包括结构安全、室内环境质量和使用功能抽样检测资料等合格证明文件及施工过程中发现的质量问题整改报告等。

(2) 勘察、设计单位出具的工程质量检验报告。

(3) 监理单位出具的工程质量评估报告。

第五节　建设工程质量保修制度

一、建设工程保修

建设工程自办理竣工验收手续后，在《建设工程质量管理办法》规定的期限内，因勘察设计、施工、材料等原因造成的质量缺陷，应当由施工单位负责维修。其中，质量缺陷是指工程不符合国家或行业现行的有关技术标准、设计文件及合同中对质量的要求。

1. 质量保修范围

建设工程自办理交工验收手续后，只要在规定的保修期内，则无论是施工造成的质量缺陷，还是因勘察设计、材料等原因造成的质量缺陷，都应由施工单位负责维修。

2. 建设工程质量的最低保修期限

《建设工程质量管理条例》规定，在正常使用条件下，建设工程的最低保修期限为：

(1) 基础设施工程、房屋建筑的地基基础工程和主体结构工程，为设计文件规定的该工程的合理使用年限；

(2) 屋面防水工程、有防水要求的卫生间、房间和外墙面的防渗漏，为 5 年；

(3) 供热与供冷系统，为 2 个采暖期、供冷期；

(4) 电气管线、给水排水管道、设备安装和装修工程，为 2 年。

其他项目的保修期限由发包方与承包方约定。

3. 保修程序

施工单位自接到保修通知书之日起，必须在两周内到达现场与建设单位共同明确责任方、商议返修内容。属施工单位责任的，施工单位应按约定日期到达现场，如施工单位未能按期到达现场，建设单位应再次通知施工单位，施工单位自接到再次通知书的一周内仍不能到达时，建设单位有权自行返修，所发生的费用由原施工单位承担。不属于施工单位责任的，建设单位应与施工单位联系，商议维修的具体期限。

4. 保修的经济责任

(1) 因施工单位的原因而造成的质量缺陷，由施工单位负责维修并承担经济责任。

(2) 因设计原因造成的质量缺陷，由设计单位承担经济责任，由施工单位负责维修，其费用按有关规定通过建设单位向设计单位索赔，不足部分由建设单位负责。

(3) 因建筑材料、构配件和设备质量不合格引起的质量缺陷，属于施工单位采购的或经其验收同意的，由施工单位承担经济责任，属于建设单位采购的，由建设单位承担经济责任。

(4) 因使用单位使用不当造成的质量问题，由使用单位自行负责。

(5) 因地震、洪水、台风等不可抗力造成的质量问题，施工单位、设计单位不承担经济责任。

5. 危险房屋的保修责任

(1) 新建、扩建、改造后的房屋被鉴定为危险房屋的，其安全隐患如为设计造成的，将依法追究设计单位及直接责任人的责任；如为施工造成的，将依法追究施工单位及其直接责任人的责任；如为使用不当造成的，将追究使用人的责任。

(2) 历史遗留房屋被鉴定为危险房屋的，其保修责任由房屋所有人负责，房屋所有人必须按照鉴定机构的处理建议，及时加固或修缮治理。当所有人未按鉴定机构的处理建议处理，或使用人有阻碍行为的，房地产行政主管部门有权指定有关部门代修，或采取其他强制措施，发生的费用由责任人承担。

(3) 异产毗连危险房屋的各所有人，应按照国家对异产毗连房屋的有关规定，共同履行治理责任。拒不承担责任的，由房屋所在地行政主管部门调查处理；当事人不服的，可向当地人民法院起诉。

(4) 因下列原因造成事故的，房屋所有人应承担民事或行政责任：

① 有险不查或损坏不修；

② 经鉴定机构鉴定为危险房屋而未采取有效的解危措施。

(5) 因下列原因造成事故的，使用人、行为人应承担民事责任：

① 使用人擅自改变房屋结构、构件、设备或使用性质；

② 使用人阻碍房屋所有人对危险房屋采取解危措施；

③ 行为人由于施工、堆物、碰撞等行为危及房屋。

(6) 有下列情况，鉴定机构应承担民事或行政责任：

① 故意把非危险房屋鉴定为危险房屋而造成损失；

② 因过失把危险房屋鉴定为非危险房屋，并在有效时限内发生事故；

③ 因拖延鉴定时间而发生事故。

各当事人上述行为给他人造成生命财产损失，已构成犯罪的由司法机关依法追究刑事责任。

6. 异产毗连房屋的保修责任

异产毗连房屋，是指结构相连或具有共有、共用设备和附属建筑而为不同所有人所共有的房屋，其保修责任如下：

(1) 当房屋是自然损坏或因不可抗力造成损坏时的保修责任。

(2) 当房屋损坏是因使用不当造成的，其保修责任由造成损坏的责任人负责。

(3) 异产毗连房屋经房屋安全鉴定机构鉴定为危险房屋的，房屋所有人必须按有关规定及时返修治理。

(4) 房屋使用人和所有人对房屋的返修，必须符合城市规划、房地产管理、消防和环境保护等部门的要求，并应按照有利使用、协商、公平合理的原则，正确处理毗连关系。

(5) 售给个人的异产毗连公有住房，其共有部位和共用设备的返修责任，将依照国家住房制度改革的有关规定执行。

二、建设工程损害赔偿

近年来，由于各方面的原因，建设工程质量问题变得越来越突出。连续发生的一些房屋及构筑物倒塌事故，造成了大量人员伤亡，给国家和人民的财产造成了巨大的损失。因此，建设工程损害赔偿的规定对保护广大人民的生命、财产安全，保护国家利益不受损害以及丰富我国民法中的侵权责任理论，产生了积极的意义。

1. 保修义务的责任落实与损失赔偿责任的承担

《最高人民法院关于审理建设工程施工合同纠纷案件适用法律问题的解释》规定，保修人未及时履行保修义务，导致建筑物损毁或者造成人身、财产损害的，保修人应当承担赔偿责任。保修人与建筑物所有人或者发包人对建筑物毁损均有过错的，各自承担相应的责任。

建设工程保修的质量问题是指在保修范围和保修期限内的质量问题。对于保修义务的承担和维修的经济责任承担应当按下述原则处理：

(1) 施工单位未按照国家有关标准规范和设计要求施工所造成的质量缺陷，由施工单位负责返修并承担经济责任。

(2) 由设计问题造成的质量缺陷，先由施工单位负责维修，其经济责任按有关规定通过建设单位向设计单位索赔。

(3) 由建筑材料、构配件和设备质量不合格引起的质量缺陷，先由施工单位负责维修，其属于施工单位采购的或经其验收同意的，由施工单位承担经济责任；属于建设单位采购的，由建设单位承担经济责任。

(4) 建设单位(含监理单位)错误管理所造成的质量缺陷，先由施工单位负责维修，其经济责任由建设单位承担；如属监理单位的责任，则由建设单位向监理单位索赔。

(5) 使用单位使用不当造成的损坏问题，先由施工单位负责维修，其经济责任由使用单位自行负责。

(6) 地震、台风、洪水等自然灾害或其他不可抗拒的原因造成的损坏问题，先由施工单位负责维修，建设参与各方再根据国家的具体政策分担经济责任。

2. 违法行为应承担的法律责任

建设工程质量保修违法行为应承担的主要法律责任如下：

《建筑法》规定，建筑施工企业违反本法规定，不履行保修义务或者拖延履行保修义务的，责令改正，可以处以罚款，并对在保修期内由屋顶、墙面渗漏、开裂等质量缺陷造成的损失承担赔偿责任。

《建设工程质量管理条例》规定，施工单位不履行保修义务或者拖延履行保修义务的，责令改正，处 10 万元以上 20 万元以下的罚款，并对在保修期内由质量缺陷造成的损失承担赔偿责任。

2015 年 1 月住房和城乡建设部经修改后发布的《建筑业企业资质管理规定》规定，企业申请建筑业企业资质升级、资质增项，在申请之日起前一年至资质许可决定作出前，有未依法履行工程质量保修义务或拖延履行保修义务情形的，资质许可机关不予批准。

第六节 建设工程质量管理法律责任

一、施工单位质量违法行为应承担的法律责任

施工单位质量违法行为应承担的主要法律责任如下。

1. 违反资质管理规定和转包、违法分包造成质量问题应承担的法律责任

《建筑法》规定，建筑施工企业转让、出借资质证书或者以其他方式允许他人以本企业的名义承揽工程的，……对因该项承揽工程不符合规定的质量标准造成的损失，建筑施工企业与使用本企业名义的单位或者个人承担连带赔偿责任。

承包单位将承包的工程转包的，或者违反本法规定进行分包的，……对因转包工程或者违法分包的工程不符合规定的质量标准造成的损失，与接受转包或者分包的单位承担连带赔偿责任。

2. 偷工减料等违法行为应承担的法律责任

《建筑法》规定，建筑施工企业在施工中偷工减料的，使用不合格的建筑材料、建筑构配件和设备的，或者有其他不按照工程设计图纸或者施工技术标准施工的行为的，责令改正，处以罚款；情节严重的，责令停业整顿，降低资质等级或者吊销资质证书；造成建筑工程质量不符合规定的质量标准的，负责返工、修理，并赔偿因此造成的损失；构成犯罪的，依法追究刑事责任。

《建设工程质量管理条例》规定，施工单位在施工中偷工减料的，使用不合格的建筑材料、建筑构配件和设备的，或者有不按照工程设计图纸或者施工技术标准施工的其他行为的，责令改正，处工程合同价款 2%以上 4%以下的罚款；造成建设工程质量不符合规定的质量标准的，负责返工、修理，并赔偿因此造成的损失；情节严重的，责令停业整顿，降低资质等级或者吊销资质证书。

3. 检验检测违法行为应承担的法律责任

《建设工程质量管理条例》规定，施工单位未对建筑材料、建筑构配件、设备和商品混凝土进行检验，或者未对涉及结构安全的试块、试件以及有关材料取样检测的，责

令改正，处 10 万元以上 20 万元以下的罚款；情节严重的，责令停业整顿，降低资质等级或者吊销资质证书；造成损失的，依法承担赔偿责任。

4. 构成犯罪的追究刑事责任

《建设工程质量管理条例》规定，建设单位、设计单位、施工单位、工程监理单位违反国家规定，降低工程质量标准，造成重大安全事故，构成犯罪的，对直接责任人员依法追究刑事责任。

建设、勘察、设计、施工、工程监理单位的工作人员因调动工作、退休等 原因离开该单位后，被发现在该单位工作期间违反国家有关建设工程质量管理规定，造成重大工程质量事故的，仍应当依法追究法律责任。

《刑法》第 137 条规定，建设单位、设计单位、施工单位、工程监理单位违反国家规定，降低工程质量标准，造成重大安全事故的，对直接责任人员处 5 年以下有期徒刑或者拘役，并处罚金；后果特别严重的，处 5 年以上 10 年以下有期徒刑，并处罚金。

5. 质量保修违法行为应承担的法律责任

《建筑法》规定，建筑施工企业违反本法规定，不履行保修义务或者拖延 履行保修义务的，责令改正，可以处以罚款，并对在保修期内因屋顶、墙面渗漏、开裂等质量缺陷造成的损失，承担赔偿责任。

《建设工程质量管理条例》规定，施工单位不履行保修义务或者拖延履行保修义务的，责令改正，处 10 万元以上 20 万元以下的罚款，并对在保修期内因质量缺陷造成的损失承担赔偿责任。

《建设工程质量保证金管理暂行办法》规定，缺陷责任期内，由承包人原因造成的缺陷，承包人应负责维修，并承担鉴定及维修费用。如承包人不维修也不承担费用，发包人可按合同约定扣除保证金，并由承包人承担违约责任。承包人维修并承担相应费用后，不免除对工程的一般损失赔偿责任。

二、建设单位质量违法行为应承担的法律责任

《建筑法》规定，建设单位违反本法规定，建筑设计单位或者建筑施工企业违反建筑工程质量、安全标准，降低工程质量的，责令改正，可以处以罚 款；构成犯罪的，依法追究刑事责任。

《建设工程质量管理条例》规定，建设单位有下列行为之一的，责令改正，处 20 万元以上 50 万元以下的罚款：① 迫使承包方以低于成本的价格竞标的；② 任意压缩合理工期的；③ 明示或者暗示设计单位或者施工单位违反工程建设强制性标准，降低工程质量的；④ 施工图设计文件未经审查或者审查不合格，擅自施工的；⑤ 建设项目必须实行工程监理而未实行工程监理的；⑥ 未按照国家规定办理工程质量监督手续的；⑦ 明示或者暗示施工单位使用不合格的建筑材料、建筑构配件和设备的；⑧ 未按照国家规定将竣工验收报告、有关认可文件或者准许使用文件报送备案的。

建设单位将备案机关决定重新组织竣工验收的工程，在重新组织竣工验收前，擅自使用的，备案机关责令停止使用，处工程合同价款 2%以上 4%以下罚款。 建设单位

采用虚假证明文件办理工程竣工验收备案的，工程竣工验收无效，备案机关责令停止使用，重新组织竣工验收，处 20 万元以上 50 万元以下罚款；构成犯罪的，依法追究刑事责任。

《城市地下管线工程档案管理办法》规定，建设单位违反本办法规定，未移交地下管线工程档案的，由建设主管部门责令改正，处 1 万元以上 10 万元以下的罚款；对单位直接负责的主管人员和其他直接责任人员，处单位罚款数额 5%以上 10%以下的罚款；因建设单位未移交地下管线工程档案，造成施工单位在施工中损坏地下管线的，建设单位依法承担相应的责任。

三、勘察、设计单位质量违法行为应承担的法律责任

《建筑法》规定，建筑设计单位不按照建筑工程质量、安全标准进行设计的，责令改正，处以罚款；造成工程质量事故的，责令停业整顿，降低资质 等级或者吊销资质证书，没收违法所得，并处罚款；造成损失的，承担赔偿责任；构成犯罪的，依法追究刑事责任。

《建设工程质量管理条例》规定，有下列行为之一的，责令改正，处 10 万元以上 30 万元以下的罚款：① 勘察单位未按照工程建设强制性标准进行勘察的；② 设计单位未根据勘察成果文件进行工程设计的；③ 设计单位指定建筑材料、建筑构配件的生产厂、供应商的；④ 设计单位未按照工程建设强制性标准进行设计的。有以上所列行为，造成工程质量事故的，责令停业整顿，降低资质等级；情节严重的，吊销资质证书；造成损失的，依法承担赔偿责任。

四、工程监理单位质量违法行为应承担的法律责任

《建筑法》规定，工程监理单位与建设单位或者建筑施工企业串通，弄虚作假、降低工程质量的，责令改正，处以罚款，降低资质等级或者吊销资质证书；有违法所得的，予以没收；造成损失的，承担连带赔偿责任；构成犯罪的，依法追究刑事责任。

《建设工程质量管理条例》规定，工程监理单位有下列行为之一的，责令改正，处 50 万元以上 100 万元以下的罚款，降低资质等级或者吊销资质证书；有违法所得的，予以没收；造成损失的，承担连带赔偿责任：① 与建设单位或者施工单位串通，弄虚作假、降低工程质量的；② 将不合格的建设工程、建筑材料、建筑构配件和设备按照合格签字的。

五、政府职能部门的质量责任

《建设工程质量管理条例》规定，发生重大工程质量事故隐瞒不报、谎报或者拖延报告期限的，对直接负责的主管人员和其他责任人员依法给予行政处分。

建设工程发生质量事故，有关单位应当在 24 小时内向当地建设行政主管部门和其他有关部门报告。对重大质量事故，事故发生地的建设行政主管部门和其他有关部门应当

按照事故类别和等级向当地人民政府和上级建设行政 主管部门和其他有关部门报告。特别重大质量事故的调查程序按照国务院有关规定办理。

供水、供电、供气、公安消防等部门或者单位明示或者暗示建设单位或者施工单位购买其指定的生产供应单位的建筑材料、建筑构配件和设备的,责令改正。

国家机关工作人员在建设工程质量监督管理工作中玩忽职守、滥用职权、徇私舞弊,构成犯罪的,依法追究刑事责任;尚不构成犯罪的,依法给予行政处分。

第七章　建设工程安全生产法规

第一节　建设工程安全生产概述

《中华人民共和国安全生产法》(简称《安全生产法》)由九届人大常委会第二十八次会议于 2002 年 6 月 29 日颁布，并于 2002 年 11 月 1 日施行。此后，《安全生产法》分别于 2009 年和 2014 年被修改。《安全生产法》立法目的是加强安全生产监督管理，防止和减少生产安全事故，保障人民群众生命和财产安全，保障建设市场的和谐发展，促进市场经济发展。

一、政府职责

在工程建设活动中各级政府应加强对安全生产工作的领导，制订安全生产规划，认真研究解决本地区安全生产中的重大问题；做到有法可依、有法必依、执法必严、违法必究，确保有关法律、法规和国家关于安全生产方针政策的贯彻执行；加强对事故预防工作的领导，按规定对危险性大、职业危害严重及重点项目的建设把好审批立项关，对威胁公众安全的重大事故隐患和危险设施、场所，组织有关部门对其进行安全性评估；加强对公众安全生产的宣传教育，努力提高广大人民群众遵章守纪的自觉性和增强安全生产意识。

二、生产经营单位主要义务

1. 必须加强安全生产管理

生产经营单位必须按照法律、法规和国家有关规定，结合本单位具体情况，做好安全生产的计划、组织、指挥、控制、协调等各项管理工作；要依法设置安全生产管理机构、管理人员，建立健全本单位安全生产各项规章制度并组织实施，做好对从业人员的安全生产教育和培训，搞好生产作业场所、设备、设施的安全管理；要尊重科学，探求和把握规律，运用安全目标管理、事故预测、标准化作业、人体生物节律等现代化管理方法，更为有效地做好安全生产管理工作。

2. 必须建立健全安全生产责任制度

在企业安全生产责任制中，企业主要负责人应当对本单位的安全生产工作全面负责，其他各级管理人员、职能部门、技术人员和各岗位操作人员，应当根据各自的工作任务、岗位特点，确定其在安全生产方面应做的工作和应负的责任，并与奖惩制度挂钩。

3. 必须完善安全生产条件

必须具备保障安全生产的各项物质技术条件，其作业场所和各项生产经营设施、设备、器材和从业人员的安全防护用品等，都必须符合保障安全生产的要求。

三、生产经营单位主要负责人责任

根据《安全生产法》的规定，生产经营单位主要负责人应当对本单位安全生产工作全面负责。包括：保证本单位安全生产所需的资金投入；建立健全本单位安全生产责任制，组织制定本单位的安全生产规章制度和操作规程；督促、检查本单位安全生产工作，及时消除生产安全事故隐患；组织制定并实施本单位的安全事故应急救援预案；及时、如实报告生产安全事故等。

四、从业人员的权利和义务

1. 从业人员安全生产权利

(1) 有关于安全生产的知情权。知情权包括获得安全生产教育和技能培训的权利，被如实告知作业场所和工作岗位存在的危险因素、防范措施及事故应急措施的权利。

(2) 有获得符合国家标准的劳动防护用品的权利。

(3) 有对安全生产问题提出批评、建议的权利。从业人员有权对本单位安全生产管理工作存在的问题提出建议、批评、检举、控告，生产单位不得因此作出对其不利的处分。

(4) 有对违章指挥的拒绝权。从业人员对管理者作出的可能危及安全的违章指挥，有权拒绝执行，生产单位不得因此作出对其不利的处分。

(5) 有采取紧急避险措施的权利。从业人员发现直接危及人身安全的紧急情况时，有权停止作业或在采取紧急措施后撤离作业场所，生产单位不得因此作出对其不利的处分。

(6) 发生生产安全事故后，有获得及时抢救和医疗救治并获得工伤保险赔付的权利等。

2. 从业人员安全生产义务

(1) 建设工程生产过程中，从业人员必须遵守本单位的安全生产规章制度和操作规程，服从管理，不得违章作业。

(2) 接受安全生产教育和培训，掌握本职工作所需要的安全生产知识。

(3) 发现事故隐患应及时向本单位安全生产管理人员或主要负责人报告。

(4) 正确使用和佩戴劳动防护用品。

五、法律责任

根据《安全生产法》的相关规定，从事工程建设活动的相关机构、政府工作人员、生产经营单位及人员违反《安全生产法》的，均应承担相应的法律责任。法律责任包括民事责任、行政责任和刑事责任等。

1. 民事责任

民事责任是指民事主体违反民事义务而依法应当承担的民事法律后果。在我国的民事立法中，民事责任具有以下两种含义：

(1) 指主体行为的民事法律后果，包含民事义务。如《民法典》第六十条规定："法人以其全部财产独立承担民事责任。"

(2) 指《民法典》第八章规定的"民事责任"。

2. 行政责任

行政责任是指由国家行政机关认定的，行为人因违反行政法律规范所应承担的法律后果。根据行政违法的程度、实施行政制裁的主体和制裁对象的不同，行政责任主要有行政处分和行政处罚两大类。

(1) 行政处分是指国家机关、企事业单位、社会团体等根据法律或者内部规章制度的规定，按照隶属关系，对其所属工作人员犯有轻微违法失职行为尚不构成刑事处分或者违反内部纪律的一种制裁。

(2) 行政处罚是指特定的行政执法部门根据法律、法规和规章的规定，对违反行政法律规范尚不构成犯罪或已构成犯罪尚不够刑事处罚的自然人、法人或其他组织所实施的一种行政制裁。

3. 刑事责任

刑事责任是指具有刑事责任能力的人实施了刑事法律规范所禁止的行为(即犯罪行为)所必须承担的刑事法律后果。刑事责任具有以下特征：

(1) 刑事责任只能由司法机关追究，行为人是否承担刑事责任、承担何种刑事责任也只能由司法机关依照刑事诉讼程序决定。

(2) 刑事责任具有更强的强制性。

(3) 刑事责任是最严厉的一种法律责任。

第二节　建设工程安全生产基本制度

一、建设工程安全生产责任制度

安全生产责任制度，是指由企业主要负责人应负的安全生产责任，其他各级管理人员、技术人员和各职能部门应负的安全生产责任，各岗位操作人员应负的岗位安全生产责任所构成的企业安全生产制度。

1. 企业主要负责人的责任

《安全生产法》规定，生产经营单位的主要负责人对本单位的安全生产负有下列责任：

(1) 建立、健全本单位安全生产责任制；

(2) 组织制定本单位安全生产规章制度和操作规程；

(3) 保证本单位安全生产投入的有效实施；

(4) 督促检查本单位的安全生产工作，及时消除安全生产事故隐患；

(5) 组织制定并实施本单位生产安全事故应急救援预案；

(6) 及时、如实报告生产安全事故。

2. 各级管理人员的责任

结合建筑企业及工程建设的特点，相关法规对各级管理人员的责任也作出了明确规定。

(1) 企业总工程师(技术负责人)对本企业劳动保护和安全生产的技术工作负总的责任。项目经理、施工队长、车间主任对本单位劳动保护和安全生产工作负具体领导责任。

(2) 工长、施工员对所管工程的安全生产负直接责任。

(3) 企业中的生产、技术、材料等各职能机构，都应在各自业务范围内，对实现安全生产的要求负责。

3. 从业人员的责任

《安全生产法》规定，从业人员应承担下列主要责任与义务：

(1) 严格遵守本单位的安全生产规章制度和操作规程，服从管理，正确佩戴和使用劳动防护用品。

(2) 接受安全生产教育和培训，掌握本职工作所需的安全生产知识，提高安全生产技能，增强事故预防和应急处理能力。

(3) 发现事故隐患或其他不安全因素，应立即向现场安全生产管理人员或本单位负责人报告。

二、建设工程安全生产教育培训制度

安全生产教育培训的对象有施工单位的主要负责人、项目负责人、专职安全生产管理人员和其他企业职工。培训的主要内容包括安全生产的法律、法规知识和安全科学技术知识。

1. 安全生产的法律、法规教育培训

建筑企业要通过对职工进行有关安全生产方面的法律、法规和政策的教育，使职工能够正确理解和掌握有关安全生产方面的法律、法规和政策，并在建筑生产活动中严格遵守执行。在这方面，尤其要加强对企业的各级领导和安全管理人员的教育，使他们增强安全生产的法律意识，熟悉有关安全生产方面的法律、法规和本行业的安全规章、规程，以便自觉依法做好安全生产管理工作。

2. 安全科学技术知识的教育培训

(1) 新职工上岗前的教育培训。培训内容主要包括安全技术知识、设备性能、操作规程、安全制度和严禁事项。新员工经教育培训并考试合格后，方可进入操作岗位。

(2) 岗位安全培训包括管理人员的岗位安全培训和特种作业人员的岗位安全培训。对特殊工种，应针对其工作特点进行专门的安全教育培训。根据《特种作业人员安全技术考核管理规则》的规定，从事垂直运输机械作业人员、安装拆卸工、爆破作业人员、起重信号工、登高架设作业等建设工程施工现场的作业人员，属于特种作业人员的管理

范畴。因此，除进行一般的安全教育外，还要经过本工种的安全技术教育和培训，并取得特种作业操作资格证书后，方准许上岗作业。

(3) 当采用新技术、新工艺、新设备或调换工作岗位时，要对操作人员进行新技术操作和新岗位的安全教育培训，未经教育培训者不得上岗操作。

(4) 变换工地的安全培训。施工单位在作业人员进入新的施工现场前，必须根据新的施工作业特点进行有针对性的安全生产教育，使之熟悉新的项目的安全生产规章制度，了解新的工程作业特点和安全生产应注意的事项，并经考核合格方可上岗。

(5) 年度安全教育培训。建筑施工企业的管理人员和作业人员每年至少接受一次安全教育培训。这种安全生产教育培训是在完成岗前教育之后进行的年度安全教育，要求其学习、了解新的年度里国家、地方最新的安全生产政策方针、法律法规和企业新的规章制度。

3. 施工单位的主要负责人、项目负责人、专职安全生产管理人员的教育培训和考核

施工单位的主要负责人、项目负责人、专职安全生产管理人员的教育培训和考核主要是对其安全生产知识和管理能力的考核，也是《安全生产法》规定的。《安全生产法》规定，生产经营单位的主要负责人和安全生产管理人员必须具备与本单位所从事的生产经营活动相应的安全生产知识和管理能力。建筑施工单位的主要负责人和安全生产管理人员，应当由有关主管部门对其安全生产知识和管理能力进行考核，考核合格后方可任职。施工单位的主要负责人、项目负责人、专职安全生产管理人员未经建设行政主管部门或者其他有关部门考核合格而任职是违法的，必须予以纠正。

三、建设工程安全生产意外伤害保险制度

建筑业意外伤害保险是我国保险业的一个特别险种。其不同于《中华人民共和国保险法》所调整的商业保险，也不同于国家举办的具有社会救助性的社会保险(工伤保险、失业保险、医疗保险等)。商业保险是以盈利为目的，社会保险是一项公益事业。建筑业意外伤害保险的性质是介于商业保险和社会保险之间的一种人身保险，具有社会保险的属性。该意外伤害保险目前的操作方式仍采用商业保险的做法，即以人的生命和身体为保险标的，在被保险人因意外事故而致死亡、残废或丧失工作能力时，保险公司按照保险合同的约定向被保险人或受益人给付医疗费或保险金的强制性保险。随着社会经济的发展，国家公益事业范围的不断扩展，建筑业意外伤害保险也应向社会保险的方向发展。

《建筑法》第四十八条规定："建筑施工企业应当依法为职工参加工伤保险缴纳工伤保险费。鼓励企业为从事危险作业的职工办理意外伤害保险，支付保险费。"这是一项强制性的法律制度。《建设工程安全生产管理条例》第三十八条规定："实行施工总承包的，由总承包单位支付意外伤害保险费。意外伤害保险期限自建设工程开工之日起至竣工验收合格止。"

四、建设工程伤亡事故报告制度

施工中发生事故时，建筑企业应当采取紧急措施减少人员伤亡和事故损失，并按照

国家有关规定及时向有关部门报告。事故处理必须遵循一定的程序，做到"四不放过"(原因不查清不放过，不采取改正措施不放过，责任人和广大群众不受到教育不放过，与事故有关的领导和责任人不受到查处不放过)。

五、建设工程安全责任追究制度

《安全生产法》第十四条规定："国家实行生产安全事故责任追究制度，依照本法和有关法律、法规的规定，追究生产安全事故责任人员的法律责任。"建设单位、设计单位、施工单位、监理单位，由于没有履行职责造成人员伤亡和事故损失的，视情节给予相应处理；情节严重的，责令停业整顿，降低资质等级或吊销资质证书；构成犯罪的，依法追究刑事责任。2011 年 11 月颁布的《国务院关于坚持科学发展安全发展促进安全生产形势持续稳定好转的意见》(国发〔2011〕40 号)中也明确了自觉坚持"安全第一、预防为主、综合治理"的方针。

第三节　建设工程安全生产责任体系

为了加强建设工程安全生产监督管理，保障人民群众生命和财产安全，国务院根据《中华人民共和国建筑法》和《中华人民共和国安全生产法》制定了《建设工程安全生产管理条例》。建设工程安全生产管理要坚持安全第一、预防为主的方针。建设单位、勘察单位、设计单位、施工单位、工程监理单位及其他与建设工程安全生产有关的单位，必须遵守安全生产法律、法规的规定，保证建设工程安全生产，依法承担建设工程安全生产责任。

一、建设工程主体单位的安全责任

1. 建设单位的安全责任

《中华人民共和国建筑法》规定："建筑施工企业必须依法加强对建筑安全生产的管理，执行安全生产责任制度，采取有效措施，防止伤亡和其他安全生产事故的发生。"安全生产责任制度是建筑生产中最基本的安全管理制度，是所有安全规章制度的核心。

《建设工程安全生产管理条例》对建设单位的安全责任规定如下：

(1) 建设单位应当向施工单位提供施工现场及毗邻区域内供水、排水、供电、供气、供热、通信、广播电视等地下管线资料，气象和水文观测资料，相邻建筑物和构筑物、地下工程的有关资料，并保证资料的真实、准确、完整。

建设单位因建设工程需要，向有关部门或单位查询前款规定的资料时，有关部门或单位应当及时提供。

(2) 建设单位不得对勘察、设计、施工、工程监理等单位提出不符合建设工程安全生产法律、法规和强制性标准规定的要求，不得压缩合同约定的工期。

(3) 建设单位在编制工程概算时，应当确定建设工程安全作业环境及安全施工措施所需费用。

(4) 建设单位不得明示或暗示施工单位购买、租赁、使用不符合安全施工要求的安全防护用具、机械设备、施工机具及配件、消防设施和器材。

(5) 建设单位在申请领取施工许可证时，应当提供建设工程有关安全施工措施的资料。依法批准开工报告的建设工程，建设单位应当自开工报告批准之日起15日内，将保证安全施工的措施报送建设工程所在地的县级以上地方人民政府建设行政主管部门或其他有关部门备案。

(6) 建设单位应当将拆除工程发包给具有相应资质等级的施工单位。建设单位应当在拆除工程施工15日前，将下列资料报送建设工程所在地的县级以上地方人民政府建设行政主管部门或其他有关部门备案：

① 施工单位资质等级证明；

② 拟拆除建筑物、构筑物及可能危及毗邻建筑的说明；

③ 拆除施工组织方案；

④ 堆放、消除废弃物的措施。

2. 勘察、设计单位的安全责任

(1) 勘察单位安全责任。根据《建设工程安全生产管理条例》的规定，勘察单位应承担的安全责任主要有：一是勘察单位应当按照法律、法规和工程建设强制性标准进行勘察，提供的勘察文件应当真实、准确，满足建设工程安全生产的需要；二是勘察单位在勘察作业时，应当严格执行操作规程，采取措施保证各类管线、设施和周边建筑物、构筑物的安全。

(2) 设计单位安全责任。根据《建设工程安全生产管理条例》规定，设计单位依法应承担的安全责任主要有：设计单位应当按照法律、法规和工程建设强制性标准进行设计，防止因设计不合理导致生产安全事故的发生。

设计单位应当考虑施工安全操作和防护的需要，对涉及施工安全的重点部位和环节应该在设计文件中注明，并对防范生产安全事故提出指导意见。采用新结构、新材料、新工艺的建设工程和特殊结构的建设工程，设计单位应当在设计中提出保障施工作业人员安全和预防生产安全事故的措施建议。设计单位人员和注册建筑师等注册执业人员应当对其设计负责。

3. 工程监理单位的安全责任

根据《建筑法》《建设工程质量管理条例》等的规定，我国实施强制工程监理制度。工程监理单位除了接受建设单位委托，实施以"三控、两管、一协调"为主要内容的工程监理工作外，还要依法承担国家赋予的其他方面的监理责任。

(1) 工程监理单位应当审查施工组织设计中的安全技术措施或专项施工方案是否符合工程建设强制性标准。

(2) 工程监理单位在实施监理过程中，发现存在安全事故隐患的，应当要求施工单位整改；情况严重的，应当要求施工单位暂时停止施工，并及时报告建设单位。施工单位拒不整改或不停止施工的，工程监理单位应当及时向有关主管部门报告。

4. 施工单位的安全责任

(1) 主要负责人。《建设工程安全生产管理条例》规定："施工单位主要负责人依法对本单位的安全生产工作全面负责。"

(2) 项目负责人。施工单位的项目负责人应当由取得相应执业资格的人员担任，对建设工程项目的安全施工负责，落实安全生产责任制度、安全生产规章制度和操作规程，确保安全生产费用的有效使用，并根据工程的特点组织制定安全施工措施，消除安全事故隐患，及时、如实报告生产安全事故。

(3) 专职安全生产管理人员。根据《建设工程安全生产管理条例》的规定，施工单位应当设立安全生产管理机构，配备专职安全生产管理人员。

① 专职安全生产管理人员的安全责任主要包括：

A. 对安全生产进行现场监督检查；

B. 发现安全事故隐患，应当及时向项目负责人和安全生产管理机构报告；

C. 对于违章指挥、违章操作的，应当立即制止。

② 总承包单位和分包单位的安全责任。《建设工程安全生产管理条例》规定，建设工程实行施工总承包的，由总承包单位对施工现场的安全生产负总责。总承包单位依法将建设工程分包给其他单位的，分包合同中应当明确各自的安全生产方面的权利、义务。总承包单位和分包单位对发包工程的安全生产承担连带责任。

③ 安全生产教育培训制度。

A. 特种作业人员的专门培训和持证上岗。垂直运输机械作业人员、安装拆卸工、爆破作业人员、起重信号工、登高架设作业人员等特种作业人员，必须按照国家有关规定经过专门的安全作业培训，并取得特种作业操作资格证书后，方可上岗作业。

B. 主要负责人、项目负责人和专职安全生产管理人员的考核培训。施工单位的主要负责人、项目负责人、专职安全生产管理人员应当经建设行政主管部门或其他有关部门考核合格后方可任职。

施工单位应当对管理人员和作业人员每年至少进行一次安全生产教育培训，其教育培训情况记入个人工作档案。安全生产教育培训考核不合格的人员，不得上岗。

C. 作业人员进入新岗位、新工地和采用新技术、新工艺、新设备、新材料前的上岗教育培训。作业人员进入新的岗位或者新的施工现场前，应当接受安全生产教育培训。未经教育培训或者教育培训考核不合格的人员，不得上岗作业。施工单位在采用新技术、新工艺、新设备、新材料时，应当对作业人员进行相应的安全生产教育培训。

④ 危险性较大的分部分项工程的专项施工方案。《建设工程安全生产管理条例》规定："施工单位应当在施工组织设计中编制安全技术措施和施工现场临时用电方案，对下列达到一定规模的危险性较大的分部分项工程编制专项施工方案，并附安全验算结果，经施工单位技术负责人、总监理工程师签字后实施，由专职安全生产管理人员进行现场监督。"这些专项工程主要有以下几个：

A. 基坑支护与降水工程；

B. 土方开挖工程；

C. 模板工程；

D. 起重吊装工程；

E. 脚手架工程；

F. 拆除、爆破工程；

G. 国务院建设行政主管部门或者其他有关部门规定的其他危险性较大的工程。

对上述工程中涉及深基坑、地下暗挖工程、高大模板工程的专项施工方案，施工单位还应当组织专家进行论证、审查。

⑤ 施工单位在施工现场应采取的安全措施。

A. 施工前安全施工技术要求交底。建设工程施工前，施工单位负责项目管理的技术人员应当对有关安全施工的技术要求向施工作业班组、作业人员作出详细说明，并由双方签字确认。

B. 施工现场安全警示标志的设置。施工单位应当在施工现场入口处、施工起重机械、临时用电设施、脚手架、出入通道口、楼梯口、电梯井口、孔洞口、桥梁口、隧道口、基坑边沿、爆破物及有害危险气体和液体存放处等危险部位，设置明显的安全警示标志。安全警示标志必须符合国家标准。

C. 施工现场的安全防护。施工单位应当根据不同施工阶段和周围环境及季节、气候的变化，在施工现场采取相应的安全施工措施。施工现场暂时停止施工的，施工单位应当做好现场防护，所需费用由责任方承担，或按照合同约定执行。

D. 施工现场布置应当符合安全要求。施工单位应当将施工现场的办公、生活区与作业区分开设置，并保持安全距离；办公、生活区的选址应当符合安全性要求。职工的膳食、饮水、休息场所等应当符合卫生标准。施工单位不得在尚未竣工的建筑物内设置员工集体宿舍。

E. 对周边环境采取的防护措施。施工单位对因建设工程施工可能造成损害的毗邻建筑物、构筑物和地下管线等，应当采取专项防护措施。

施工单位应当遵守有关环境保护法律、法规的规定，在施工现场采取措施，防止或减少粉尘、废气、废水、固体废物、噪声、振动和施工照明对人和环境的危害和污染。在城市市区内的建设工程，施工单位应当对施工现场实行封闭围挡。

F. 施工现场的消防安全措施。施工单位应当在施工现场建立消防安全责任制度，确定消防安全责任人，制定用火、用电、使用易燃易爆材料等各项消防安全管理制度和操作规程，设置消防通道、消防水源，配备消防设施和灭火器材，并在施工现场入口处设置明显标志。

5. 相关单位的安全责任

(1) 机械设备和配件供应单位的安全责任。为建设工程提供机械设备和配件的单位，应当按照安全施工的要求配备齐全有效的保险、限位等安全设施和装置。

(2) 出租机械设备和施工机具及配件单位的安全责任。出租的机械设备和施工机具及配件，应当具有生产(制造)许可证、产品合格证，并应当对出租的机械设备和施工机具及配件的安全性能进行检测，在签订租赁协议时，应当出具检测合格证明。禁止出租检测不合格的机械设备和施工机具及配件。

施工单位采购、租赁的安全防护用具、机械设备、施工机具及配件，应当具有生产(制造)许可证、产品合格证，并在进入施工现场前进行查验。使用承租的机械设备和施工机具及配件的，由施工总承包单位、分包单位、出租单位和安装单位共同进行验收。验收合格后方可使用。

(3) 施工起重机械和自升式架设设施的安全管理。

① 施工起重机械和自升式架设设施安装、拆卸。施工起重机械和自升式架设设施等的安装、拆卸属于特殊专业安装，具有高度危险性，容易造成重大伤亡事故，和施工安全有密切关系。

《建设工程安全生产管理条例》规定："在施工现场安装、拆卸施工起重机械和整体提升脚手架、模板等自升式架设设施，必须由具有相应资质的单位承担。"《建筑业企业资质等级标准》则分别规定了起重设备安装工程专业承包资质和整体提升脚手架专业承包资质。

《建设工程安全生产管理条例》还规定，安装、拆卸施工起重机械和整体提升脚手架、模板等自升式架设设施，应当编制拆装方案、制定安全施工措施，并由专业技术人员现场监督。施工起重机械和整体提升脚手架、模板等自升式架设设施安装完毕后，安装单位应当自检，出具自检合格证明，并向施工单位进行安全使用说明，办理验收手续并签字。施工单位在使用前，应当组织有关单位进行验收，也可以委托具有相应资质的检验检测机构进行验收。《特种设备安全监察条例》规定的施工起重机械，在验收前应当经有相应资质的检验检测机构监督检验合格。

② 施工起重机械和自升式架设设施的检验检测。根据《建设工程安全生产管理条例》的规定，施工起重机械和整体提升脚手架、模板等自升式架设设施的使用达到国家规定的检验检测期限的，必须经具有专业资质的检验检测机构检测。经检测不合格的，不得继续使用。检验检测机构对检测合格的施工起重机械和整体提升脚手架、模板等自升式架设设施，应当出具安全合格证明文件，并对检测结果负责。

二、建设工程安全生产监督管理

《建设工程安全生产管理条例》对建设工程安全生产监督管理作了如下规定：

(1) 国务院负责安全生产监督管理的部门依照《中华人民共和国安全生产法》的规定，对全国建设工程安全生产工作实施综合监督管理。

县级以上地方人民政府负责安全生产监督管理的部门依照《中华人民共和国安全生产法》的规定，对本行政区域内建设工程安全生产工作实施综合监督管理。

(2) 国务院建设行政主管部门对全国的建设工程安全生产实施监督管理。国务院铁路、交通、水利等有关部门按照国务院规定的职责分工，负责有关专业建设工程安全生产的监督管理。

县级以上地方人民政府建设行政主管部门对本行政区域内的建设工程安全生产实施监督管理。县级以上地方人民政府交通、水利等有关部门在各自的职责范围内，负责本行政区域内的专业建设工程安全生产的监督管理。

(3) 建设行政主管部门在审核发放施工许可证时，应当对建设工程是否有安全施工措施进行审查，对没有安全施工措施的，不得颁发施工许可证。

建设行政主管部门或其他有关部门对建设工程的安全施工措施进行审查时，不得收取费用。

(4) 建设行政主管部门或其他有关部门可以将施工现场的监督检查委托给建设工程安全监督机构具体实施。

(5) 县级以上人民政府负有建设工程安全生产监督管理职责的部门在各自的职责范围内履行安全监督检查职责时，有权采取下列措施：

① 要求被检查单位提供有关建设工程安全生产的文件和资料；

② 进入被检查单位施工现场进行检查；

③ 纠正施工中违反安全生产要求的行为；

④ 对检查中发现的安全事故隐患，责令立即排除。重大安全事故隐患排除前或者排除过程中无法保证安全的，责令从危险区域内撤出作业人员或者暂时停止施工。

(6) 县级以上人民政府建设行政主管部门和其他有关部门应当及时受理对建设工程生产安全事故及安全事故隐患的检举、控告和投诉。

(7) 国家对严重危及施工安全的工艺、设备、材料实行淘汰制度。具体目录由国务院建设行政主管部门会同国务院其他有关部门制定并公布。

三、安全生产事故的应急救援和调查处理

1. 建设行政主管部门对安全生产事故的应急救援和调查处理采取的措施

县级以上地方人民政府建设行政主管部门应当根据本级人民政府的要求，制定本行政区域内建设工程特大生产安全事故应急救援预案。

建设工程生产安全事故的调查、对事故责任单位和责任人的处罚与处理，按照有关法律、法规的规定执行。

2. 施工单位对安全生产事故的应急救援和调查处理采取的措施

(1) 施工单位应当制定本单位生产安全事故应急救援预案，建立应急救援组织或者配备应急救援人员，配备必要的应急救援器材、设备，并定期组织演练。

(2) 施工单位应当根据建设工程施工的特点、范围，对施工现场易发生重大事故的部位、环节进行监控，制定施工现场生产安全事故应急救援预案。实行施工总承包的，由总承包单位统一组织编制建设工程生产安全事故应急救援预案，工程总承包单位和分包单位按照应急救援预案，各自建立应急救援组织或者配备应急救援人员，配备救援器材、设备，并定期组织演练。

(3) 施工单位发生生产安全事故，应当按照国家有关伤亡事故报告和调查处理的规定，及时、如实向负责安全生产监督管理的部门、建设行政主管部门或其他有关部门报告；特种设备发生事故的，还应当同时向特种设备安全监督管理部门报告。接到报告的部门应当按照国家有关规定，如实上报。实行施工总承包的建设工程，由总承包单位负责上报事故。

(4) 发生生产安全事故后，施工单位应当采取措施防止事故扩大，保护事故现场。需要移动现场物品时，应当作出标记和书面记录，妥善保管有关证物。

第四节　建设工程安全事故

一、建设工程安全事故的分类

根据生产安全事故(以下简称事故)造成的人员伤亡或直接经济损失，事故一般分为特别重大事故、重大事故、较大事故和一般事故四类。

1. 特别重大事故

特别重大事故是指造成 30 人以上死亡，或 100 人以上重伤(包括急性工业中毒，下同)，或 1 亿元以上直接经济损失的事故。

2. 重大事故

重大事故是指造成 10 人以上 30 人以下死亡，或 50 人以上 100 人以下重伤，或 5000 万元以上 1 亿元以下直接经济损失的事故。

3. 较大事故

较大事故是指造成 3 人以上 10 人以下死亡，或 10 人以上 50 人以下重伤，或 1000 万元以上 5000 万元以下直接经济损失的事故。

4. 一般事故

一般事故是指造成 3 人以下死亡，或 10 人以下重伤，或 1000 万元以下直接经济损失的事故。

二、建设工程安全事故报告

(1)《生产安全事故报告和调查处理条例》规定，事故报告应当及时、准确、完整，任何单位和个人对事故不得迟报、漏报、谎报或瞒报。

(2) 事故发生后，事故现场有关人员应当立即向本单位负责人报告；单位负责人接到报告后，应当于 1 小时内向事故发生地县级以上人民政府安全生产监督管理部门和负有安全生产监督管理职责的有关部门报告。情况紧急时，事故现场有关人员可以直接向事故发生地县级以上人民政府安全生产监督管理部门和负有安全生产监督管理职责的有关部门报告。

(3) 安全生产监督管理部门和负有安全生产监督管理职责的有关部门接到事故报告后，应当依照下列规定上报事故情况，并通知公安机关、劳动保障行政部门、工会和人民检察院：

① 特别重大事故、重大事故逐级上报至国务院安全生产监督管理部门和负有安全生产监督管理职责的有关部门；

② 较大事故逐级上报至省、自治区、直辖市人民政府安全生产监督管理部门和负有安全生产监督管理职责的有关部门；

③ 一般事故上报至设区的市级人民政府安全生产监督管理部门和负有安全生产监督管理职责的有关部门。

安全生产监督管理部门和负有安全生产监督管理职责的有关部门依照相关规定上报事故情况，应当同时报告本级人民政府。国务院安全生产监督管理部门和负有安全生产监督管理职责的有关部门以及省级人民政府接到发生特别重大事故、重大事故的报告后，应当立即报告国务院。

必要时，安全生产监督管理部门和负有安全生产监督管理职责的有关部门可以越级上报事故情况。

(4) 安全生产监督管理部门和负有安全生产监督管理职责的有关部门逐级上报事故情况，每级上报的时间不得超过 2 小时。

(5) 报告事故应当包括下列内容：

① 事故发生单位概况；

② 事故发生的时间、地点以及事故现场情况；

③ 事故的简要经过；

④ 事故已经造成或者可能造成的伤亡人数(包括下落不明的人数)和初步估计的直接经济损失；

⑤ 已经采取的措施；

⑥ 其他应当报告的情况。

(6) 事故报告后出现新情况的，应当及时补报。自事故发生之日起 30 日内，事故造成的伤亡人数发生变化的，应当及时补报。道路交通事故、火灾事故自发生之日起 7 日内，事故造成的伤亡人数发生变化的，应当及时补报。

(7) 事故发生单位负责人接到事故报告后，应当立即启动事故相应应急预案，或者采取有效措施，组织抢救，防止事故扩大，减少人员伤亡和财产损失。

(8) 事故发生地有关地方人民政府、安全生产监督管理部门和负有安全生产监督管理职责的有关部门接到事故报告后，其负责人应当立即赶赴事故现场，组织事故救援。

(9) 事故发生后，有关单位和人员应当妥善保护事故现场以及相关证据，任何单位和个人不得破坏事故现场、毁灭相关证据。因抢救人员、防止事故扩大以及疏通交通等原因，需要移动事故现场物件的，应当做出标志，绘制现场简图并做出书面记录，妥善保存现场重要痕迹、物证。

(10) 事故发生地公安机关根据事故的情况，对涉嫌犯罪的，应当依法立案侦查，采取强制措施和侦查措施。犯罪嫌疑人逃匿的，公安机关应当迅速将其追捕归案。

(11) 安全生产监督管理部门和负有安全生产监督管理职责的有关部门应当建立值班制度，并向社会公布值班电话，受理事故报告和举报。

三、建设工程安全事故的调查

1. 事故调查的原则

事故调查处理应当坚持实事求是、尊重科学的原则，及时、准确地查清事故经过、事故原因和事故损失，查明事故性质，认定事故责任，总结事故教训，提出整改措施，并对事故责任者依法追究责任。

特别重大事故由国务院或国务院授权有关部门组织事故调查组进行调查。重大事故、较大事故、一般事故分别由事故发生地省级人民政府、设区的市级人民政府、县级人民政府负责调查。省级人民政府、设区的市级人民政府、县级人民政府可以直接组织事故调查组进行调查，也可以授权或委托有关部门组织事故调查组进行调查。未造成人员伤亡的一般事故，县级人民政府也可以委托事故发生单位组织事故调查组进行调查。

2. 事故调查组的组成

事故调查组的组成应当遵循精简、效能的原则。根据事故的具体情况，事故调查组由有关人民政府、安全生产监督管理部门、负有安全生产监督管理职责的有关部门、监察机关、公安机关以及工会派人组成，并应当邀请人民检察院派人参加。事故调查组可以聘请有关专家参与调查。

3. 调查组各成员的责任

事故调查组组长由负责事故调查的人民政府指定。事故调查组组长主持事故调查组的工作。事故调查组成员应当具有事故调查所需要的知识和专长，并与所调查的事故没有直接利害关系。

4. 事故调查组的职责

(1) 查明事故发生的经过、原因、人员伤亡情况及直接经济损失；

(2) 认定事故的性质和事故责任；

(3) 提出对事故责任者的处理建议；

(4) 总结事故教训，提出防范和整改措施；

(5) 提交事故调查报告。

5. 事故调查报告的内容及提交期限

(1) 事故调查报告的内容。

① 事故发生单位概况；

② 事故发生经过和事故救援情况；

③ 事故造成的人员伤亡和直接经济损失；

④ 事故发生的原因和事故性质；

⑤ 事故责任的认定以及对事故责任者的处理建议；

⑥ 事故防范和整改措施。

事故调查报告应当附具有关证据材料。事故调查组成员应当在事故调查报告上签名。

(2) 事故调查报告提交期限。事故调查组应当自事故发生之日起 60 日内提交事故调查报告；特殊情况下，经负责事故调查的人民政府批准，提交事故调查报告的期限可以适当延长，但延长的期限最长不超过 60 日。

四、建设工程安全事故的处理

事故发生单位主要负责人有下列行为之一的，处上一年年收入 40% 至 80% 的罚款；属于国家工作人员的，并依法给予处分；构成犯罪的，依法追究刑事责任。

(1) 不立即组织事故抢救的。

(2) 迟报或漏报事故的。

(3) 在事故调查处理期间擅离职守的。

事故发生单位及其有关人员有下列行为之一的,对事故发生单位处100万元以上500万元以下的罚款;对主要负责人、直接负责的主管人员和其他直接责任人员处上一年年收入60%至100%的罚款;属于国家工作人员的,并依法给予处分;违反治安管理的,由公安机关依法给予治安管理处罚;构成犯罪的,依法追究刑事责任。

(1) 谎报或瞒报事故的。

(2) 伪造或故意破坏事故现场的。

(3) 转移、隐匿资金、财产,或销毁有关证据、资料的。

(4) 拒绝接受调查或拒绝提供有关情况和资料的。

(5) 在事故调查中作伪证或指使他人作伪证的。

(6) 事故发生后逃匿的。

事故发生单位对事故发生负有责任的,依照下列规定处以罚款。

(1) 发生一般事故的,处10万元以上20万元以下的罚款。

(2) 发生较大事故的,处20万元以上50万元以下的罚款。

(3) 发生重大事故的,处50万元以上200万元以下的罚款。

(4) 发生特别重大事故的,处200万元以上500万元以下的罚款。

事故发生单位主要负责人未依法履行安全生产管理职责,导致事故发生的,依照下列规定处以罚款;属于国家工作人员的,并依法给予处分;构成犯罪的,依法追究刑事责任。

(1) 发生一般事故的,处上一年年收入30%的罚款。

(2) 发生较大事故的,处上一年年收入40%的罚款。

(3) 发生重大事故的,处上一年年收入60%的罚款。

(4) 发生特别重大事故的,处上一年年收入80%的罚款。

第五节　建设工程安全生产法律责任

一、违反《安全生产法》的法律责任

(一) 安全生产监督管理部门相关法律责任

(1) 负有安全生产监督管理职责的部门的工作人员,有下列行为之一的,给予降级或撤职的行政处分;构成犯罪的,依照刑法有关规定追究其刑事责任:

① 对不符合法定安全生产条件的涉及安全生产的事项予以批准或验收通过的;

② 发现未依法取得批准、验收的单位擅自从事有关活动或接到举报后不予取缔或者不依法予以处理的;

③ 对已经依法取得批准的单位不履行监督管理职责，发现其不再具备安全生产条件而不撤销原批准或发现安全生产违法行为不予查处的。

(2) 负有安全生产监督管理职责的部门，要求被审查、验收的单位购买其指定的安全设备、器材或其他产品的，在对安全生产事项的审查、验收中收取费用的，由其上级机关或者监察机关责令改正，责令退还收取的费用；情节严重的，对直接负责的主管人员和其他直接责任人员依法给予行政处分。

(二) 生产经营单位相关法津责任

(1) 生产经营单位的决策机构、主要负责人、个人经营的投资人不依照本法规定保证安全生产所必需的资金投入，致使生产经营单位不具备安全生产条件的，责令限期改正，提供必需的资金；逾期未改正的，责令生产经营单位停产、停业整顿。

有上述违法行为，导致发生生产安全事故，构成犯罪的，依照刑法有关规定追究刑事责任；尚不够刑事处罚的，对生产经营单位的主要负责人给予撤职处分，对个人经营的投资人处 2 万元以上 20 万元以下的罚款。

(2) 生产经营单位的主要负责人未履行本法规定的安全生产管理职责的，责令限期改正；逾期未改正的，责令生产经营单位停产、停业整顿。

生产经营单位的主要负责人有上述违法行为，导致发生生产安全事故，构成犯罪的，依照刑法有关规定追究刑事责任；尚不够刑事处罚的，给予撤职处分或处 2 万元以上 20 万元以下的罚款。

生产经营单位的主要负责人依照上述规定受刑事处罚或撤职处分的，自刑罚执行完毕或者受处分之日起，五年内不得担任任何生产经营单位的主要负责人。

(3) 生产经营单位有下列行为之一的，责令限期改正；逾期未改正的，责令停产、停业整顿，可以并处 2 万元以下的罚款：

① 未按照规定设立安全生产管理机构或者配备安全生产管理人员的；

② 危险物品的生产、经营、储存单位以及矿山、建筑施工单位的主要负责人和安全生产管理人员未按照规定经考核合格的；

③ 未按照《安全生产法》第二十一条、第二十二条的规定对从业人员进行安全生产教育和培训，或未按照《安全生产法》第三十六条的规定如实告知从业人员有关的安全生产事项的；

④ 特种作业人员未按照规定经专门的安全作业培训并取得特种作业操作资格证书，上岗作业的。

(4) 生产经营单位有下列行为之一的，责令限期改正；逾期未改正的，责令停止建设或停产、停业整顿，可以并处 5 万元以下的罚款；造成严重后果，构成犯罪的，依照刑法有关规定追究刑事责任：

① 矿山建设项目或用于生产、储存危险物品的建设项目没有安全设施设计或安全设施设计未按照规定报经有关部门审查同意的；

② 矿山建设项目或用于生产、储存危险物品的建设项目的施工单位未按照批准的安全设施设计施工的；

③ 矿山建设项目或用于生产、储存危险物品的建设项目竣工投入生产或者使用前，

安全设施未经验收合格的；

④ 未在有较大危险因素的生产经营场所和有关设施、设备上设置明显的安全警示标志的；

⑤ 安全设备的安装、使用、检测、改造和报废不符合国家标准或行业标准的；

⑥ 未对安全设备进行经常性维护、保养和定期检测的；

⑦ 未为从业人员提供符合国家标准或行业标准的劳动防护用品的；

⑧ 特种设备以及危险物品的容器、运输工具未经取得专业资质的机构检测、检验合格，未取得安全使用证或安全标志，投入使用的；

⑨ 使用国家明令淘汰、禁止使用的危及生产安全的工艺、设备的。

(5) 未经依法批准，擅自生产、经营、储存危险物品的，责令停止违法行为或予以关闭，没收违法所得，违法所得 10 万元以上的，并处违法所得一倍以上五倍以下的罚款，没有违法所得或违法所得不足 10 万元的，单处或并处 2 万元以上 10 万元以下的罚款；造成严重后果，构成犯罪的，依照刑法有关规定追究刑事责任。

(6) 生产经营单位有下列行为之一的，责令限期改正；逾期未改正的，责令停产、停业整顿，可以并处 2 万元以上 10 万元以下的罚款；造成严重后果，构成犯罪的，依照刑法有关规定追究刑事责任。

① 生产、经营、储存、使用危险物品，未建立专门安全管理制度、未采取可靠的安全措施或不接受有关主管部门依法实施的监督管理的；

② 对重大危险源未登记建档，或未进行评估、监控，或未制定应急预案的；

③ 进行爆破、吊装等危险作业，未安排专门管理人员进行现场安全管理的。

(7) 生产经营单位将生产经营项目、场所、设备发包或出租给不具备安全生产条件或相应资质的单位或个人的，责令限期改正，没收违法所得；违法所得 5 万元以上的，并处违法所得一倍以上五倍以下的罚款；没有违法所得或违法所得不足 5 万元的，单处或并处 1 万元以上 5 万元以下的罚款；导致发生生产安全事故给他人造成损害的，与承包方、承租方承担连带赔偿责任。

生产经营单位未与承包单位、承租单位签订专门的安全生产管理协议或未在承包合同、租赁合同中明确各自的安全生产管理职责，或未对承包单位、承租单位的安全生产统一协调、管理的，责令限期改正；逾期未改正的，责令停产停业整顿。

(8) 两个以上生产经营单位在同一作业区域内进行可能危及对方安全生产的生产经营活动，未签订安全生产管理协议或未指定专职安全生产管理人员进行安全检查与协调的，责令限期改正；逾期未改正的，责令停产停业。

(9) 生产经营单位有下列行为之一的，责令限期改正；逾期未改正的，责令停产、停业整顿；造成严重后果，构成犯罪的，依照刑法有关规定追究刑事责任。

① 生产、经营、储存、使用危险物品的车间、商店、仓库与员工宿舍在同一座建筑内，或者与员工宿舍的距离不符合安全要求的；

② 生产经营场所和员工宿舍未设有符合紧急疏散需要、标志明显、保持畅通的出口，或者封闭、堵塞生产经营场所者员工宿舍出口的。

(10) 生产经营单位与从业人员订立协议，免除或减轻其对从业人员因生产安全事故伤亡依法应承担的责任的，该协议无效；对生产经营单位的主要负责人、个人经营的投资人处 2 万元以上 10 万元以下的罚款。

(11) 生产经营单位的从业人员不服从管理,违反安全生产规章制度或者操作规程的,由生产经营单位给予批评教育,依照有关规章制度给予处分;造成重大事故,构成犯罪的,依照刑法有关规定追究刑事责任。

(12) 生产经营单位主要负责人在本单位发生重大生产安全事故时,不立即组织抢救或者在事故调查处理期间擅离职守或者逃匿的,给予降职、撤职的处分,对逃匿的处十五日以下的拘留;构成犯罪的,依照刑法有关规定追究刑事责任。生产经营单位主要负责人对生产安全事故隐瞒不报、谎报或拖延不报的,依照上述规定处罚。

(13) 有关地方人民政府、负有安全生产监督管理职责的部门,对生产安全事故隐瞒不报、谎报或者拖延不报的,对直接负责的主管人员和其他直接责任人员依法给予行政处分;构成犯罪的,依照刑法有关规定追究刑事责任。

(14) 生产经营单位不具备《安全生产法》和其他有关规律、行政法规和国家标准或者行业标准规定的安全生产条件,经停产停业整顿仍不具备安全生产条件的,予以关闭;有关部门应当依法吊销其有关证照。

(15)《安全生产法》规定的行政处罚,由负责安全生产监督管理的部门决定;予以关闭的行政处罚由负责安全生产监督管理的部门报请县级以上人民政府按照国务院规定的权限决定;给予拘留的行政处罚由公安机关依照《治安管理处罚条例》的规定决定。有关法律、行政法规对行政处罚的决定机关另有规定的,依照其规定。

(16) 生产经营单位发生生产安全事故造成人员伤亡、他人财产损失的,应当依法承担赔偿责任;拒不承担或者其负责人逃匿的,由人民法院依法强制执行。生产安全事故的责任人未依法承担赔偿责任,经人民法院依法采取执行措施后,仍不能对受害人给予足额赔偿的,应当继续履行赔偿义务;受害人发现责任人有其他财产的,可以随时请求人民法院执行。

(三) 中介机构相关法津责任

承担安全评价、认证、检测、检验工作的机构,出具虚假证明,构成犯罪的,依照刑法有关规定追究刑事责任;尚不够刑事处罚的,没收违法所得,违法所得在 5000 元以上的,并处违法所得二倍以上五倍以下的罚款,没有违法所得或者违法所得不足 5000 元的,单处或者并处 5000 元以上 2 万元以下的罚款,对其直接负责的主管人员和其他直接责任人员处 5000 元以上 5 万元以下的罚款;给他人造成损害的,与生产经营单位承担连带赔偿责任。对有上述违法行为的机构,撤销其相应资格。

二、违反《建设工程安全生产管理条例》的法律责任

1. 建设行政主管部门相关法律责任

县级以上人民政府建设行政主管部门或其他有关行政管理部门的工作人员,有下列行为之一的,给予降级或撤职的行政处分;构成犯罪的,依照刑法有关规定追究刑事责任:

(1) 对不具备安全生产条件的施工单位颁发资质证书的。

(2) 对没有安全施工措施的建设工程颁发施工许可证的。

(3) 发现违法行为不予查处的。

(4) 不依法履行监督管理职责的其他行为。

2. 建设单位相关法律责任

(1) 建设单位未提供建设工程安全生产作业环境及安全施工措施所需费用的, 责令限期改正; 逾期未改正的, 责令该建设工程停止施工。建设单位未将保证安全施工的措施或者拆除工程的有关资料报送有关部门备案的, 责令限期改正, 给予警告。

(2) 建设单位有下列行为之一的, 责令限期改正, 处 20 万元以上 50 万元以下的罚款; 造成重大安全事故, 构成犯罪的, 对直接责任人员, 依照刑法有关规定追究刑事责任; 造成损失的, 依法承担赔偿责任:

① 对勘察、设计、施工、工程监理等单位提出不符合安全生产法律、法规和强制性标准规定的要求的;

② 要求施工单位压缩合同约定的工期的;

③ 将拆除工程发包给不具有相应资质等级的施工单位的。

3. 勘察、设计单位相关法律责任

勘察单位、设计单位有下列行为之一的, 责令限期改正, 并处 10 万元以上 30 万元以下的罚款; 情节严重的, 责令停业整顿, 降低资质等级, 直至吊销资质证书; 造成重大安全事故, 构成犯罪的, 对直接责任人员, 依照刑法有关规定追究刑事责任; 造成损失的, 依法承担赔偿责任:

(1) 未按照法律、法规和工程建设强制性标准进行勘察、设计的。

(2) 采用新结构、新材料、新工艺的建设工程和特殊结构的建设工程, 设计单位未在设计中提出保障施工作业人员安全和预防生产安全事故的措施建议的。

4. 工程监理单位相关法律责任

工程监理单位有下列行为之一的, 责令限期改正; 逾期未改正的, 责令停业整顿, 并处 10 万元以上 30 万元以下的罚款; 情节严重的, 降低资质等级, 直至吊销资质证书; 造成重大安全事故, 构成犯罪的, 对直接责任人员, 依照刑法有关规定追究刑事责任; 造成损失的, 依法承担赔偿责任:

(1) 未对施工组织设计中的安全技术措施或专项施工方案进行审查的;

(2) 发现安全事故隐患未及时要求施工单位整改或暂时停止施工的;

(3) 施工单位拒不整改或不停止施工, 未及时向有关主管部门报告的;

(4) 未依照法律、法规和工程建设强制性标准实施监理的。

5. 施工单位相关法律责任

(1) 施工起重机械和整体提升脚手架、模板等自升式架设设施安装、拆卸单位有下列行为之一的, 责令限期改正, 处 5 万元以上 10 万元以下的罚款; 情节严重的, 责令停业整顿, 降低资质等级, 直至吊销资质证书; 造成损失的, 依法承担赔偿责任:

① 未编制拆装方案、制定安全施工措施的;

② 未由专业技术人员现场监督的;

③ 未出具自检合格证明或者出具虚假证明的;

④ 未向施工单位进行安全使用说明,办理移交手续的。

施工起重机械和整体提升脚手架、模板等自升式架设设施安装、拆卸单位有前款规定的第①、③项行为,经有关部门或者单位职工提出后,对事故隐患仍不采取措施,因而发生重大伤亡事故或造成其他严重后果,构成犯罪的,对直接责任人员,依照刑法有关规定追究刑事责任。

(2) 施工单位有下列行为之一的,责令限期改正;逾期未改正的,责令停业整顿,依照《中华人民共和国安全生产法》的有关规定处以罚款;造成重大安全事故,构成犯罪的,对直接责任人员,依照刑法有关规定追究刑事责任:

① 未设立安全生产管理机构、配备专职安全生产管理人员或分部分项工程施工时无专职安全生产管理人员现场监督的;

② 施工单位的主要负责人、项目负责人、专职安全生产管理人员、作业人员或特种作业人员,未经安全教育培训或经考核不合格即从事相关工作的;

③ 未在施工现场的危险部位设置明显的安全警示标志,或未按照国家有关规定在施工现场设置消防通道、消防水源、配备消防设施和灭火器材的;

④ 未向作业人员提供安全防护用具和安全防护服装的;

⑤ 未按照规定在施工起重机械和整体提升脚手架、模板等自升式架设设施验收合格后登记的;

⑥ 使用国家明令淘汰、禁止使用的危及施工安全的工艺、设备、材料的。

(3) 施工单位挪用列入建设工程概算的安全生产作业环境及安全施工措施所需费用的,责令限期改正,处挪用费用 20% 以上 50% 以下的罚款;造成损失的,依法承担赔偿责任。

(4) 施工单位有下列行为之一的,责令限期改正;逾期未改正的,责令停业整顿,并处 5 万元以上 10 万元以下的罚款;造成重大安全事故,构成犯罪的,对直接责任人员,依照刑法有关规定追究刑事责任:

① 施工前未对有关安全施工的技术要求作出详细说明的;

② 未根据不同施工阶段和周围环境及季节、气候的变化,在施工现场采取相应的安全施工措施,或者在城市市区内的建设工程的施工现场未实行封闭围挡的;

③ 在尚未竣工的建筑物内设置员工集体宿舍的;

④ 施工现场临时搭建的建筑物不符合安全使用要求的;

⑤ 未对因建设工程施工可能造成损害的毗邻建筑物、构筑物和地下管线等采取专项防护措施的。

施工单位有前款规定的④、⑤项行为,造成损失的,依法承担赔偿责任。

(5) 施工单位有下列行为之一的,责令限期改正;逾期未改正的,责令停业整顿,并处 10 万元以上 30 万元以下的罚款;情节严重的,降低资质等级,直至吊销资质证书;造成重大安全事故,构成犯罪的,对直接责任人员,依照刑法有关规定追究刑事责任;造成损失的,依法承担赔偿责任:

① 安全防护用具、机械设备、施工机具及配件在进入施工现场前未经查验或者查验不合格即投入使用的;

② 使用未经验收或验收不合格的施工起重机械和整体提升脚手架、模板等自升式架设设施的；

③ 委托不具有相应资质的单位承担施工现场安装、拆卸施工起重机械和整体提升脚手架、模板等自升式架设设施的；

④ 在施工组织设计中未编制安全技术措施、施工现场临时用电方案或者专项施工方案的。

(6) 施工单位取得资质证书后，降低安全生产条件的，责令限期改正；经整改仍未达到与其资质等级相适应的安全生产条件的，责令停业整顿，降低其资质等级直至吊销资质证书。

6. 设备供应单位相关法律责任

(1) 为建设工程提供机械设备和配件的单位，未按照安全施工的要求配备齐全有效的保险、限位等安全设施和装置的，责令限期改正，处合同价款一倍以上三倍以下的罚款；造成损失的，依法承担赔偿责任。

(2) 出租单位出租未经安全性能检测或经检测不合格的机械设备和施工机具及配件的，责令停业整顿，并处 5 万元以上 10 万元以下的罚款；造成损失的，依法承担赔偿责任。

7. 建设工程安全生产有关人员相关法律责任

(1) 注册执业人员未执行法律、法规和工程建设强制性标准的，责令停止执业三个月以上一年以下；情节严重的，吊销执业资格证书，五年内不予注册；造成重大安全事故的，终身不予注册；构成犯罪的，依照刑法有关规定追究刑事责任。

(2) 施工单位的主要负责人、项目负责人未履行安全生产管理职责的，责令限期改正；逾期未改正的，责令施工单位停业整顿；造成重大安全事故、重大伤亡事故或其他严重后果，构成犯罪的，依照刑法有关规定追究刑事责任。

施工单位的主要负责人、项目负责人有前款违法行为，尚不够刑事处罚的，处 2 万元以上 20 万元以下的罚款或按照管理权限给予撤职处分；自刑罚执行完毕或受处分之日起，五年内不得担任任何施工单位的主要负责人、项目负责人。

第八章　建设工程监理法规

第一节　建设工程监理概述

一、建设工程监理的概念

建设工程监理是指监理单位受建设单位的委托对工程建设全过程或项目实施阶段进行监督和管理的活动。

建设工程监理大致包括对投资结构和项目决策的监理、对建设市场的监理、对工程建设实施的监理。我国的建设工程监理主要是指后两种监理，其对象包括新建、改建和扩建的各种工程项目。政府和公有制企事业单位投资的工程以及外资、中外合资建设项目一般都要实行招标承包制和建设监理制。其他所有制单位投资的工程，也要引导实行这两种制度。

二、我国建设监理制度的建立与发展

原建设部于 1988 年 7 月 25 日印发了《关于开展建设监理工作的通知》，把我国建设监理工作的方针、政策、法规和相应的监理组织建立起来并形成体系，使建设监理工作有法可依，并就监理试点工作进行了部署。同年 11 月 28 日，建设部又印发了《关于开展建设监理试点工作的若干意见》，确定北京、上海、天津、南京、宁波、沈阳、哈尔滨、深圳八市的能源、交通两部的水电和公路系统作为全国开展建设监理工作的试点单位，并就试点的指导思想、目的、组织领导、建设监理单位的建立和管理、建设监理业务的取得和监理内容、监理收费方式做了规定。

1989 年 7 月 28 日原建设部颁发了《建设监理试行规定》，这是我国第一个建设监理的法规性文件，它比较全面、系统地规范了建设监理各方面的行为。

1992 年，原建设部连续颁发了《工程建设监理单位资质管理试行办法》《监理工程师资格考试和注册试行办法》等五个有关监理的文件。1995 年正式颁发了《工程建设监理规定》。

国务院于 2000 年 1 月 30 日颁发的《建设工程质量管理条例》对必须实行监理的工程作出了规定。2001 年 8 月 29 日，原建设部以第 102 号部令形式发布的《工程监理企业资质管理规定》，对工程监理企业的资质等级、资质标准、申请与审批、业务范围等做了明确规定。

2000 年 12 月 7 日，建设部和国家质量技术监督局联合发布了《建设工程监理规范》(GB 50319—2000)，总结了我国推行建设工程监理制 10 多年来的经验，对监理机构、监理规划、各阶段的监理工作等都作出了详细的规定。2013 年 5 月 3 日，住房和城乡建设部和国家质量技术监督总局联合发布了《建设工程监理规范》(GB/T 50319—2013)，该规范吸收总结了 20 多年来建设工程监理的研究成果和实践经验，并贯彻落实了近年来出台的有关建设工程监理的法律法规和政策。

这些法律法规的颁布与实施，对我国建设工程监理制度的推行和发展，对规范监理工作的行为，具有十分重要的意义。

三、建设监理法规体系

建设监理法规，从其调整对象和主要作用来看，包括两个方面：一是以监理工作为对象，明确监理者与被监理者的行为准则，主要规定监理的性质、目的、对象、范围、各方权利与义务、责任以及有关人员和单位的资质条件、有关处罚原则等，这一类法规叫作建设监理管理法规；二是以建设工程为对象，明确监理工作的依据，具体包括技术规范标准、有关建设行为的管理法令以及有关方面确认的工程合同等，这一类法规称为建设监理依据性的法规。

建设监理法规体系构成有国家法律、行政性法规、部门规章和地方规章。建设监理法规体系在我国法律体系中，属于行政法律体系中的一个分支，它在我国法律体系中占有一定的地位。

四、建设工程监理的性质

建设工程监理是一种特殊的与其他工程建设活动有着明显区别和差异的工程建设活动。建设工程监理在建设领域中具有以下性质。

1. 服务性

建设工程监理是一种高智能、有偿的技术服务活动。它是监理人员利用自己的工程建设知识、技能和经验为建设单位提供的管理服务。它既不同于承建商的直接生产活动，也不同于建设单位的直接投资活动，它不向建设单位承包工程造价，不参与承包单位的利益分成，它获得的是技术服务性的报酬。

2. 科学性

建设工程监理应当遵循科学性准则。监理的科学性体现为其工作的内涵是为工程管理与工程技术提供知识的服务。监理的任务决定了其应当采用科学的思想、理论、方法和手段；监理的社会化、专业化特点要求监理单位按照高智能原则组建；监理的服务性质决定了其应当提供科技含量高的管理服务；工程建设监理维护社会公众利益和国家利益的使命决定了其必须提供科学性服务。

监理的科学性主要表现在：工程监理企业应当由组织管理能力强、工程建设经验丰富的人员担任领导；应当有足够数量的有丰富的管理经验和应变能力的监理工程师组成的骨干队伍；要有一套健全的管理制度；要有现代化的管理手段；要掌握先进的管理理论、方法和手段；要积累足够的技术、经济资料和数据；要有科学的工作态度和严谨的工作作风；要实事求是、创造性地开展工作。

3. 公正性

监理单位不仅是为建设单位提供技术服务的一方，还应当成为建设单位与承建商之间的公正的第三方。在任何时候，监理方都应依据国家法律、法规、技术标准、规范、规程和合同文件站在公正的立场上进行判断、证明和行使自己的处理权，要维护建设单位和不损害被监理单位双方的合法权益。

4. 独立性

从事工程建设监理活动的监理单位是直接参与工程项目建设的"三方当事人"之一，其与项目建设单位、承建商之间的关系是一种平等的主体关系。

《建筑法》明确指出，工程监理企业应当根据建设单位的委托，客观、公正地执行监理任务。《工程建设监理规定》和《建设工程监理规范》要求工程监理企业按照"公正、独立、自主"的原则开展监理工作。按照独立性要求，工程监理单位应当严格地按照有关法律、法规、规章、工程建设文件、工程建设技术标准、建设工程委托监理合同、有关的建设工程合同等的规定实施监理；在委托监理的工程中，与承建单位不得有隶属关系和其他利益关系；在开展工程监理的过程中，必须建立自己的组织，按照自己的工作计划、程序、流程、方法、手段，根据自己的判断，独立开展工作。

五、建设工程监理的范围

《建筑法》规定，国务院有权对实施强制监理的建筑(建设)工程的范围作出明确规定。对属于国务院规定实行强制监理制度的建筑(建设)工程，建设单位必须依法委托具有相应资质条件的建筑工程监理单位实施监理。

根据《建设工程监理范围和规模标准规定》《国家重点建设项目管理办法》的相关规定，国务院规定的实施强制监理的建筑(建设)工程(项目)的范围包括如下几类。

1. 国家重点建设工程

国家重点建设工程是指依据《国家重点建设项目管理办法》确定的对国民经济和社会发展有重大影响的骨干项目。具体包括基础设施、基础产业和支柱产业中的大型项目，高科技并能带动行业技术进步的项目，跨地区并对全国经济发展或区域经济发展有重大影响的项目，对社会发展有重大影响的项目，其他骨干项目。

2. 大中型公用事业工程

大中型公用事业工程是指项目总投资额在 3000 万元以上的下列工程项目：供水、供电、供气、供热等市政工程项目，科技、教育、文化等项目，体育、旅游、商业等项目，卫生、社会福利等项目，其他公用事业项目。

3. 成片开发建设的住宅小区工程

成片开发建设的住宅小区工程，建筑面积在 50 000 m^2 以上的住宅建设工程必须实行监理。50 000 m^2 以下的住宅建设工程，具体范围和规模标准由省、自治区、直辖市人民政府住房和城乡建设主管部门规定。

4. 利用外国政府或国际组织贷款、援助资金的工程

利用外国政府或国际组织贷款、援助资金的工程具体包括：使用世界银行、亚洲开发银行等国际组织贷款资金的项目，使用国外政府及其机构贷款资金的项目，使用国际组织或国外政府援助资金的项目。

5. 国家规定必须实行监理的其他工程

一般来说，国家规定必须实行监理的其他工程包括以下两个方面：

(1) 项目总投资额在 3000 万元以上，关系社会公共利益、公众安全的下列基础设施项目：煤炭、石油、化工、天然气、电力、新能源等项目，铁路、公路、管道、水运、民航以及其他交通运输业等项目，邮政、电信枢纽、通信、信息网络等项目，防洪、灌溉、排涝、发电、引(供)水、滩涂治理、水资源保护、水土保持等水利建设项目，道路、桥梁、地铁和轻轨交通、污水排放及处理、垃圾处理、地下管道、公共停车场等城市基础设施项目，生态环境保护项目，其他基础设施项目。

(2) 学校、影剧院、体育场馆项目。

六、推行建设工程监理制度的必要性

《建筑法》第三十条第一款规定："国家推行建设工程监理制度"。建设工程监理制度是市场经济的产物，是我国工程建设管理体制的一项重要改革。在我国推行建设工程监理制度，目的在于确保建设工程质量，提高建设工程水平，充分发挥投资效益，它是我国建设工程领域继投资、设计、施工等方面的改革后进行的又一次重大变革，其必将对我国建设工程事业的健康发展产生深远的影响。

1. 推行建设工程监理制度是适应我国建设领域由计划经济向市场经济转变的需要

伴随着我国经济体制改革向纵深发展，我国的经济体制开始由计划经济体制向社会主义市场经济体制转变，建设工程领域也毫不例外要适应这种转变。市场经济的特点就是开放性和竞争性，要求用法律的手段、合同的手段、经济的手段、市场的手段，打破行政命令下的封闭和垄断的局面。但是长期以来，我国的建设工程领域是由建设单位或其上级主管机关自筹资金、自行建设、自我监督与管理的体制，从而导致政企不分、监督管理乏力的封闭式的管理模式，造成了脱离实际、盲目蛮干、多投入少产出等严重后果，给国家和人民的财富造成巨大的浪费。这与我国当前加强社会主义市场经济体系的建立和社会化扩大再生产的需要是极不相称的。因此，在建设工程领域引入竞争机制，推行建设工程监理制度已成为当务之急。

2. 推行建设工程监理制度是适应我国工程建设体制改革的需要

实行改革开放以来，我国建设工程的投资主体已由国家为主向多元化、经营化为主转换，工程任务的分配已由以政府主管部门为主向以市场为主转换，工程项目的承建主体正由以分散的、多层次的设计、施工单位为主向以智力型、密集型的总承包单位为主转换。在进行社会主义市场经济建设的过程中，现代企业制度也正在逐步建立和完善，在建设工程领域已经开始普遍推行项目法人责任制、招标投标制、合同管理制。在这种新形势下，迫切需要加强与之相适应的监督管理和横向制衡，以保证建设

工程的质量和建设工期，确保投资效益的充分发挥。建设工程监理制度正是适应这种需要而产生的。

3. 推行建设工程监理制度是适应我国建设工程领域对外开放与国际惯例接轨的需要

我国要扩大对外开放，参与国际竞争和国际合作，吸引外资或向国际金融组织申请贷款，那么建设工程领域的诸多制度就必须与国际接轨和向国际靠拢，而建设工程监理制度正是世界许多发达国家和国际金融组织普遍采用和推行的制度，因此推行建设工程监理制度势在必行。

4. 推行建设工程监理制度是对工程项目进行科学管理的需要

推行建设工程监理制度，由具有专业知识和丰富管理经验的监理工程师对建设工程项目进行全过程的监督管理，在业主和承包商之间引入第三者进行制约和监督，对工程项目进行管理，可以从根本上防止诸如工程质量失控、工期拖延、工程款久拖不决等长期存在而又棘手的一些问题，促进建设事业的健康发展。

第二节　建设工程监理单位资质和监理工程师资格管理

一、建设工程监理单位资质管理

(一) 建设工程监理单位应具备的条件

建设工程监理单位是技术密集型企业，是依法成立的法人，除有自己的名称、组织机构、场所、必要的财产和经费外，还必须具有与承担监理业务相适应的人员素质、监理手段、专业技能和管理水平等。符合条件的单位，经申请得到政府有关部门的资格认证，确定可以监理经核定的工程类别及等级，并经工商行政管理机关注册登记，取得营业执照，方具备工程项目监理的资格，成为可以从事建设工程监理业务的经济实体。

(二) 建设工程监理单位的资质等级与业务范围

建设工程监理单位的资质是指从事建设工程监理业务的建设工程监理企业应当具备的注册资本、专业技术人员的素质、技术装备、专业配套能力、管理水平及工程监理业绩等。

1. 资质等级

工程监理企业的资质分为综合资质、专业资质和事务所资质。综合资质、事务所资质不分级别。工程监理企业的专业资质等级分为甲级、乙级和丙级，并按照工程性质和技术特点划分为若干工程类别。工程监理企业的资质等级标准如下：

(1) 综合资质标准。

① 具有独立法人资格且具有符合国家有关规定的资产。

② 企业技术负责人应为注册监理工程师，并具有 15 年以上从事建设工程工作的经历或具有工程类高级职称。

③ 具有 5 个以上工程类别的专业甲级工程监理资质。

④ 注册监理工程师不少于 60 人，注册造价工程师不少于 5 人，一级注册建造师、一级注册建筑师、一级注册结构工程师或其他勘察设计注册工程师合计不少于 15 人次。

⑤ 企业具有完善的组织结构和质量管理体系，有健全的技术、档案等管理制度。

⑥ 企业具有必要的工程试验检测设备。

⑦ 申请工程监理资质之日前一年内，无《工程监理企业资质管理规定》第十六条禁止的行为发生。

⑧ 申请工程监理资质之日前一年内，无因本企业监理责任造成的重大质量事故。

⑨ 申请工程监理资质之日前一年内，无因本企业监理责任而发生三级以上建设工程重大安全事故或者发生两起以上四级建设工程安全事故。

(2) 专业资质标准。

① 甲级工程监理企业的标准。

A. 具有独立法人资格且具有符合国家有关规定的资产。

B. 企业技术负责人应为注册监理工程师，并具有 15 年以上从事建设工程工作的经历或具有工程类高级职称。

C. 注册监理工程师、注册造价工程师、一级注册建造师、一级注册建筑师、一级注册结构工程师或其他勘察设计注册工程师合计不少于 25 人次；其中，相应专业注册监理工程师不少于《专业资质注册监理工程师人数配备表》要求配备的人数，注册造价工程师不少于 2 人。

D. 企业近 2 年内独立监理过 3 个以上相应专业的二级工程项目，但具有甲级设计资质或一级及以上施工总承包资质的企业申请本专业工程类别甲级资质的除外。

E. 企业具有完善的组织结构和质量管理体系，有健全的技术、档案等管理制度。

F. 企业具有必要的工程试验检测设备。

G. 申请工程监理资质之日前一年内，无《工程监理企业资质管理规定》第十六条禁止的行为。

H. 申请工程监理资质之日前一年内，无因本企业监理责任造成的重大质量事故。

I. 申请工程监理资质之日前一年内，无因本企业监理责任发生三级以上建设工程重大安全事故或者发生两起以上四级建设工程安全事故。

② 乙级工程监理企业的标准。

A. 具有独立法人资格且具有符合国家有关规定的资产。

B. 企业技术负责人应为注册监理工程师，并具有 10 年以上从事建设工程工作的经历。

C. 注册监理工程师、注册造价工程师、一级注册建造师、一级注册建筑师、一级注册结构工程师或者其他勘察设计注册工程师合计不少于 15 人次。其中，相应专业注册监理工程师不少于《专业资质注册监理工程师人数配备表》要求配备的人数，注册造价工程师不少于 1 人。

D. 有较完善的组织结构和质量管理体系，有技术、档案等管理制度。

E. 有必要的工程试验检测设备。

F. 申请工程监理资质之日前一年内，无《工程监理企业资质管理规定》第十六条禁止的行为。

G. 申请工程监理资质之日前一年内，无因本企业监理责任造成的重大质量事故。

H. 申请工程监理资质之日前一年内，无因本企业监理责任发生三级以上建设工程重大安全事故或者发生两起以上四级建设工程安全事故。

③ 丙级工程监理企业的标准。

A. 具有独立法人资格且具有符合国家有关规定的资产。

B. 企业技术负责人应为注册监理工程师，并具有 8 年以上从事建设工程工作的经历。

C. 相应专业的注册监理工程师不少于《专业资质注册监理工程师人数配备表》要求配备的人数。

D. 有必要的质量管理体系和规章制度。

E. 有必要的工程试验检测设备。

(3) 事务所资质标准。

① 取得合伙企业营业执照，具有书面合作协议书。

② 合伙人中有 3 名以上注册监理工程师，合伙人均有 5 年以上从事建设工程监理的工作经历。

③ 有固定的工作场所。

④ 有必要的质量管理体系和规章制度。

⑤ 有必要的工程试验检测设备。

2. 业务范围

(1) 综合资质。综合资质可以承接所有专业工程类别建设工程项目的工程监理业务。

(2) 专业资质。专业资质分以下几种情况：

① 专业甲级资质。专业甲级资质可承担相应专业工程类别建设工程项目的工程监理业务。

② 专业乙级资质。专业乙级资质可承担相应专业工程类别二级以下(含二级)建设工程项目的工程监理业务。

③ 专业丙级资质。专业丙级资质可承担相应专业工程类别三级建设工程项目的工程监理业务。

(3) 事务所资质。事务所资质可承担三级建设工程项目的工程监理业务，但国家规定必须实行强制监理的工程除外。

(三) 建设工程监理单位资质的申请与审批

1. 资质申请

(1) 资质申请管理部门。申请综合资质、专业甲级资质的，应当向企业工商注册所在地省、自治区、直辖市人民政府住房和城乡建设主管部门提出申请。省、自治区、直辖市人民政府住房和城乡建设主管部门应当自受理申请之日起 20 日内初审完毕，并将初审意见和申请材料报国务院住房和城乡建设主管部门。国务院住房和城乡建设主管部门应当自省、自治区、直辖市人民政府住房和城乡建设主管部门受理申请材料之日起 60 日内完成审查，公示审查意见，公示时间为 10 日。其中，涉及铁路、交通、水利、通信、民航等专业工程监理资质的，由国务院住房和城乡建设主管部门送国务院有关部门审核。国务院有关部门应当在 20 日内审核完毕，并将审核意见报国务院住房和城乡建设主管部门。国务院住房和城乡建设主管部门根据初审意见审批。

① 专业乙级、丙级资质和事务所资质由企业所在地省、自治区、直辖市人民政府住房和城乡建设主管部门审批。

② 专业乙级、丙级资质和事务所资质许可。延续的实施程序由省、自治区、直辖市人民政府住房和城乡建设主管部门依法确定。

(2) 资质申请、升级应提供的材料。

① 资质申请应提供的材料。新设立的工程监理企业，须先到工商行政管理部门登记注册并取得企业法人营业执照后，才能到住房和城乡建设主管部门办理资质申请手续，并应向住房和城乡建设主管部门提供下列资料：

A. 工程监理企业资质申请表(一式三份)及相应电子文档。

B. 企业法人、合伙企业营业执照。

C. 企业章程或合伙人协议。

D. 企业法定代表人、企业负责人和技术负责人的身份证明、工作简历及任命(聘用)文件。

E. 工程监理企业资质申请表中所列注册监理工程师及其他注册执业人员的注册执业证书。

F. 有关企业质量管理体系、技术和档案等管理制度的证明材料。

G. 有关工程试验检测设备的证明材料。

② 资质升级应提供的材料。已取得法人资格的工程监理企业申请资质升级，除提供上述资料外，还应提供以下资料：

A. 企业原资质证书正、副本复印件。

B. 企业财务决算年报表。

C.《监理业务手册》及近两年已完成代表工程的监理合同、监理规划及监理工作总结。

新设立的工程监理企业，其资质等级按最低等级核定，并设一年暂定期。

(3) 工程监理企业的主项和增项资质申请。工程监理企业资质分为 14 个工程类别。工程监理企业可以申请一项或多项工程类别的资质。申请多项资质时，应选择一项为主项资质，其余为增项资质。增项资质级别不得高于主项资质级别。增项资质可与主项资质同时申请，也可在每年资质审批期间独立申请。

工程监理企业申请多项工程类别资质的，其注册资金应达到主项资质标准，从事过该增项专业工程监理业务的注册监理工程师人数应符合国务院有关专业部门的要求。

工程监理企业资质批准后，资质审批部门应在资质证书副本相应栏目注明经批准的工程类别范围和资质等级。工程监理企业应当按批准的工程类别范围和资质等级承接监理业务。

2. 资质审批及其禁止性行为

(1) 工程监理企业资质审批。

① 甲级资质的审批。申请综合资质、专业甲级资质的，应当向企业工商注册所在地的省、自治区、直辖市人民政府住房和城乡建设主管部门提出申请。省、自治区、直辖市人民政府住房和城乡建设主管部门应当自受理申请之日起 20 日内初审完毕，并将初审意见和申请材料报国务院住房和城乡建设主管部门。国务院住房和城乡建设主管部门应当自省、自治区、直辖市人民政府住房和城乡建设主管部门受理申请材料之日起 60 日内完成审查，公示审查意见，公示时间为 10 日。其中，涉及铁路、交通、水利、通信、民航等专业工程监理资质的，由国务院住房和城乡建设主管部门送国务院有关部门审核。国务院有关部门应当在 20 日内审核完毕，并将审核意见报国务院住房和城乡建设主管部门。国务院住房和城乡建设主管部门根据初审意见审批。

② 乙级、丙级资质审批。

A. 专业乙级、丙级资质和事务所资质由企业所在地省、自治区、直辖市人民政府住房和城乡建设主管部门审批。

B. 专业乙级、丙级资质和事务所资质许可。延续的实施程序由省、自治区、直辖市人民政府住房和城乡建设主管部门依法确定。

省、自治区、直辖市人民政府住房和城乡建设主管部门应当自作出决定之日起 10 日内，将准予资质许可的决定报国务院住房和城乡建设主管部门备案。

(2) 工程监理企业资质审批禁止行为。

① 与建设单位或工程监理企业相互串通投标，或以行贿等不正当手段谋求中标。

② 与建设单位或施工单位串通，弄虚作假，降低工程质量。

③ 将不合格建设工程、建筑材料、建筑构配件和设备按照合格签字。

④ 超越本单位资质等级承揽监理业务。

⑤ 允许其他单位或个人以本单位的名义承揽工程。

⑥ 将承揽的监理业务转包。

⑦ 在监理过程中实施商业贿赂。

⑧ 涂改、伪造、出借、转让工程监理企业资质证书。

⑨ 其他违反法律法规的行为。

(四) 资质的监督管理

1. 资质的监督检查

县级以上人民政府住房和城乡建设主管部门和其他有关部门依法对工程监理企业的资质实施监督管理。住房和城乡建设主管部门履行监督检查职责时，有权采取下列措施：

(1) 要求被检查单位提供工程监理企业资质证书、注册监理工程师注册执业证书，有关工程监理业务的文档，有关质量管理、安全生产管理、档案管理等企业内部管理制度的文件。

(2) 进入被检查单位进行检查，查阅相关资料。

(3) 纠正违反有关法律、法规及有关规范和标准的行为。

住房和城乡建设主管部门进行监督检查时，应当有两名以上监督检查人员参加，并出示执法证件，不得妨碍被检查单位的正常经营活动，不得索取或者收受财物、谋取其他利益。有关单位和个人对依法进行的监督检查应当协助与配合，不得拒绝或者阻挠。监督检察机关应当将监督检察的处理结果向社会公布。

2. 资质的撤回、撤销及注销

(1) 资质的撤回。工程监理企业取得资质后不再符合相应资质条件的，资质许可机关根据利害关系人的请求或者依据职权，可以责令其限期改正；逾期不改的，可以撤回其资质。

(2) 资质的撤销。有下列情形之一的，资质许可机关或者其上级机关，根据利害关系人的请求或者依据职权，可以撤销工程监理企业的资质：

① 资质许可机关工作人员滥用职权、玩忽职守作出准予工程监理企业资质许可的。

② 超越法定职权作出准予工程监理企业资质许可的。

③ 违反资质审批程序作出准予工程监理企业资质许可的。

④ 对不符合许可条件的申请人作出准予工程监理企业资质许可的。

⑤ 依法可以撤销资质证书的其他情形。

(3) 资质的注销。有下列情形之一的，工程监理企业应当及时向资质许可机关提出注销资质的申请，交回资质证书，国务院住房和城乡建设主管部门应当办理注销手续，公告其资质证书作废：

① 资质证书有效期届满，未依法申请延续的。

② 工程监理企业依法终止的。

③ 工程监理企业的资质依法被撤销、撤回或吊销的。

④ 法律、法规规定的应当注销资质的其他情形。

3. 企业的信用档案检查

工程监理企业应当按照有关规定，向资质许可机关提供真实、准确、完整的工程监理企业的信用档案信息。工程监理企业的信用档案应当包括企业的基本情况、业绩、工程质量和安全、合同违约等情况。被投诉举报和处理、行政处罚等情况应当作为不良行为记入其信用档案。

工程监理企业的信用档案信息按照有关规定向社会公示，公众有权查阅。

(五) 违反资质管理的法律责任

(1) 申请人隐瞒有关情况或者提供虚假材料申请工程监理企业资质的，资质许可机关不予受理或者不予行政许可，并给予警告，申请人在 1 年内不得再次申请工程监理企业资质。

(2) 以欺骗、贿赂等不正当手段取得工程监理企业资质证书的，由县级以上地方人民政府住房和城乡建设主管部门或者有关部门给予警告，并处 1 万元以上 2 万元以下的罚款，申请人 3 年内不得再次申请工程监理企业资质。

(3) 工程监理企业有《工程监理企业资质管理规定》第十六条第七项、第八项行为之一的，由县级以上地方人民政府住房和城乡建设主管部门或者有关部门予以警告，责令其改正，并处 1 万元以上 3 万元以下的罚款；造成损失的，依法承担赔偿责任；构成犯罪的，依法追究刑事责任。

(4) 违反《工程监理企业资质管理规定》，工程监理企业不及时办理资质证书变更手续的，由资质许可机关责令限期办理；逾期不办理的，可处以 1000 元以上 1 万元以下的罚款。

(5) 工程监理企业未按《工程监理企业资质管理规定》的要求提供工程监理企业信用档案信息的，由县级以上地方人民政府住房和城乡建设主管部门予以警告，责令限期改正；逾期未改正的，可处以 1000 元以上 1 万元以下的罚款。

(6) 县级以上地方人民政府住房和城乡建设主管部门依法给予工程监理企业行政处罚的，应当将行政处罚决定以及给予行政处罚的事实、理由和依据，报国务院住房和城乡建设主管部门备案。

(7) 县级以上人民政府住房和城乡建设主管部门及有关部门有下列情形之一的，由其上级行政主管部门或者监察机关责令改正，对直接负责的主管人员和其他直接责任人员依法给予处分；构成犯罪的，依法追究刑事责任：

① 对不符合规定条件的申请人准予工程监理企业资质许可的。

② 对符合规定条件的申请人不予工程监理企业资质许可或者不在法定期限内作出准予许可决定的。

③ 对符合法定条件的申请不予受理或者未在法定期限内初审完毕的。

④ 利用职务上的便利，收受他人财物或者其他好处的。

⑤ 不依法履行监督管理职责或者监督不力，造成严重后果的。

二、监理工程师资格管理

(一) 监理工程师的概念

监理工程师是指在建设工程监理工作岗位上工作，经全国统一考试合格，并经政府注册的监理人员。它包含以下三层含义：

(1) 他(她)是从事建设工程监理工作的人员。

(2) 已取得国家确认的《监理工程师资格证书》。

(3) 经省、自治区、直辖市建委(建设厅)或由国务院工业、交通等部门的建设主管单位核准、注册，取得《监理工程师注册执业证书》。

监理工程师是一种岗位职务。从事监理工作，但尚未取得《监理工程师注册执业证书》的人员统称为监理员。监理工程师具有相应岗位责任的签字权，而监理员则一般没有。

总监理工程师(承包总监)或主任监理工程师是指聘任的建设工程项目上的岗位职务，没有被聘用，则只有监理工程师的称谓。建设工程项目一般实行总监理工程师负责制，监理工程师对总监理工程师负责，监理员对监理工程师负责。

(二) 监理工程师资格的取得

1. 监理工程师资格考试组织管理及实施机构

监理工程师的资格考试工作由监理工程师资格考试委员会或注册主管机关授权的考试主管机构负责组织实施。考试分笔试和口试，原则上每两年举行一次。

监理工程师资格考试委员会主要有全国监理工程师资格考试委员会，省、自治区、直辖市监理工程师资格考试委员会，国务院工业、交通等部门监理工程师资格考试委员会三种组织形式。监理工程师资格考试委员会为非常设机构，于每次考试前两个月组成并开始工作。

2. 参加监理工程师资格考试的条件

凡中华人民共和国公民，遵纪守法，具有工程技术或工程经济专业大专以上(含大专)学历，并符合下列条件者，均可申请参加监理工程师执业资格考试：

(1) 具有高级专业技术职称，或取得中级专业技术职称后具有 3 年以上工程设计或施工管理实践经验。

(2) 在全国监理工程师注册管理机关认定的培训单位经过监理业务培训，并取得培训结业证书。

凡申请参加监理工程师资格考试的人员，由参加者本人提出申请，所在单位推荐，持报名表到当地考试管理机构报名，考试管理机构审查合格后，发给准考证。考生凭准考证在指定时间和地点参加考试。

3. 监理工程师资格证书的取得

监理工程师资格考试合格者，由监理工程师注册机关核发人力资源和社会保障部统一印制、人力资源和社会保障部与住房和城乡建设部共同盖印的监理工程师资格证书。监理工程师资格证书自领取之日起 5 年内未经注册者，其证书失效。

(三) 监理工程师注册

注册监理工程师，是指经考试取得中华人民共和国监理工程师资格证书(以下简称"资格证书")，并按照国家规定注册，取得中华人民共和国注册监理工程师注册执业证书(以下简称"注册证书")和执业印章，从事工程监理及相关业务活动的专业技术人员。未取得注册证书和执业印章的人员，不得以注册监理工程师的名义从事工程监理及相关业务活动。

1. 监理工程师注册的条件

监理工程师的注册有初始注册、延续注册和变更注册三种情况。

(1) 初始注册。初始注册者，可自资格证书签发之日起 3 年内提出申请。逾期未申请者，须符合继续教育的要求后方可申请初始注册。申请初始注册，应当具备以下条件：

① 经全国注册监理工程师执业资格统一考试合格，取得资格证书。

② 受聘于一个相关单位。

③ 达到继续教育要求。

④ 没有法律规定的不予注册的情形。

(2) 延续注册。注册监理工程师每一注册有效期为 3 年，注册有效期满需继续执业的，应当在注册有效期满 30 日前，按照规定的程序申请延续注册。延续注册的有效期为 3 年。延续注册需要提交下列材料：

① 申请人延续注册申请表。

② 申请人与聘用单位签订的聘用劳动合同复印件。

③ 申请人注册有效期内达到继续教育要求的证明材料。

(3) 变更注册。在注册有效期内，注册监理工程师变更执业单位，应当与原聘用单位解除劳动关系，并按规定的程序办理变更注册手续，变更注册后仍延续原注册有效期。

变更注册需要提交下列材料：

① 申请人变更注册申请表。

② 申请人与新聘用单位签订的聘用劳动合同复印件。

③ 申请人的工作调动证明(与原聘用单位解除聘用劳动合同或者聘用劳动合同到期的证明文件、退休人员的退休证明)。

(4) 不予注册的情形。

申请人有下列情形之一的，不予初始注册、延续注册或者变更注册：

① 不具有完全民事行为能力的。

② 刑事处罚尚未执行完毕或者因从事工程监理或者相关业务受到刑事处罚，自刑事处罚执行完毕之日起至申请注册之日止不满 2 年的。

③ 未达到监理工程师继续教育要求的。

④ 在 2 个或者 2 个以上单位申请注册的。

⑤ 以虚假的职称证书参加考试并取得资格证书的。

⑥ 年龄超过 65 周岁的。

⑦ 法律、法规规定不予注册的其他情形。

2. 监理工程师注册的程序

注册监理工程师依据其所学专业、工作经历、工程业绩，按照《工程监理企业资质管理规定》划分的工程类别，按专业注册。每人最多可以申请两个专业注册。

取得资格证书的人员申请注册，由省、自治区、直辖市人民政府住房和城乡建设主管部门初审，国务院住房和城乡建设主管部门审批。取得资格证书并受聘于一个建设工程勘察、设计、施工、监理、招标代理、造价咨询等单位的人员，应当通过聘用单位向单位工商注册所在地的省、自治区、直辖市人民政府住房和城乡建设主管部门提出注册申请；省、自治区、直辖市人民政府住房和城乡建设主管部门受理后提出初审意见，并将初审意见和全部申报材料报国务院住房和城乡建设主管部门审批；符合条件的，由国务院住房和城乡建设主管部门核发注册证书和执业印章。

省、自治区、直辖市人民政府住房和城乡建设主管部门在收到申请人的申请材料后，应当即时作出是否受理的决定，并向申请人出具书面凭证；申请材料不齐全或者不符合法定形式的，应当在 5 日内一次性告知申请人需要补正的全部内容。逾期不告知的，自收到申请材料之日起即受理。

对申请初始注册的，省、自治区、直辖市人民政府住房和城乡建设主管部门应当自受理申请之日起 20 日内审查完毕，并将申请材料和初审意见报国务院住房和城乡建设主管部门。国务院住房和城乡建设主管部门自收到省、自治区、直辖市人民政府住房和城乡建设主管部门上报材料之日起，应当在 20 日内审批完毕并作出书面决定，并自作出决定之日起 10 日内，在公众媒体上公告审批结果。

对申请变更注册、延续注册的，省、自治区、直辖市人民政府住房和城乡建设主管部门应当自受理申请之日起 5 日内审查完毕，并将申请材料和初审意见报国务院住房和城乡建设主管部门。国务院建设主管部门自收到省、自治区、直辖市人民政府住房和城乡建设主管部门上报材料之日起，应当在 10 日内审批完毕并作出书面决定。

3. 监理工程师的执业

取得资格证书的人员，应当受聘于一个具有建设工程勘察、设计、施工、监理、招标代理、造价咨询等一项或者多项资质的单位，经注册后方可从事相应的执业活动。从事工程监理执业活动的，应当受聘并注册于一个具有工程监理资质的单位。

注册监理工程师可以从事工程监理、工程经济与技术咨询、工程招标与采购咨询、工程项目管理服务以及国务院有关部门规定的其他业务。

工程监理活动中形成的监理文件由注册监理工程师按照规定签字盖章后方可生效。修改经注册监理工程师签字盖章的工程监理文件，应当由该注册监理工程师进行；因特殊情况，该注册监理工程师不能进行修改的，应当由其他注册监理工程师修改，并签字、加盖执业印章，对修改部分承担责任。

注册监理工程师从事执业活动，由所在单位接受委托并统一收费。

因工程监理事故及相关业务造成的经济损失，聘用单位应当承担赔偿责任；聘用单位承担赔偿责任后，可依法向负有过错的注册监理工程师追偿。

第三节　建设工程监理的实施

一、建设工程监理的内容

工程建设监理的工作任务是"三控两管一协调"，即质量控制、投资控制、工期控制、合同管理、信息管理、组织协调。

(1) 立项阶段。协助业主准备项目报建手续；项目可行性研究咨询/监理；技术经济论证；编制工程建设匡算；组织设计任务书编制。

(2) 设计阶段。设计阶段的监理工作内容主要有：结合工程项目特点，收集设计所需的技术经济资料；编写设计要求文件；组织工程项目设计方案竞标或设计招标，协助业主选择好勘测设计单位；拟订和商谈设计委托合同内容；向设计单位提供设计所需基础资料；配合设计单位开展技术经济分析，搞好设计方案的比选，优化设计；配合设计进度，组织设计部门与有关部门，如消防、环保、土地、人防、防汛、园林，以及供水、供电、供气、供热、电信等部门的协调工作，组织各设计单位之间的协调工作；参与主要设备、材料的选型；审核工程估算、概算；审核主要设备、材料清单；审核工程项目设计图纸；检查和控制设计进度；组织设计文件的报批。

(3) 施工招标阶段。拟订工程项目施工招标方案并征得业主同意；准备工程项目施工招标条件；办理施工招标申请；编写施工招标文件；标底经业主认可后，报送所在地建设行政主管部门审核；组织工程项目施工招标工作；组织现场勘察与答疑会，回答投标人提出的问题；组织开标、评标及决标工作；协助业主与中标单位商签承包合同。

(4) 材料物资采购供应。对于由业主负责采购供应的材料、设备等物资，监理工程师应负责进行制订计划、监督合同执行和供应工作。具体监理工作的主要内容有：制订材料物资供应计划和相应的资金需求计划；通过质量、价格、供货期、售后服务等条件的分析和比选，确定材料、设备等物资的供应厂家。拟订并商签材料、设备的订货合同；监督合同的实施，确保材料设备的及时供应。

(5) 施工阶段。我国监理工程施工阶段的主要内容有：协助编写开工报告；确定承包商，选择分包单位；审批施工组织设计、施工技术方案和施工进度计划；审查承包商的材料、设备采购清单；检查工程使用的材料、构件和设备的规格与质量；检查施工技术措施和安全防护设施；检查工程进度和施工质量，验收分部分项工程、签署工程预付款；督促严格履行工程承包合同，调解合同双方的争议，处理索赔事项；协商处理设计变更，并报业主决定；督促整理合同文件和技术档案资料；组织设计单位和施工单位进行工程竣工初步验收，提出竣工验收报告；审查结算。

(6) 合同管理。拟订本工程项目合同体系及合同管理制度，包括合同草案的拟订、会签、协商、修改、审批、签署、保管等工作制度及流程；协助业主拟订项目的各类合同条款，并参与各类合同的商谈；合同执行情况的分析和跟踪管理；协助业主处理与项目有关的索赔事宜及合同纠纷事宜。

二、建设工程监理的基本方法

建设工程监理的基本方法是一个系统，由不可分割的若干个子系统组成。它们相互联系，相互支持，共同运行，形成一个完整的方法体系。建设工程监理的基本方法包括目标规划、动态控制、组织协调、信息管理和合同管理。

(1) 目标规划。这里所说的目标规划是以实现目标控制为目的的规划和计划，它是围绕工程项目投资、进度和质量目标进行研究确定、分解综合、安排计划、管理风险、制定措施等各项工作的集合。目标规划是目标控制的基础和前提，只有做好目标规划的各项工作，才能有效实施目标控制。目标规划得越好，目标控制的基础就越牢，目标控制的前提条件也就越充分。

目标规划工作包括：正确确定投资、进度、质量目标或对已经初步确定的目标进行论证；按照目标控制的需要将各目标进行分解，使每个目标都形成一个既能分解又能综合地满足控制要求的目标划分系统，以便实施控制；把工程项目实施的过程、目标和活动编制成计划，用动态的计划系统来协调和规范工程项目的实施，为实现预期目标构筑一座桥梁，使项目协调有序地达到预期目标；对计划目标的实现进行风险分析和管理，以便采取针对性的有效措施，实施主动控制；制定各项目标的综合控制措施，力保项目目标的实现。

(2) 动态控制。动态控制是开展工程建设监理活动时采用的基本方法。动态控制工作贯穿于工程项目的整个监理过程中。

所谓动态控制，就是在完成工程项目的过程当中，通过对过程、目标和活动的跟踪，全面、及时、准确地掌握工程建设信息，将实际目标值和工程建设状况与计划目标和状况进行对比，如果偏离了计划和标准的要求，就采取措施加以纠正，以便达到计划总目标实现的结果。这是一个不断循环的过程，直至项目建成交付使用。这种控制是一个动态的过程。这个过程在不同的空间展开，控制就要针对不同的空间来实施。工程项目的实施分不同的阶段，控制也就分成不同阶段的控制。工程项目的实现总要受到外部环境和内部因素的各种干扰，因此，必须采取应变性的控制措施。计划的不变是相对的，计划总是在调整中运行，控制就要不断地适应计划的变化，从而达到有效的控制。监理工程师只有把握住工程项目运动的脉搏才能做好目标控制工作。动态控制是在目标规划的基础上针对各级分目标实施的控制。整个动态控制过程都是按事先安排的计划来进行的。

(3) 组织协调。组织协调与目标控制是密不可分的。协调的目的是实现项目目标。在监理过程中，当设计概算超过投资估算时，监理工程师要与设计单位进行协调，使设计与投资限额之间达成一致，既要满足建设单位对项目的功能和使用要求，又要力求使费用不超过限定的投资额度；当施工进度影响到项目使用时间时，监理工程师就要与施工单位进行协调，或改变投入，或修改计划，或调整目标，直到制定出一个较理想的解决问题的方案为止；当发现承包单位的管理人员不称职，给工程质量造成影响时，监理工程师要与承包单位进行协调，以便更换人员，确保工程质量。

组织协调包括项目监理组织内部人与人、机构与机构之间的协调。例如，项目总监理工程师与各专业监理工程师之间、各专业监理工程师之间的人际关系，以及纵向监理部门与横向监理部门之间关系的协调。组织协调还存在于项目监理组织与外部环境组织之间，其中主要是与项目建设单位、设计单位、施工单位、材料和设备供应单位，以及与政府有关部门、社会团体、咨询单位、科学研究、工程毗邻单位之间的协调。为了开展好工程建设监理工作，要求项目监理组织内的所有监理人员都能主动地在自己负责的范围内进行协调，并采用科学有效的方法。为了搞好组织协调工作，需要对经常性事项的协调加以程序化，事先确定协调内容、协调方式和具体的协调流程；需要经常通过监理组织系统和项目组织系统，利用权责体系，采取指令等方式进行协调，需要设置专门机构或专人进行协调，需要召开各种类型的会议进行协调。只有这样，项目系统内各子系统、各专业、各工种、各项资源以及时间、空间等方面才能实现有机配合，使工程项目成为一体化运行的整体。

(4) 信息管理。工程建设监理离不开工程信息。在实施监理过程中，监理工程师要对所需要的信息进行收集、整理、处理、存储、传递、应用等一系列工作，这些工作总称为信息管理。

信息管理对工程建设监理是十分重要的。监理工程师在开展监理工作当中要不断预测或发现问题，要不断地进行规划、决策、执行和检查，而做好这每项工作都离不开相应的信息。规划需要规划信息，决策需要决策信息，执行需要执行信息，检查需要检查信息。监理工程师在监理过程中主要的任务是进行目标控制，而控制的基础就是信息。任何控制只有在信息的支持下才能有效地进行。

(5) 合同管理。监理单位在工程建设监理过程中的合同管理主要是根据监理合同的要求对工程承包合同的签订、履行、变更和解除进行监督、检查，对合同双方的争议进行调解和处理，以保证合同的依法签订和全面履行。

合同管理对于监理单位完成监理任务是非常重要的。根据国外经验，合同管理产生的经济效益往往大于技术优化所产生的经济效益。一项工程合同，应当对参与建设项目的各方建设行为起到控制作用，同时具体指导这项工程如何操作完成。因此，从这个意义上讲，合同管理起着控制整个项目实施的作用。

监理工程师在合同管理中应当着重于以下几个方面的工作：

① 合同分析。合同分析是指对合同各类条款进行分门别类的认真研究和解释，并找出合同的缺陷和弱点，以发现和提出需要解决的问题。更为重要的是，对引起合同变化的事件进行分析研究，以便采取相应措施。合同分析对于促进合同各方履行义务和正确行使合同赋予的权力，对于监督工程的实施、解决合同争议、预防索赔和处理索赔等项工作都是必要的。

② 建立合同目录、编码和档案。合同目录和编码是采用图表方式进行合同管理的很好工具，其为合同管理自动化提供了方便条件，使计算机辅助合同管理成为可能。合同档案的建立可以把合同条款分门别类地加以存放，对于查询、检索合同条款，也为分解和综合合同条款提供了方便。合同资料的管理应当起到为合同管理提供整体性服务的作用。其不仅要起到存放和查找的简单作用，还应当进行高层次的服务。例如，采用科学的方式将有关的合同程序和数据指示出来。

③ 对合同履行的监督、检查。通过检查发现合同执行中存在的问题，并根据法律、法规和合同的规定加以解决，以提高合同的履约率，使工程项目能够顺利地建成。合同监督还包括经常性地对合同条款进行解释，常念"合同经"，以促使承包方能够严格地按照合同要求实现工程进度、工程质量和费用要求。按合同的有关条款做出工作流程图、质量检查和协调关系图等，可以更加有效地进行合同监督。合同监督需要经常检查合同双方往来的文件、信函、记录、业主指示等，以确认它们是否符合合同的要求和对合同的影响，以便采取相应对策。根据合同监督、检查所获得的信息进行统计分析，以发现费用金额、履约率、违约原因、纠纷数量、变更情况等问题，向有关监理部门提供情况，为目标控制和信息管理服务。

④ 索赔。索赔是合同管理中的重要工作，又是关系合同双方切身利益的问题，同时牵扯监理单位的目标控制工作，是参与项目建设的各方都关注的事情。监理单位应当首先协助业主制定并采取防止索赔的措施，以便最大限度地减少无理索赔的数量和索赔影响量。其次，要处理好索赔事件。对于索赔，监理工程师应当以公正的态度对待，按照事先规定的索赔程序做好处理索赔的工作。

三、建设监理各方的权利、义务和责任

1. 委托人的权利、义务和责任

(1) 委托人(业主)的权利。

① 有选定工程总承包人，以及与其订立合同的权利；

② 有对工程规模、设计标准、规划设计、生产工艺设计和设计使用功能要求的认定权，以及对工程设计变更的审批权；

③ 监理人调换总监理工程师须事先经委托人同意；

④ 委托人有权要求监理人提交监理工作月报及监理业务范围内的专项报告；

⑤ 当委托人发现监理人员不按监理合同履行监理职责，或与承包人串通给委托人造成损失的，委托人有权要求监理人更换监理人员，直至终止合同，并要求监理人承担相应责任或连带赔偿责任。

(2) 委托人的义务。

① 向监理人支付预付款；

② 应当负责工程建设的所有外部关系的协调，如将部分或全部协调工作委托监理人承担，则应在专用条件中明确委托的工作和相应的报酬；

③ 应当在双方约定的时间内免费向监理人提供与工程有关的为监理工作所需要的工程资料；

④ 在专用条款约定的时间内就监理人书面提交并要求做出决定的一切事宜做出书面决定；

⑤ 授权一名常驻代表，负责与监理人联系，更换常驻代表时要提前通知监理人；

⑥ 将授予监理人的监理权利，以及监理人主要成员的职能分工、监理权限及时书面通知给已选定的承包人，并在与第三人签订的合同中予以明确；

⑦ 在不影响监理人开展监理工作的时间内提供与本工程有关的原材料、构配件、机械设备等生产厂家名录及与本工程有关的协作单位、配合单位的名录；

⑧ 应免费向监理人提供办公用房、通信设施、监理人员工地住房及合同专用条件约定的设施，对监理人自备的设施给予合理的经济补偿。

(3) 委托人的责任。

① 履行委托监理合同约定的义务，如有违反则应当承担违约责任，赔偿监理人的经济损失；

② 监理人处理委托业务时，因非监理人原因的事由受到损失的，可以向委托人要求补偿损失；

③ 若向监理人提出赔偿的要求不能成立，则应当补偿由该索赔所引起的监理人的各种费用支出。

2. 监理人的权利、义务和责任

(1) 监理人的权利。监理人在委托人委托的工程范围内，享有以下权利：

① 选择工程总承包人的建议权，选择工程分包人的认可权；

② 对工程建设有关事项包括工程规模、设计标准、规划设计、生产工艺设计和使用功能要求，向委托人的建议权；

③ 对工程设计中的技术问题，按照安全和优化的原则，向设计人提出建议；

④ 审批工程施工组织设计和技术方案，按照保质量、保工期和降低成本的原则，向承包人提出建议，并向委托人提出书面报告；

⑤ 主持工程建设有关协作单位的组织协调，重要协调事项应当事先向委托人报告；

⑥ 发布开工令、停工令、复工令，但应当事先向委托人报告；

⑦ 工程上使用的材料和施工质量的检验权，工程施工进度的检查、监督权，以及工程实际竣工日期提前或超过工程施工合同规定的期限的签认权；

⑧ 在工程施工合同约定的工程价格范围内，工程款支付的审核和签认权，以及工程结算确认权与否决权，未经总监理工程师签字确认，委托人不支付工程款；

⑨ 监理人在委托人授权下，可对任何承包人合同规定的义务提出变更。在委托的工程范围内，委托人或承包人对对方的任何意见和要求，须首先向监理机构提出，由监理机构研究处置意见，再同双方协商确定。

(2) 监理人的义务。

① 按合同约定派出监理工作需要的监理机构及监理人员，向委托人报送委派的总监理工程师及其监理机构主要成员名单、监理规划，完成监理合同专用条件中约定的监理工程的监理业务，按合同约定定期向委托人报告监理工作；

② 应认真、勤奋地工作，为委托人提供与其水平相应的咨询意见，公正维护各方的合法权益；

③ 使用委托人提供的设施和物品，在监理工作完成或中止时，其设施和剩余的物品按合同约定的时间和方式移交给委托人；

④ 在合同期内或合同终止后，未征得有关方同意，不得泄露与本工程、本业务有关的保密资料。

(3) 监理人的责任。

① 监理人的责任期即委托监理合同有效期。在监理过程中，如果因工程建设进度延迟或延误而超过书面约定的日期，双方应进一步约定相应延长的合同期。

② 监理人在责任期内，应当履行约定的义务。如果因监理人过失而造成了委托人损失，应当向委托人赔偿。

③ 监理人对承包人违反合同规定的质量要求和完工(交图、交货)时限，不承担责任，因不可抗力导致委托监理合同不能全部或部分履行的，监理人不承担责任。

④ 监理人向委托人提出赔偿要求不能成立时，应补偿由于该索赔所导致的委托人各种费用支出。

四、建设工程监理的程序

1. 组建项目监理机构

工程监理单位在参与建设工程监理投标、承接建设工程监理任务时，应根据建设工程的规模、性质，建设单位对建设工程监理的要求，选派称职的人员主持该项工作。在建设工程监理任务确定并签订建设工程监理合同时，该主持人即可作为总监理工程师在建设工程监理合同中予以明确。总监理工程师是一个建设工程监理工作的总负责人，其对内向工程监理单位负责，对外向建设单位负责。

项目监理机构的人员构成是建设工程监理投标文件中的重要内容，是建设单位在评标过程中认可的。总监理工程师应根据监理大纲和签订的建设工程监理合同组建项目监理机构，并在监理规划和具体实施计划的执行中进行及时调整。

2. 进一步收集建设工程监理的有关资料

项目监理机构应收集建设工程监理的有关资料，作为开展监理工作的依据。这些资料包括以下几项：

(1) 反映工程项目特征的有关资料。其主要包括：工程项目的批文、规划部门关于规划红线范围和设计条件的通知、土地管理部门关于准予用地的批文、批准的工程项目可行性研究报告或设计任务书、工程项目地形图、工程勘察成果文件、工程设计图纸及有关说明等。

(2) 反映当地建设工程政策、法规的有关资料。其主要包括：关于建设工程报建程序的有关规定、当地关于拆迁工作的有关规定、当地有关建设工程监理的有关规定、当地关于建设工程招标投标的有关规定、当地关于工程造价管理的有关规定等。

(3) 反映工程所在地区经济状况等建设条件的资料。其主要包括：气象资料，工程地质及水文地质资料，与交通运输(包括铁路、公路、航运)有关的可提供的能力、时间及价格等的资料，与供水、供电、供热、供燃气、电信有关的可提供的容(用)量、价格等的资料，勘察设计单位的状况，土建、安装施工单位的状况，建筑材料及构件、半成品的生产、供应情况，进口设备及材料的到货口岸、运输方式等。

(4) 类似工程项目建设情况的有关资料。其主要包括：类似工程项目投资方面的有关资料、类似工程项目建设工期方面的有关资料、类似工程项目的其他技术经济指标等。

3. 编制监理规划及监理实施细则

监理规划是项目监理机构全面开展建设工程监理工作的指导性文件。监理实施细则是在监理规划的基础上，根据有关规定、监理工作的需要针对某一专业或某一方面的建设工程监理工作而编制的操作性文件。

4. 规范化地开展监理工作

项目监理机构应按照建设工程监理合同的约定，依据监理规划及监理实施细则规范化地开展建设工程监理工作。建设工程监理工作的规范化体现在以下几个方面：

(1) 工作的时序性。工作的时序性是指建设工程监理各项工作都应按一定的逻辑顺序展开，使建设工程监理工作能有效地达到目的而不致造成工作状态的无序和混乱。

(2) 职责分工的严密性。建设工程监理工作是由不同专业、不同层次的专家群体共同完成的，他们之间严密的职责分工是协调进行建设工程监理工作的前提和实现建设工程监理目标的重要保证。

(3) 工作目标的确定性。在职责分工的基础上，每一项监理工作的具体目标都应确定，完成的时间也应有明确的限定，从而能通过书面资料对建设工程监理工作及其效果进行检查和考核。

5. 参与工程竣工验收

建设工程施工完成后，项目监理机构应在正式验收前组织工程竣工预验收。在预验收中发现的问题，应及时与施工单位沟通，提出整改要求。项目监理机构人员应参加由建设单位组织的工程竣工验收，签署工程监理意见。

6. 向建设单位提交建设工程监理文件资料

建设工程监理工作完成后，项目监理机构应向建设单位提交工程变更资料、监理指令性文件、各类签证等文件资料。

7. 进行监理工作总结

监理工作完成后，项目监理机构应及时从两方面进行监理工作总结。

(1) 向建设单位提交的监理工作总结。其主要内容包括：建设工程监理合同履行情况概述，监理任务或监理目标完成情况评价，由建设单位提供的供项目监理机构使用的办公用房、车辆、试验设施等的清单，表明建设工程监理工作终结的说明等。

(2) 向工程监理单位提交的监理工作总结。其主要内容包括：建设工程监理工作的成效和经验，可以是采用某种监理技术、方法的成效和经验，也可以是采用某种经济措施、组织措施的成效和经验，以及建设工程监理合同执行方面的成效和经验或如何处理好与建设单位、施工单位的关系的经验等；建设工程监理工作中发现的问题、处理情况及改进建议。

第四节　建设工程监理合同订立与履行

一、建设工程监理合同的概念与类型

1. 建设工程监理合同的概念

建设工程监理合同是指具有合法资格的工程监理单位，受建设单位或项目法人的委托，依据国家的法律法规、技术标准、工程项目建设文件和建设工程合同，对建设工程项目的承包单位在施工质量、建设工期和建设资金使用等方面代表建设单位实施监督管理而明确双方权利、义务的协议。建设单位(业主)称为建设工程委托人，监理单位称为受托人或监理人，双方是平等的委托与被委托关系。

2. 建设工程监理合同的类型

(1) 建设工程全过程的监理合同。从建设前期(投资决策咨询)到工程保修期限结束，全过程监理所签订的合同。

(2) 建设工程实施阶段的监理合同。建设工程实施阶段的监理合同是从建设工程勘察、设计阶段开始到招标投标阶段、施工阶段、工程竣工验收阶段、完成整个工程保修阶段所签订的合同。

(3) 建设工程施工阶段的监理合同。

二、建设工程监理合同(示范文本)(GF—2012—0202)

《民法典》第七百九十六条规定："建设工程实行监理的，发包人应当与监理人采用书面形式订立委托监理合同。发包人与监理人的权利和义务以及法律责任，应当依照本编委托合同以及其他有关法律、行政法规的规定。"

委托方与监理方签订书面监理合同也是国际上通用的做法，用书面形式订立的合同，最终是为委托方和被委托方的共同利益服务的。依法成立的合同对双方都有法律的约束力。合同双方都必须全面、认真地履行合同规定的义务，如果不履行或者不适当履行合同义务，则被视为违约行为，应承担违约责任。因此，加强工程建设施工监理合同管理，履行好施工监理委托合同，是确保工程质量、投资、进度目标得到有效控制的保障，是项目法人有效地完成工程建设任务的关键环节，是实现工程建设最终目标的有力保证。

《建设工程监理合同(示范文本)》(GF—2012—0202)由协议书、通用条件、专用条件及附录等部分组成。

(1) 协议书。"协议书"是一个总的协议，是纲领性的法律文件。其中明确了当事人双方确定的委托监理工程的概况(工程名称、地点、工程规模、工程概算投资额或建筑安装工程费)；总监理工程师(姓名、身份证号、注册号)；签约酬金；期限(监理期限、相关服务期限)；合同签订、生效、完成时间；双方愿意履行约定的各项义务的表示。"协议书"是一份标准的格式文件，经当事人双方在有限的空格内填写具体规定的内容并签字盖章后，即发生法律效力。

"协议书"中还应对监理合同的组成文件进行规定。《建设工程监理合同(示范文本)》中规定，除双方签署的"协议书"外，监理合同还包括以下文件：

① 中标通知书(适用于招标工程)或委托书(适用于非招标工程)。
② 投标文件(适用于招标工程)或监理与相关服务建议书(适用于非招标工程)。
③ 专用条件。
④ 通用条件。
⑤ 附录。

(2) 通用条件。建设工程监理合同通用条件，其内容涵盖了合同中所用词语的定义与解释，签约双方的责任、权利和义务，违约责任，监理报酬的支付，合同生效、变更、暂停、解除与终止，争议的解决，以及其他一些情况。其是委托监理合同的通用文件，适用于各类建设工程项目监理。各个委托人、监理人都应遵守。通用条件共有8节，包括：

① 定义与解释。
② 监理人的义务。
③ 委托人的义务。
④ 违约责任。
⑤ 支付。
⑥ 合同生效、变更、暂停、解除与终止。
⑦ 争议解决。
⑧ 其他。

(3) 专用条件。由于通用条件适用于所有的建设工程监理，因此其中的某些条款规定得比较笼统，需要在签订具体工程项目的监理合同时，就地域特点、专业特点和委托监理项目的工程特点，对通用条件中的某些条款进行补充、修改。如对委托监理的工作内容而言，通用条件中的条款不够全面，允许在专用条件中增加合同双方议定的条款内容。

所谓"补充"是指通用条件中的某些条款明确规定，在该条款确定的原则下在专用条件的条款中进一步明确具体内容，使两个条件中相同序号的条款共同组成一条内容完备的条款。如通用条件中规定："监理人应按专用条件约定的种类、时间和份数向委托人提交监理与相关服务的报告。"这就要求在专用条件的相同序号条款内写入监理人应提交报告的种类、时间和份数。

所谓"修改"，是指通用条件中规定的程序方面的内容，如果双方认为不合适，可以协议修改。如通用条件中规定"委托人对监理人提交的支付申请书有异议时，应当在收到监理人提交的支付申请书后 7 天内，以书面形式向监理人发出异议通知"，如果委托人认为这个时间太短，在与监理人协商达成一致意见后，可在专用条件的相同序号条款内修改延长时间。

(4) 附录。《建设工程监理合同(示范文本)》的附录包括"附录 A 相关服务的范围和内容"和"附录 B 委托人派遣的人员和提供的房屋、资料、设备"两部分。附录是组成建设工程监理合同的重要文件，其中相关服务是指监理人按合同约定，在勘察、设计、招标、保修等阶段提供的服务内容。

三、建设工程监理合同的订立

1. 监理业务的范围

监理合同的范围包括监理工程师为委托人提供服务的范围和工作量。委托人委托监理业务的范围可以非常广泛。从工程建设各阶段来说，可以包括项目前期立项咨询、设计阶段、实施阶段、保修阶段的全部监理工作或某一阶段的监理工作。在每一阶段内，又可以进行投资、质量、工期的三大控制，及信息、合同两项管理。但就具体项目而言，要根据工程的特点、监理人的能力、建设不同阶段的监理任务等诸方面因素，将委托的监理任务详细地写入合同的专用条件之中。如进行工程技术咨询服务，工作范围可确定为进行可行性研究，各种方案的成本效益分析，建筑设计标准、技术规范准备，提出质量保证措施等。

2. 监理合同的订立

首先，签约双方应对对方的基本情况有所了解，包括资质等级、营业资格、财务状况、工作业绩、社会信誉等。作为监理人还应根据自身状况和工程情况，考虑竞争该项目的可行性。其次，监理人在获得委托人的招标文件或与委托人草签协议之后，应立即对工程所需费用进行预算，提出报价，同时对招标文件中的合同文本进行分析、审查，为合同谈判和签约提供决策依据。无论何种方式招标中标，委托人和监理人都要就监理合同的主要条款进行谈判。谈判内容要具体，责任要明确，要有准确的文字记载。作为委托人，切忌以手中有工程的委托权，而不以平等的原则对待监理人。应当看到，监理工程师的良好服务，将为委托人带来巨大的利益。作为监理人，应利用法律赋予的平等权利进行对等谈判，对重大问题不能迁就和无原则让步。经过谈判，双方就监理合同的各项条款达成一致，即可正式签订合同文件。

四、建设工程监理合同的履行

(1) 委托人的履行。

① 严格按照监理合同的规定履行应尽义务。监理合同内规定的应由委托人负责的工作是使合同最终实现的基础，如外部关系的协调，为监理工作提供外部条件，为监理人提供获取本工程使用的原材料、构配件、机械设备等生产厂家名录等，都是监理人做好

工作的先决条件。委托人必须严格按照监理合同的规定，履行应尽的义务，才有权要求监理人履行合同。

② 按照监理合同的规定行使权利。监理合同中规定的委托人的权利，主要是如下三个方面：对设计、施工单位的发包权；对工程规模、设计标准的认定权及设计变更的审批权；对监理人的监督管理权。

③ 委托人的档案管理。在全部工程项目竣工后，委托人应将全部合同文件，包括完整的工程竣工资料加以系统整理，按照国家《档案法》及有关规定，建档保管。为了保证监理合同档案的完整性，委托人对合同文件及履行中与监理人之间进行的签证、记录协议、补充合同备忘录、函件、电报、电传等都应系统、认真整理，妥善保管。

(2) 监理人的履行。监理合同一经生效，监理人就要按合同规定行使权利，履行应尽义务。

① 确定项目总监理工程师，成立项目监理机构。每一个拟监理的工程项目，监理人都应根据工程项目规模、性质、委托人对监理的要求，委派称职的人员担任项目的总监理工程师，代表监理人全面负责该项目的监理工作。总监理工程师对内对监理人负责，对外向委托人负责。

一般情况下，监理人在承接项目监理业务时，在参与项目监理的投标、拟订监理方案(大纲)，以及与委托人商签监理委托合同时，即应选派人员主持该项工作。在监理任务确定并签订监理委托合同后，该主持人即可作为项目总监理工程师。这样，项目的总监理工程师在承接任务阶段就早期介入，更能了解委托人的建设意图和对监理工作的要求，从而做好与后续工作的衔接。

② 制订工程项目监理规划。工程项目的监理规划，是开展项目监理活动的纲领性文件，根据委托人委托监理的要求，在详细占有监理项目有关资料的基础上，结合监理的具体条件编制的开展监理工作的指导性文件。其内容包括：工程概况；监理范围和目标；监理主要措施；监理组织；项目监理工作制度等。

③ 制订各专业监理工作计划或实施细则。在监理规划的指导下，为具体指导投资控制、质量控制、进度控制的进行，还需结合工程项目实际情况，制订相应的实施性计划或细则。

④ 根据制订的监理工作计划和运行制度，规范化地开展监理工作。

⑤ 监理工作总结归档。监理工作总结包括三部分内容：

第一部分是向委托人提交监理工作总结。其内容主要包括监理委托合同履行情况概述；监理任务或监理目标完成情况评价；由委托人提供的供监理活动使用的办公用房、车辆、试验设施等清单；表明监理工作终结的说明等。

第二部分是监理单位内部的监理工作总结。其内容主要包括监理工作的经验，可以是采用某种监理技术、方法的经验，也可以是采用某种经济措施、组织措施的经验，还可以是签订监理委托合同方面的经验，处理好与委托人、承包单位关系的经验等。

第三部分是监理工作中存在的问题及改进的建议，以指导今后的监理工作，并向政府有关部门提出建议，不断提高我国工程建设监理的水平。

在全部监理工作完成后，监理人应注意做好监理合同的归档工作。监理合同归档资料应包括：监理合同(含与合同有关的在履行中与委托人之间进行的签证、补充合同备忘录、函件、电报等)、监理大纲、监理规划、在监理工作中的程序性文件(包括监理会议纪要、监理日记等)。

(3) 合同的变更。监理合同内涉及合同变更的条款主要指合同责任期的变更和委托监理工作内容的变更两方面。

① 合同责任期的变更。签约时注明的合同有效期并不一定就是监理人的全部合同责任期，如果在监理过程中因工程建设进度推迟或延误而超过约定的日期，监理合同并不能到期终止。当由于委托人和承包人的原因使监理工作受到阻碍或延误，则监理人应当将此情况与可能产生的影响及时通知委托人，完成监理业务的时间相应延长。

② 委托监理工作内容的变更。监理合同内约定的正常监理服务工作，监理人应尽职尽责地完成。合同履行期间由于发生某些客观或人为事件而导致一方或双方不能正常履行其应尽职责时，委托人和监理人都有权提出变更合同的要求。合同变更的后果一般都会导致合同有效期的延长或提前终止，以及增加监理方的附加工作或额外工作。

五、建设工程监理合同的违约责任与索赔

(1) 违约责任。在合同履行过程中，由于当事人一方的过错，造成合同不能履行或者不能完全履行，由有过错的一方承担违约责任；如属双方的过错，根据实际情况，由双方分别承担各自的违约责任。为保证监理合同规定的各项权利义务的顺利实现，在《委托监理合同示范文本》中，制定了约束双方行为的条款："委托人责任""监理人责任"。这些规定归纳起来有如下几点：

① 在合同责任期内，如果监理人未按合同中要求的职责勤恳认真地服务，或委托人违背了其对监理人的责任时，均应向对方承担赔偿责任。

② 任何一方对另一方负有责任时的赔偿原则：

A. 委托人违约应承担违约责任，赔偿监理人的经济损失；

B. 因监理人过失造成经济损失，应向委托人进行赔偿，累计赔偿额不应超出监理酬金总额(除去税金)；

C. 当一方向另一方的索赔要求不成立时，提出索赔的一方应补偿由此所导致的对方各种费用支出。

(2) 监理人的责任限度。由于建设工程监理是以监理人向委托人提供技术服务为特性，在服务过程中，监理人主要凭借自身的知识、技术和管理经验，向委托人提供咨询、服务，替委托人管理工程。同时，在工程项目的建设过程中，还会受到多方面因素限制，鉴于上述情况，在责任方面做了如下规定：监理人在责任期内，如果因过失而造成经济损失，要负监理失职的责任；监理人不对责任期以外发生的任何事情所引起的损失或损害负责，也不对第三方违反合同规定的质量要求和完工(交图、交货)时限承担责任。

(3) 对监理人违约处理的规定。当委托人发现从事监理工作的某个人员不能胜任工作或有严重失职行为时，有权要求监理人将该人员调离监理岗位。监理人接到通知后，应在合理的时间内调换该工作人员，而且不应让其在该项目上再承担任何监理工作。如果发现监理人或某些工作人员从被监理方获取任何贿赂或好处，将构成监理人严重违约。

对于监理人的严重失职行为或有失职业道德的行为而使委托人受到损害的，委托人有权终止合同关系。

监理人在责任期内因其过失行为而造成委托人损失的，委托人有权要求其给予赔偿。赔偿的计算方法是扣除与该部分监理酬金相适应的赔偿金，但赔偿总额不应超出扣除税金后的监理酬金总额。如果监理人员不按合同履行监理职责，或与承包人串通给委托人或工程造成损失的，委托人有权要求监理人更换监理人员，直到终止合同，并要求监理人承担相应的赔偿责任或连带赔偿责任。

(4) 因违约终止合同。

① 委托人因自身应承担责任的原因要求终止合同。合同履行过程中，由于发生严重的不可抗事件、国家政策的调整或委托人无法筹措到后续工程的建设资金等情况，需要暂停或终止合同时，应至少提前 56 天向监理人发出通知，此后监理人应立即安排停止服务，并将开支减至最少。双方通过协商对监理人受到的实际损失给予合理补偿后，协议终止合同。

② 委托人因监理人的违约行为要求终止合同。当委托人认为监理人无正当理由而又未履行监理义务时，可向监理人发出指明其未履行义务的通知。若委托人在发出通知后 21 天内没有收到监理人的满意答复，可在第一个通知发出后 35 天内，进一步发出终止合同的通知。委托人的终止合同通知发出后，监理合同即行终止，但不影响合同内约定各方享有的权利和应承担的责任。

③ 监理人因委托人的违约行为要求终止合同。如果委托人不履行监理合同中约定的义务，则应承担违约责任，赔偿监理人由此造成的经济损失。标准条件规定，监理方可在发生如下情况之一时单方面提出终止与委托人的合同关系。

A. 在合同履行过程中，由于实际情况发生变化而使监理人被迫暂停监理业务时间超过半年；

B. 委托人发出通知指示监理人暂停执行监理业务时间超过半年，还不能恢复监理业务；

C. 委托人严重拖欠监理酬金。

(5) 争议的解决。因违反或终止合同而引起的对损失或损害的赔偿，委托人与监理人应协商解决。如协商未能达成一致，可提交主管部门协调。如仍不能达成一致，根据双方约定提交仲裁机构仲裁或向人民法院起诉。

第九章　建设工程其他相关法律制度

第一节　环境保护法规

一、环境保护法的概念

环境是指影响人类生存和发展的各种天然的和经过人工改造的自然因素的总体，包括大气、水、海洋、土地、矿藏、森林、草原、野生生物、自然遗迹、人文遗迹、自然保护区、风景名胜区、城市和乡村等。

环境保护法有广义和狭义之分。广义的环境保护法指的是与环境保护相关的法律体系；狭义的环境保护法指的是 2015 年 1 月 1 日起开始实施的《中华人民共和国环境保护法》。由于工程建设与环境保护息息相关，所以，本部分将在《中华人民共和国环境保护法》的基础上，在广义的环境保护法的范畴进行论述。其中主要涉及《中华人民共和国水污染防治法》《中华人民共和国大气污染防治法》《中华人民共和国环境噪声污染防治法》和《中华人民共和国固体废物污染环境防治法》。

二、环境保护法的立法目的与基本原则

1. 环境保护法的立法目的

《中华人民共和国环境保护法》的立法目的是为保护和改善生活环境与生态环境，防治污染和其他公害，保障人体健康，促进社会主义现代化建设的发展。主要适用于中华人民共和国领域和中华人民共和国管辖的其他海域。

2. 环境保护法的基本原则

一般来说，环境保护法的基本原则主要包括以下几方面：

(1) 建设与环境保护协调发展。作为世界上第一人口大国，发展是我国当前的第一要务，但发展的同时必须保护环境，只有经济效益、社会效益和环境效益的综合效益达到最大化的发展才是可持续发展。

(2) 预防为主，防治结合。该原则的核心是"防"，指从环境问题的产生根源上入手，竭力减少排污；"治"是解决已经产生的环境问题，并应针对产生环境问题的不同原因采取多种手段进行综合治理。

(3) 开发者养护，污染者治理。前者指对环境和自然资源进行开发利用的组织或个

人，有责任对其进行恢复、整治和养护；后者则指对环境造成污染的组织或个人，有责任对被污染和破坏的环境进行治理。

(4) 依靠群众。环境保护是一项公益性事业，每个公民都应参与和监督环境保护工作，有权对污染或破坏环境的单位和个人进行检举和控告。

三、我国环境保护相关法律

1.《中华人民共和国水污染防治法》

水污染是指水体因某种物质的介入，导致其物理、化学、生物或放射性等特性改变，从而影响水的有效利用，危害人体健康或者破坏生态环境，造成水质恶化的现象。《水污染防治法》是我国现行规范水污染防治的基本法律。

(1) 水污染防治的一般规定。

《水污染防治法》对水污染防治措施作了以下规定：

① 禁止向水体排放油类、酸液、碱液或者剧毒废液。禁止在水体清洗装贮过油类或有毒污染物的车辆和容器。

② 禁止向水体排放、倾倒放射性固体废物或含有高放射性和中放射性物质的废水。

③ 向水体排放低放射性物质的废水，应符合国家有关放射性污染防治的规定和标准。

④ 向水体排放含热废水，应采取措施，保证水体水温符合水环境质量标准。

⑤ 含病原体的污水应经消毒处理，符合国家有关标准后，方可排放。

⑥ 禁止向水体排放、倾倒工业废渣、城镇垃圾和其他废弃物。禁止将含有汞、镉、砷、铬、铅、氰化物、黄磷等的可溶性剧毒废渣向水体排放、倾倒或者直接埋入地下。存放可溶性剧毒废渣的场所，应当采取防水、防渗漏、防流失的措施。

⑦ 禁止在江河、湖泊、运河、渠道、水库最高水位线以下的滩地和岸坡堆放、存贮固体废弃物和其他污染物。

⑧ 禁止利用渗井、渗坑、裂隙和溶洞，私设暗管，篡改、伪造监测数据，或者以不正常运行水污染防治设施等逃避监管的方式排放水污染物。

⑨ 化学品生产企业以及工业集聚区、矿山开采区、尾矿库、危险废物处置场、垃圾填埋场等的运营、管理单位，应当采取防渗漏等措施，并建设地下水水质监测井进行监测，防止地下水污染。加油站等的地下油罐应当使用双层罐或者采取建造防渗池等其他有效措施，并进行防渗漏监测，防止地下水污染。禁止利用无防渗漏措施的沟渠、坑塘等输送或者存贮含有毒污染物的废水、含病原体的污水和其他废弃物。

⑩ 多层地下水的含水层水质差异大的，应当分层开采；对已受污染的潜水和承压水，不得混合开采。

⑪ 兴建地下工程设施或者进行地下勘探、采矿等活动，应当采取防护性措施，防止地下水污染。报废矿井、钻井或者取水井等，应当实施封井或者回填措施。

⑫ 人工回灌补给地下水，不得恶化地下水质。

(2) 建设工程项目水污染防治的有关规定。

① 新建、改建、扩建直接或间接向水体排放污染物的建设工程项目和其他水上设施，应当依法进行环境影响评价。

②　建设单位在江河、湖泊新建、改建、扩建排污口的，应当取得水行政主管部门或者流域管理机构同意；涉及通航、渔业水域的，环境保护主管部门在审批环境影响评价文件时，应征求交通、渔业主管部门的意见。

③　建设工程项目的水污染防治设施，应与主体工程同时设计、同时施工、同时投入使用。水污染设施应当符合经批准或者备案的环境影响评价文件的要求。

2.《中华人民共和国固体废物污染环境防治法》

(1) 固体废物污染环境的具体规定。

固体废物是指在生产、生活和其他活动中产生的丧失原有利用价值或者虽未丧失利用价值但被抛弃或放弃的固态、半固态和置于容器中的气态物品、物质以及法律、行政法规规定纳入固体废物管理的物品、物质。固体废物污染是指固体废物在产生、收集、贮存、运输、利用、处置过程中危害环境的现象。《固体废物污染环境防治法》规定：

①　产生固体废物的单位和个人，应当采取措施，防止或减少固体废物对环境的污染。

②　收集、贮存、运输、利用、处置固体废物的单位和个人，必须采取防扬散、防流失、防渗漏或其他防止污染环境的措施；不得擅自倾倒、堆放、丢弃、遗撒固体废物。禁止任何单位或者个人向江河、湖泊、运河、渠道、水库及其最高水位线以下的滩地和岸坡等法律、法规规定禁止倾倒、堆放废弃物的地点倾倒、堆放固体废物。

③　在国务院和国务院有关主管部门及省、自治区、直辖市人民政府划定的自然保护区、风景名胜区、饮用水水源保护区、基本农田保护区和其他需要特别保护的区域内，禁止建设工业固体废物集中贮存、处置的设施、场所和生活垃圾填埋场。

④　转移固体废物出省、自治区、直辖市行政区域贮存、处置的，应当向固体废物移出地的省、自治区、直辖市人民政府环境保护行政主管部门提出申请。移出地的省、自治区、直辖市人民政府环境保护行政主管部门应当商经接受地的省、自治区、直辖市人民政府环境保护行政主管部门同意后，方可批准转移该固体废物出省、自治区、直辖市行政区域。未经批准的，不得转移。

⑤　禁止中华人民共和国境外的固体废物进境倾倒、堆放、处置。

⑥　禁止进口不能用作原料或不能以无害化方式利用的固体废物；对可以用作原料的固体废物实行限制进口和非限制进口分类管理。

⑦　工程施工单位应当及时清运工程施工过程中产生的固体废物，并按照环境卫生行政主管部门的规定进行利用或处置。

(2) 危险废物污染环境的特别规定。

危险废物指列入国家危险废物名录或根据国家规定的危险废物鉴别标准和鉴别方法认定具有危险特性的废物。《固体废物污染环境防治法》中与工程建设相关的危险废物污染防治的规定有以下几项：

①　对危险废物的容器和包装物以及收集、贮存、运输、处置危险废物的设施、场所，必须设置危险废物识别标志。

②　以填埋方式处置危险废物而不符合国务院环境保护行政主管部门规定的，应当缴纳危险废物排污费。危险废物排污费用于污染环境的防治，不得挪作他用。

③ 从事收集、贮存、处置危险废物经营活动的单位，必须向县级以上人民政府环境保护行政主管部门申领经营许可证。从事利用危险废物经营活动的单位，必须向国务院环境保护行政主管部门或者省、自治区、直辖市人民政府环境保护行政主管部门申请领取经营许可证。具体管理办法由国务院规定。禁止无经营许可证或者不按照经营许可证规定从事危险废物收集、贮存、利用、处置的经营活动。禁止将危险废物提供或者委托给无经营许可证的单位从事收集、贮存、利用、处置的经营活动。

④ 收集、贮存危险废物，必须按照危险废物的特性分类进行。禁止混合收集、贮存、运输、处置性质不相容而未经安全性处置的危险废物。禁止将危险废物混入非危险废物中贮存。

⑤ 转移危险废物的，必须按国家有关规定填写危险废物转移联单。跨省、自治区、直辖市转移危险废物的，应当向危险废物移出地省、自治区、直辖市人民政府环境保护行政主管部门申请。移出地省、自治区、直辖市人民政府环境保护行政主管部门应当商经接受地省、自治区、直辖市人民政府环境保护行政主管部门同意后，方可批准转移该危险废物。未经批准的，不得转移。

转移危险废物途经移出地、接受地以外行政区域的，危险废物移出地设区的市级以上地方人民政府环境保护行政主管部门应当及时通知沿途经过的设区的市级以上地方人民政府环境保护行政主管部门。

⑥ 运输危险废物，必须采取防止污染环境的措施，并遵守国家有关危险货物运输管理的规定。禁止将危险废物与旅客在同一运输工具上载运。

⑦ 收集、贮存、运输、处置危险废物的场所、设施、设备和容器、包装物及其他物品转作他用时，必须经消除污染处理，方可使用。

⑧ 产生、收集、贮存、运输、利用、处置危险废物的单位，应当制定意外事故的防范措施和应急预案，并向所在地县级以上地方人民政府环境保护行政主管部门备案；环境保护行政主管部门应当进行检查。

⑨ 禁止经中华人民共和国过境转移危险废物。

3.《中华人民共和国环境噪声污染防治法》

环境噪声，是指在工业生产、建筑施工、交通运输和社会生活中所产生的干扰周围生活环境的声音。环境噪声污染，则是指所产生的环境噪声超过国家规定的环境噪声排放标准，并干扰他人正常生活、工作和学习的现象。

《中华人民共和国环境噪声污染防治法》对防治建筑施工噪声污染做了规定，概述如下：

(1) 在城市市区范围内向周围生活环境排放建筑施工噪声的，应当符合国家规定的建筑施工场界环境噪声排放标准。

(2) 在城市市区范围内，建筑施工过程中使用机械设备，可能产生环境噪声污染的，施工单位必须在工程开工十五日以前向工程所在地县级以上地方人民政府生态环境主管部门申报该工程的项目名称、施工场所和期限、可能产生的环境噪声值以及所采取的环境噪声污染防治措施的情况。

(3) 在城市市区噪声敏感建筑物集中区域内，禁止夜间进行产生环境噪声污染的建筑施工作业，但抢修、抢险作业和因生产工艺上要求或者特殊需要必须连续作业的除外。

因特殊需要必须连续作业的，必须有县级以上人民政府或者其有关主管部门的证明。

夜间作业必须公告附近居民。

四、建设项目环境保护制度

环境影响评价，是指对规划和建设项目实施后可能造成的环境影响进行分析、预测和评估，提出预防或者减轻不良环境影响的对策和措施，进行跟踪监测的方法与制度。

《中华人民共和国环境影响评价法》(以下简称《环境影响评价法》)以法律的形式确立了环境影响评价制度，具体规定如下。

(1) 国家根据建设项目对环境的影响程度，对建设项目的环境影响评价实行分类管理。建设单位应当按照下列规定组织编制环境影响报告书、环境影响报告表或者填报环境影响登记表(以下统称环境影响评价文件)：

① 可能造成重大环境影响的，应当编制环境影响报告书，对产生的环境影响进行全面评价；

② 可能造成轻度环境影响的，应当编制环境影响报告表，对产生的环境影响进行分析或者专项评价；

③ 对环境影响很小、不需要进行环境影响评价的，应当填报环境影响登记表。

建设项目的环境影响评价分类管理名录，由国务院生态环境主管部门制定并公布。

(2) 建设单位应当对建设项目环境影响报告书、环境影响报告表的内容和结论负责，接受委托编制建设项目环境影响报告书、环境影响报告表的技术单位对其编制的建设项目环境影响报告书、环境影响报告表承担相应责任。

设区的市级以上人民政府生态环境主管部门应当加强对建设项目环境影响报告书、环境影响报告表编制单位的监督管理和质量考核。

负责审批建设项目环境影响报告书、环境影响报告表的生态环境主管部门应当将编制单位、编制主持人和主要编制人员的相关违法信息记入社会诚信档案，并纳入全国信用信息共享平台和国家企业信用信息公示系统向社会公布。

任何单位和个人不得为建设单位指定编制建设项目环境影响报告书、环境影响报告表的技术单位。

(3) 建设项目的环境影响报告书、报告表，由建设单位按照国务院的规定报有审批权的生态环境主管部门审批。

审批部门应当自收到环境影响报告书之日起六十日内，收到环境影响报告表之日起三十日内，分别作出审批决定并书面通知建设单位。

国家对环境影响登记表实行备案管理。

审核、审批建设项目环境影响报告书、报告表以及备案环境影响登记表，不得收取任何费用。

(4) 建设项目的环境影响评价文件经批准后，建设项目的性质、规模、地点、采用的生产工艺或者防治污染、防止生态破坏的措施发生重大变动的，建设单位应当重新报批建设项目的环境影响评价文件。

建设项目的环境影响评价文件自批准之日起超过五年，方决定该项目开工建设的，其环境影响评价文件应当报原审批部门重新审核；原审批部门应当自收到建设项目环境影响评价文件之日起十日内，将审核意见书面通知建设单位。

(5) 建设项目的环境影响评价文件未依法经审批部门审查或者审查后未予批准的，建设单位不得开工建设。

(6) 建设项目建设过程中，建设单位应当同时实施环境影响报告书、环境影响报告表以及环境影响评价文件审批部门审批意见中提出的环境保护对策措施。

(7) 建设单位未依法报批建设项目环境影响报告书、报告表，或者未依照本法第二十四条的规定重新报批或者报请重新审核环境影响报告书、报告表，擅自开工建设的，由县级以上生态环境主管部门责令停止建设，根据违法情节和危害后果，处建设项目总投资额百分之一以上百分之五以下的罚款，并可以责令恢复原状；对建设单位直接负责的主管人员和其他直接责任人员，依法给予行政处分。

建设项目环境影响报告书、报告表未经批准或者未经原审批部门重新审核同意，建设单位擅自开工建设的，依照前款的规定处罚、处分。

建设单位未依法备案建设项目环境影响登记表的，由县级以上生态环境主管部门责令备案，处五万元以下的罚款。

(8) 建设项目环境影响报告书、环境影响报告表存在基础资料明显不实，内容存在重大缺陷、遗漏或者虚假，环境影响评价结论不正确或者不合理等严重质量问题的，由设区的市级以上人民政府生态环境主管部门对建设单位处五十万元以上二百万元以下的罚款，并对建设单位的法定代表人、主要负责人、直接负责的主管人员和其他直接责任人员，处五万元以上二十万元以下的罚款。

接受委托编制建设项目环境影响报告书、环境影响报告表的技术单位违反国家有关环境影响评价标准和技术规范等规定，致使其编制的建设项目环境影响报告书、环境影响报告表存在基础资料明显不实，内容存在重大缺陷、遗漏或者虚假，环境影响评价结论不正确或者不合理等严重质量问题的，由设区的市级以上人民政府生态环境主管部门对技术单位处所收费用三倍以上五倍以下的罚款；情节严重的，禁止从事环境影响报告书、环境影响报告表编制工作；有违法所得的，没收违法所得。

第二节　节约能源法规

一、节能的概念

所谓节能，是指加强用能管理，采取技术上可行、经济上合理以及环境和社会可以承受的措施，减少从能源生产到消费各个环节中的损失和浪费，更加有效、合理地利用能源。

为了推进全社会节约能源，提高能源利用效率和经济效益，保护环境，保障国民经济和社会的发展，满足人民生活需要，我国于 1997 年 11 月 1 日发布了《中华人民共和国节约能源法》(以下简称《节约能源法》)，并自 1998 年 1 月 1 日起开始实施。后又于 2007 年、2016 年、2018 年进行了修订。2006 年施行的《民用建筑节能管理规定》和 2008 年施行的《民用建筑节能条例》与《节约能源法》一起构成了关于节能的法律体系。

二、民用建筑节能制度

为加强民用建筑节能管理，降低民用建筑使用中的能源消耗，提高能源利用效率，国务院于 2008 年 7 月 23 日发布了《民用建筑节能条例》。民用建筑指居住建筑、国家机关办公建筑和商业、服务业、教育、卫生等其他公共建筑。民用建筑节能是指在保证民用建筑使用功能和室内热环境质量的前提下，降低其使用过程中能源消耗的活动。

1. 新建建筑节能

(1) 对新技术、新工艺、新材料和新设备的节能要求。国家推广使用民用建筑节能的新技术、新工艺、新材料和新设备，限制使用或者禁止使用能源消耗高的技术、工艺、材料和设备。国务院节能工作主管部门、建设行政主管部门应当制定、公布并及时更新推广使用目录、限制使用目录、禁止使用目录。

国家限制进口或者禁止进口能源消耗高的技术、材料和设备。建设单位、设计单位、施工单位不得在建筑活动中使用列入禁止使用目录的技术、工艺、材料和设备。

(2) 编制城镇规划的节能要求。编制城市详细规划、镇详细规划，应当按照民用建筑节能的要求，确定建筑的布局、形状和朝向。城乡规划主管部门依法对民用建筑进行规划审查，应当就设计方案是否符合民用建筑节能强制性标准征求同级建设行政主管部门的意见；建设行政主管部门应当自收到征求意见材料之日起 10 日内提出意见。征求意见时间不计算在规划许可的期限内。对不符合民用建筑节能强制性标准的，不得颁发建设工程规划许可证。

(3) 施工图设计文件的节能要求。施工图设计文件审查机构应当按照民用建筑节能强制性标准对施工图设计文件进行审查；经审查不符合民用建筑节能强制性标准的，县级以上地方人民政府建设行政主管部门不得颁发施工许可证。

(4) 对施工材料的节能要求。设计单位、施工单位、工程监理单位及其注册执业人员，应当按照民用建筑节能强制性标准进行设计、施工、监理。施工单位应当对进入施工现场的墙体材料、保温材料、门窗、采暖制冷系统和照明设备进行查验；不符合施工图设计文件要求的，不得使用。工程监理单位发现施工单位不按照民用建筑节能强制性标准施工的，应当要求施工单位改正；施工单位拒不改正的，工程监理单位应当及时报告建设单位，并向有关主管部门报告。

墙体、屋面的保温工程施工时，监理工程师应当按照工程监理规范的要求，采取旁站、巡视和平行检验等形式实施监理。未经监理工程师签字，墙体材料、保温材料、门窗、采暖制冷系统和照明设备不得在建筑上使用或者安装，施工单位不得进行下一道工序的施工。建筑的公共走廊、楼梯等部位，应当安装、使用节能灯具和电气控制装置。对具备可再生能源利用条件的建筑，建设单位应当选择合适的可再生能源，用于采暖、制冷、照明和热水供应等；设计单位应当按照有关可再生能源利用的标准进行设计。

建设可再生能源利用设施，应当与建筑主体工程同步设计、同步施工、同步验收。国家机关办公建筑应当安装、使用节能设备。其中大型公共建筑，是指单体建筑面积 2 万平方米以上的公共建筑。

(5) 竣工验收管理。建设单位组织竣工验收，应当对民用建筑是否符合民用建筑节能强制性标准进行查验；对不符合民用建筑节能强制性标准的，不得出具竣工验收合格报告。

2. 既有建筑节能

既有建筑节能改造，是指对不符合民用建筑节能强制性标准的既有建筑的围护结构、供热系统、采暖制冷系统、照明设备和热水供应设施等实施节能改造的活动。

既有建筑节能改造应当根据当地经济、社会发展水平和地理气候条件等实际情况，有计划、分步骤地实施分类改造。具体规定如下：

(1) 国家机关办公建筑、政府投资和以政府投资为主的公共建筑的节能改造，应当制定节能改造方案，经充分论证，并按照国家有关规定办理相关审批手续方可进行。

各级人民政府及其有关部门、单位不得违反国家有关规定和标准，以节能改造的名义对前款规定的既有建筑进行扩建、改建。国家机关办公建筑的节能改造费用，由县级以上人民政府纳入本级财政预算。居住建筑和教育、科学、文化、卫生、体育等公益事业使用的公共建筑节能改造费用，由政府、建筑所有权人共同负担。国家鼓励社会资金投资既有建筑节能改造。

(2) 县级以上地方人民政府建设行政主管部门应当对本行政区域内既有建筑的建设年代、结构形式、用能系统、能源消耗指标、寿命周期等组织调查统计和分析，制定既有建筑节能改造计划，明确节能改造的目标、范围和要求，报本级人民政府批准后组织实施。中央国家机关既有建筑的节能改造，由有关管理机关事务工作的机构制定节能改造计划，并组织实施。

(3) 实施既有建筑节能改造，应当符合民用建筑节能强制性标准，优先采用遮阳、改善通风等低成本改造措施。既有建筑围护结构的改造和供热系统的改造，应当同步进行。

(4) 对实行集中供热的建筑进行节能改造，应当安装供热系统调控装置和用热计量装置；对公共建筑进行节能改造，还应当安装室内温度调控装置和用电分项计量装置。

3. 建筑用能系统运行节能

《民用建筑节能条例》对建筑用能系统运行节能作出了具体的规定：

(1) 用电节能。国家机关办公建筑和大型公共建筑的所有权人或者使用权人应当建立健全民用建筑节能管理制度和操作规程，对建筑用能系统进行监测、维护，并定期将分项用电量报县级以上地方人民政府建设行政主管部门。

县级以上地方人民政府节能工作主管部门应当会同同级建设行政主管部门确定本行政区域内公共建筑重点用电单位及其年度用电限额。

县级以上地方人民政府建设行政主管部门应当对本行政区域内国家机关办公建筑和公共建筑用电情况进行调查统计和评价分析。国家机关办公建筑和大型公共建筑采暖、制冷、照明的能源消耗情况应当依照法律、行政法规和国家其他有关规定向社会公布。

(2) 供热节能。县级以上地方人民政府建设行政主管部门应当对本行政区域内供热单位的能源消耗情况进行调查统计和分析,并制定供热单位能源消耗指标;对超过能源消耗指标的,应当要求供热单位制定相应的改进措施,并监督实施。供热单位应当建立健全相关制度,加强对专业技术人员的教育和培训。

4. 法律责任

(1) 建设单位的法律责任。建设单位有下列行为之一的,由县级以上地方人民政府建设行政主管部门责令改正,处 20 万元以上 50 万元以下的罚款:

① 明示或者暗示设计单位、施工单位违反民用建筑节能强制性标准进行设计、施工的。

② 明示或者暗示施工单位使用不符合施工图设计文件要求的墙体材料、保温材料、门窗、采暖制冷系统和照明设备的。

③ 采购不符合施工图设计文件要求的墙体材料、保温材料、门窗、采暖制冷系统和照明设备的。

④ 使用列入禁止使用目录的技术、工艺、材料和设备的。建设单位对不符合民用建筑节能强制性标准的民用建筑项目出具竣工验收合格报告的,由县级以上地方人民政府建设行政主管部门责令改正,处民用建筑项目合同价款 2% 以上 4% 以下的罚款;造成损失的,依法承担赔偿责任。

(2) 设计单位的法律责任。违反本条例规定,设计单位未按照民用建筑节能强制性标准进行设计,或者使用列入禁止使用目录的技术、工艺、材料和设备的,由县级以上地方人民政府建设行政主管部门责令改正,处 10 万元以上 30 万元以下的罚款;情节严重的,由颁发资质证书的部门责令停业整顿,降低资质等级或者吊销资质证书;造成损失的,依法承担赔偿责任。

(3) 施工单位的法律责任。施工单位未按照民用建筑节能强制性标准进行施工的,由县级以上地方人民政府建设行政主管部门责令改正,处民用建筑项目合同价款 2% 以上 4% 以下的罚款;情节严重的,由颁发资质证书的部门责令停业整顿,降低资质等级或者吊销资质证书;造成损失的,依法承担赔偿责任。

施工单位有下列行为之一的,由县级以上地方人民政府建设行政主管部门责令改正,处 10 万元以上 20 万元以下的罚款;情节严重的,由颁发资质证书的部门责令停业整顿,降低资质等级或者吊销资质证书;造成损失的,依法承担赔偿责任。

① 未对进入施工现场的墙体材料、保温材料、门窗、采暖制冷系统和照明设备进行查验的。

② 使用不符合施工图设计文件要求的墙体材料、保温材料、门窗、采暖制冷系统和照明设备的。

③ 使用列入禁止使用目录的技术、工艺、材料和设备的。

(4) 工程监理单位的法律责任。工程监理单位有下列行为之一的,由县级以上地方人民政府建设行政主管部门责令限期改正;逾期未改正的,处 10 万元以上 30 万元以下的罚款；情节严重的，由颁发资质证书的部门责令停业整顿，降低资质等级或者吊销资质证书；造成损失的，依法承担赔偿责任：

① 未按照民用建筑节能强制性标准实施监理的。

② 墙体、屋面的保温工程施工时，未采取旁站、巡视和平行检验等形式实施监理的。

对不符合施工图设计文件要求的墙体材料、保温材料、门窗、采暖制冷系统和照明设备，按照符合施工图设计文件要求签字的，依照《建设工程质量管理条例》的相关规定处罚。

注册执业人员未执行民用建筑节能强制性标准的，由县级以上人民政府建设行政主管部门责令停止执业3个月以上1年以下；情节严重的，由颁发资格证书的部门吊销执业资格证书，5年内不予注册。

第三节　施工文物保护制度

一、国家保护文物的范围

《中华人民共和国文物保护法》(以下简称《文物保护法》)规定，在中华人民共和国境内，下列文物受国家保护：

(1) 具有历史、艺术、科学价值的古文化遗址、古墓葬、古建筑、石窟寺和石刻、壁画。

(2) 与重大历史事件、革命运动或者著名人物有关的以及具有重要纪念意义、教育意义或者史料价值的近代现代重要史迹、实物、代表性建筑。

(3) 历史上各时代珍贵的艺术品、工艺美术品。

(4) 历史上各时代重要的文献资料以及具有历史、艺术、科学价值的手稿和图书资料等。

(5) 反映历史上各时代、各民族社会制度、社会生产、社会生活的代表性实物。

具有科学价值的古脊椎动物化石和古人类化石同文物一样受国家保护。

二、水下文物的保护范围

《中华人民共和国水下文物保护管理条例》(以下简称《水下文物保护管理条例》)规定，水下文物是指遗存于下列水域的具有历史、艺术和科学价值的人类文化遗产。

(1) 遗存于中国内水、领海内的一切起源于中国的、起源国不明的和起源于外国的文物。

(2) 遗存于中国领海以外，依照中国法律由中国管辖的其他海域内的起源于中国的和起源国不明的文物。

(3) 遗存于外国领海以外的其他管辖海域以及公海区域内的起源于中国的文物。

以上规定内容不包括1911年以后的与重大历史事件、革命运动以及著名人物无关的水下遗存。

三、文物保护单位和文物的分级

《文物保护法》规定，古文化遗址、古墓葬、古建筑、石窟寺、石刻、壁画、近代现代重要史迹和代表性建筑等不可移动文物，根据它们的历史、艺术、科学价值，可以分别确定为全国重点文物保护单位，省级文物保护单位，市、县级文物保护单位。

历史上各时代重要实物、艺术品、文献、手稿、图书资料、代表性实物等可移动文物，分为珍贵文物和一般文物；珍贵文物分为一级文物、二级文物、三级文物。

四、属于国家所有的文物范围

中华人民共和国境内地下、内水和领海中遗存的一切文物，属于国家所有。国有文物所有权受法律保护，不容侵犯。

1. 属于国家所有的不可移动文物范围

古文化遗址、古墓葬、石窟寺属于国家所有。国家指定保护的纪念建筑物、古建筑、石刻、壁画、近代现代代表性建筑等不可移动文物，除国家另有规定的以外，属于国家所有。国有不可移动文物的所有权不因其所依附的土地所有权或者使用权的改变而改变。

2. 属于国家所有的可移动文物范围

下列可移动文物，属于国家所有：

(1) 中国境内出土的文物，国家另有规定的除外。

(2) 国有文物收藏单位以及其他国家机关、部队和国有企业、事业组织等收藏、保管的文物。

(3) 国家征集、购买的文物。

(4) 公民、法人和其他组织捐赠给国家的文物。

(5) 法律规定属于国家所有的其他文物。

属于国家所有的可移动文物的所有权不因其保管、收藏单位的终止或者变更而改变。

3. 属于国家所有的水下文物范围

《水下文物保护管理条例》规定，遗存于中国内水、领海内的一切起源于中国的、起源国不明的和起源于外国的文物，以及遗存于中国领海以外依照中国法律由中国管辖的其他海域内的起源于中国的和起源国不明的文物，属于国家所有，国家对其行使管辖权。遗存于外国领海以外的其他管辖海域以及公海区域内的起源于中国的文物，国家享有辨认器物物主的权利。

五、属于集体所有和私人所有的文物保护范围

《文物保护法》规定，属于集体所有和私人所有的纪念建筑物、古建筑和祖传文物以及依法取得的其他文物，其所有权受法律保护。文物的所有者必须遵守国家有关文物保护的法律、法规的规定。

六、文物保护单位保护范围和建设控制地带施工的相关规定

1. 文物保护单位的保护范围

《中华人民共和国文物保护法实施条例》(以下简称《文物保护法实施条例》)规定，文物保护单位的保护范围是指对文物保护单位本体及周围一定范围实施重点保护的区域。文物保护单位的保护范围，应当根据文物保护单位的类别、规模、内容以及周围环境的历史和现实情况合理划定，并在文物保护单位本体之外保持一定的安全距离，确保文物保护单位的真实性和完整性。

全国重点文物保护单位和省级文物保护单位自核定公布之日起 1 年内，由省、自治区、直辖市人民政府划定必要的保护范围，作出标志说明并建立记录档案，设置专门机构或者指定专人负责管理。

设区的市、自治州级和县级文物保护单位自核定公布之日起 1 年内，由核定公布该文物保护单位的人民政府划定保护范围，作出标志说明，建立记录档案，设置专门机构或者指定专人负责管理。文物保护单位的标志说明，应当包括文物保护单位的级别、名称、公布机关、公布日期、立标机关、立标日期等内容。民族自治地区的文物保护单位的标志说明，应当同时用规范汉字和当地通用的少数民族文字书写。

2. 文物保护单位的建设控制地带

《文物保护法实施条例》规定，文物保护单位的建设控制地带，是指在文物保护单位的保护范围外，为保护文物保护单位的安全、环境、历史风貌对建设项目加以限制的区域。文物保护单位的建设控制地带，应当根据文物保护单位的类别、规模、内容以及周围环境的历史和现实情况合理划定。

全国重点文物保护单位的建设控制地带，经省、自治区、直辖市人民政府批准，由省、自治区、直辖市人民政府的文物行政主管部门会同城乡规划行政主管部门划定并公布。

省级、设区的市、自治州级和县级文物保护单位的建设控制地带，经省、自治区、直辖市人民政府批准，由核定公布该文物保护单位的人民政府的文物行政主管部门会同城乡规划行政主管部门划定并公布。

3. 历史文化名城名镇名村的保护

《文物保护法》规定，保存文物特别丰富并且具有重大历史价值或者革命纪念意义的城市，由国务院核定并公布为历史文化名城。保存文物特别丰富并且具有重大历史价值或者革命纪念意义的城镇、街道、村庄，由省、自治区、直辖市人民政府核定公布为历史文化街区、村镇，并报国务院备案。

《历史文化名城名镇名村保护条例》进一步规定，具备下列条件的城市、镇、村庄，可以申报历史文化名城、名镇、名村：

(1) 保存文物特别丰富。

(2) 历史建筑集中成片。

(3) 保留着传统格局和历史风貌。

(4) 历史上曾经为政治、经济、文化、交通中心或者军事要地，或者发生过重要历史事件，或者其传统产业、历史上建设的重大工程对本地区的发展产生过重要影响，或者能够集中反映本地区建筑的文化特色、民族特色。

4. 在文物保护单位保护范围和建设控制地带施工的规定

《文物保护法》规定，在文物保护单位的保护范围和建设控制地带内，不得建设污染文物保护单位及其环境的设施，不得进行可能影响文物保护单位安全及其环境的活动。对已有的污染文物保护单位及其环境的设施，应当限期治理。

(1) 承担文物保护单位的修缮、迁移、重建工程的单位应当具有相应的资质证书。

(2) 有从事文物保护工程所需的技术设备。

(3) 法律、行政法规规定的其他条件。

申领文物保护工程资质证书，应当向省、自治区、直辖市人民政府文物行政主管部门或者国务院文物行政主管部门提出申请。省、自治区、直辖市人民政府文物行政主管部门或者国务院文物行政主管部门应当自收到申请之日起 30 个工作日内作出批准或者不批准的决定。决定批准的，发给相应等级的文物保护工程资质证书；决定不批准的，应当书面告知当事人并说明理由。

5. 在历史文化名城名镇名村保护范围内从事建设活动的相关规定

《历史文化名城名镇名村保护条例》规定，在历史文化名城、名镇、名村保护范围内禁止进行下列活动：

(1) 开山、采石、开矿等破坏传统格局和历史风貌的活动。

(2) 占用保护规划确定保留的园林绿地、河湖水系、道路等。

(3) 修建生产、储存爆炸性、易燃性、放射性、毒害性、腐蚀性物品的工厂、仓库等。

(4) 在历史建筑上刻画、涂污。

在历史文化名城、名镇、名村保护范围内进行下列活动，应当保护其传统格局、历史风貌和历史建筑；制订保护方案，经城市、县人民政府城乡规划主管部门会同同级文物主管部门批准，并依照有关法律、法规的规定办理相关手续：

(1) 改变园林绿地、河湖水系等自然状态的活动。

(2) 在核心保护范围内进行影视摄制、举办大型群众性活动。

(3) 其他影响传统格局、历史风貌或者历史建筑的活动。

在历史文化街区、名镇、名村核心保护范围内，不得进行新建、扩建活动。但是，新建、扩建必要的基础设施和公共服务设施除外。

在历史文化街区、名镇、名村核心保护范围内，拆除历史建筑以外的建筑物、构筑物或者其他设施的，应当经市、县人民政府城乡规划主管部门会同同级文物主管部门批准。任何单位或者个人不得损坏或者擅自迁移、拆除历史建筑。

6. 在文物保护单位保护范围和建设控制地带内从事建设活动的相关规定

《文物保护法》规定，文物保护单位的保护范围内不得进行其他建设工程或者爆破、钻探、挖掘等作业。但是，因特殊情况需要在文物保护单位的保护范围内进行其他建设工程或者爆破、钻探、挖掘等作业的，必须保证文物保护单位的安全，并经核定公布该文物保护单位的人民政府批准，在批准前应当征得上一级人民政府文物行政部门同意；

在全国重点文物保护单位的保护范围内进行其他建设工程或者爆破、钻探、挖掘等作业的，必须经省、自治区、直辖市人民政府批准，在批准前应当征得国务院文物行政部门同意。在文物保护单位的建设控制地带内进行建设工程，不得破坏文物保护单位的历史风貌；工程设计方案应当根据文物保护单位的级别，经相应的文物行政部门同意后，报城乡建设规划部门批准。

7. 文物修缮保护工程的设计施工管理

《文物保护法实施细则》规定，全国重点文物保护单位和国家文物局认为有必要由其审查批准的省、自治区、直辖市级文物保护单位的修缮计划和设计施工方案，由国家文物局审查批准。省、自治区、直辖市级和县、自治县、市级文物保护单位的修缮计划和设计施工方案，由省、自治区、直辖市人民政府文物行政管理部门审查批准。文物修缮保护工程应当接受审批机关的监督和指导。工程竣工时，应当报审批机关验收。文物修缮保护工程的勘察设计单位、施工单位应当执行国家有关规定，保证工程质量。

七、施工发现文物报告和保护的规定

《文物保护法》规定，地下埋藏的文物，任何单位或者个人都不得私自发掘。考古发掘的文物，任何单位或者个人不得侵占。

1. 配合建设工程进行考古发掘工作的规定

进行大型基本建设工程，建设单位应当事先报请省、自治区、直辖市人民政府文物行政部门组织从事考古发掘的单位在工程范围内有可能埋藏文物的地方进行考古调查、勘探。确因建设工期紧迫或者有自然破坏危险，对古文化遗址、古墓葬急需进行抢救发掘的，由省、自治区、直辖市人民政府文物行政部门组织发掘，并同时补办审批手续。

2. 施工中发现文物的报告和保护

《文物保护法》规定，在进行建设工程或者在农业生产中，任何单位或者个人发现文物，应当保护现场，立即报告当地文物行政部门，文物行政部门接到报告后，如无特殊情况，应当在 24 小时内赶赴现场，并在 7 日内提出处理意见。

依照以上规定发现的文物属于国家所有，任何单位或者个人不得哄抢、私分、藏匿。《文物保护法实施细则》进一步规定，在进行建设工程中发现古遗址、古墓葬必须发掘时，由省、自治区、直辖市人民政府文物行政管理部门组织力量及时发掘；特别重要的建设工程和跨省、自治区、直辖市的建设工程范围内的考古发掘工作，由国家文物局组织实施，发掘结束前不得继续施工。在配合建设工程进行的考古发掘工作中，建设单位、施工单位应当配合考古发掘单位，保护出土文物或者遗迹的安全。

3. 水下文物的报告和保护

《水下文物保护管理条例》规定，任何单位或者个人以任何方式发现遗存于中国内水、领海内的一切起源于中国的、起源国不明的和起源于外国的文物，以及遗存于中国领海以外依照中国法律由中国管辖的其他海域内的起源于中国的和起源国不明的文物，应当及时报告国家文物局或者地方文物行政管理部门；已打捞出水的，应当及时上缴国家文物局或者地方文物行政管理部门处理。

任何单位或者个人以任何方式发现遗存于外国领海以外的其他管辖海域以及公海区域内的起源于中国的文物，应当及时报告国家文物局或者地方文物行政管理部门；已打捞出水的，应当及时提供国家文物局或者地方文物行政管理部门辨认、鉴定。

八、违法行为应承担的法律责任

1. 对施工中文物保护违法行为应承担的主要法律责任

《文物保护法》规定，有下列行为之一，构成犯罪的，依法追究刑事责任：

(1) 盗掘古文化遗址、古墓葬的。

(2) 故意或者过失损毁国家保护的珍贵文物的。

(3) 擅自将国有馆藏文物出售或者私自送给非国有单位或者个人的；将国家禁止出境的珍贵文物私自出售或者送给外国人的；以牟利为目的倒卖国家禁止经营的文物的；走私文物的；盗窃、哄抢、私分或者非法侵占国有文物的。

2. 在文物保护单位的保护范围和建设控制地带内进行建设工程违法行为应承担的法律责任

《文物保护法》规定，有下列行为之一，尚不构成犯罪的，由县级以上人民政府文物主管部门责令改正，造成严重后果的，处5万元以上50万元以下的罚款；情节严重的，由原发证机关吊销资质证书：

(1) 擅自在文物保护单位的保护范围内进行建设工程或者爆破、钻探、挖掘等作业的。

(2) 在文物保护单位的建设控制地带内进行建设工程，其工程设计方案未经文物行政部门同意、报城乡建设规划部门批准，对文物保护单位的历史风貌造成破坏的。

(3) 擅自迁移、拆除不可移动文物的。

(4) 擅自修缮不可移动文物、明显改变原状的。

(5) 擅自在原址重建已全部毁坏的不可移动文物，造成文物破坏的。

(6) 施工单位未取得文物保护工程资质证书，擅自从事文物修缮、迁移、重建的。

刻画、涂污或者损坏文物尚不严重的，或者损毁依法设立的文物保护单位标志的，由公安机关或者文物所在单位给予警告，可以并处罚款。

在文物保护单位的保护范围内或者建设控制地带内建设污染文物保护单位及其环境的设施的，或者对已有的污染文物保护单位及其环境的设施未在规定的期限内完成治理的，由环境保护行政部门依照有关法律、法规的规定给予处罚。

3. 无资质证书擅自承担文物保护单位修缮、迁移、重建工程违法行为应承担的法律责任

《文物保护法实施条例》规定，未取得相应等级的文物保护工程资质证书，擅自承担文物保护单位的修缮、迁移、重建工程的，由文物行政主管部门责令限期改正；逾期不改正，或者造成严重后果的，处5万元以上50万元以下的罚款；构成犯罪的，依法追究刑事责任。

4. 历史文化名城名镇名村保护范围内违法行为应承担的法律责任

《历史文化名城名镇名村保护条例》规定，在历史文化名城、名镇、名村保护范围

内有下列行为之一的，由城市、县人民政府城乡规划主管部门责令停止违法行为、限期恢复原状或者采取其他补救措施；有违法所得的，没收违法所得；逾期不恢复原状或者不采取其他补救措施的，城乡规划主管部门可以指定有能力的单位代为恢复原状或者采取其他补救措施，所需费用由违法者承担；造成严重后果的，对单位并处 50 万元以上 100 万元以下的罚款，对个人并处 5 万元以上 10 万元以下的罚款；造成损失的，依法承担赔偿责任：

(1) 开山、采石、开矿等破坏传统格局和历史风貌的。

(2) 占用保护规划确定保留的园林绿地、河湖水系、道路等的。

(3) 修建生产、储存爆炸性、易燃性、放射性、毒害性、腐蚀性物品的工厂、仓库等的。

未经城乡规划主管部门会同同级文物主管部门批准，有下列行为之一的，由城市、县人民政府城乡规划主管部门责令停止违法行为、限期恢复原状或者采取其他补救措施；有违法所得的，没收违法所得；逾期不恢复原状或者不采取其他补救措施的，城乡规划主管部门可以指定有能力的单位代为恢复原状或者采取其他补救措施，所需费用由违法者承担；造成严重后果的，对单位并处 5 万元以上 10 万元以下的罚款，对个人并处 1 万元以上 5 万元以下的罚款；造成损失的，依法承担赔偿责任：

改变园林绿地、河湖水系等自然状态的活动；在核心保护范围内进行影视摄制举办大型群众性活动；其他影响传统格局、历史风貌或者历史建筑的。

有关单位或者个人经批准进行上述活动，但是在活动过程中对传统格局、历史风貌或者历史建筑构成破坏性影响的，依照以上规定予以处罚。

损坏或者擅自迁移、拆除历史建筑的，由城市、县人民政府城乡规划主管部门责令停止违法行为、限期恢复原状或者采取其他补救措施；有违法所得的，没收违法所得；逾期不恢复原状或者不采取其他补救措施的，城乡规划主管部门可以指定有能力的单位代为恢复原状或者采取其他补救措施，所需费用由违法者承担；造成严重后果的，对单位并处 20 万元以上 50 万元以下的罚款，对个人并处 10 万元以上 20 万元以下的罚款；造成损失的，依法承担赔偿责任。

擅自设置、移动、涂改或者损毁历史文化街区、名镇、名村标志牌的，由城市、县人民政府城乡规划主管部门责令限期改正；逾期不改正的，对单位处 1 万元以上 5 万元以下的罚款，对个人处 1 000 元以上 1 万元以下的罚款。

5. 水下文物保护违法行为应承担的法律责任

《水下文物保护管理条例》规定，破坏水下文物，私自勘探、发掘、打捞水下文物，或者隐匿、私分、贩运、非法出售、非法出口水下文物，依法给予行政处罚或者追究刑事责任。

参 考 文 献

[1] 李志生. 城乡建设法规及案例分析[M]. 北京：中国建筑工业出版社，2014.
[2] 叶胜川. 工程建设法规[M]. 3 版. 武汉：武汉理工大学出版社，2009.
[3] 黄显贵，张宝玉，王学军. 建设工程法律法规[M]. 北京：人民交通出版社，2014.
[4] 丁士昭. 建设工程法规及相关知识[M]. 4 版. 北京：中国建筑工业出版社，2014.